契约式教育

培养守信用、负责任、能合作的未来人

胡波 著

机械工业出版社
CHINA MACHINE PRESS

本书分别介绍了契约式教育的理念、前提、原则，并结合一些实践案例介绍了其在家庭教育过程中的运用。希望大家通过阅读本书能够对孩子内在生命的成长过程有一个完整的认识，能够走在家庭问题的前面，防患于未然，运用契约精神建立起一套适合自己家庭的教育理念、策略和方法，从容应对孩子成长过程中的各种问题。衷心企盼本书能够唤醒我们心中潜藏的契约精神，并将其付诸实践。按照书中的指导方法，在家里培养出具有契约精神的孩子，让孩子的生命结出仁爱、喜乐、智慧、良善、诚实、自律的果实，使其成为国之栋梁、民族的未来和希望！

图书在版编目（CIP）数据

契约式教育：培养守信用、负责任、能合作的未来人／胡波著．—北京：机械工业出版社，2018.8
ISBN 978-7-111-60828-8

Ⅰ.①契… Ⅱ.①胡… Ⅲ.①家庭教育 Ⅳ.①G78

中国版本图书馆 CIP 数据核字（2018）第 205489 号

机械工业出版社（北京市百万庄大街22号　邮政编码100037）
策划编辑：刘文蕾　　　　　责任编辑：孟晓琳
责任校对：刘志文　　　　　责任印制：张　博
三河市国英印刷有限公司印刷
2018年11月第1版第1次印刷
169mm×239mm・16印张・214千字
标准书号：ISBN 978-7-111-60828-8
定价：49.80元

凡购本书，如有缺页、倒页、脱页，由本社发行部调换

电话服务　　　　　　　　　　　网络服务
服务咨询热线：010-88361066　　机 工 官 网：www.cmpbook.com
读者购书热线：010-68326294　　机 工 官 博：weibo.com/cmp1952
　　　　　　　010-88379203　　金　书　网：www.golden-book.com
封面无防伪标均为盗版　　　　　教育服务网：www.cmpedu.com

推荐序

契约式教育:"新时代孩子"的教育方法

我的公司有些同事,时常向我抱怨家里的"零零后"孩子太难教育。

这一代的孩子们太有自己的想法了,从小便见多识广,想法天马行空。在面对这些孩子时,传统的中国式家庭教育理论大多失效,家长很容易束手无策。

在我看来,之所以会出现上面的情况,是由这代孩子的特殊性导致的。

因为"零零后"是中国过去百年历史上真正在国家"强起来"的背景下成长的一代人:

他们一出生就面临着物质的极大丰富,要什么就有什么,延迟满足的能力和自律性自然就差一些;

他们一出生就迎来了互联网时代的大潮,信息获取极其便利,自然也就"见多识广",很容易对父母的"信息垄断"和权威发起挑战;

他们一出生就拥有足够多的选择机会,自然很容易导致选择困难、不够专注……

这样一个特殊的孩子群体,管多了不行,不管也不行,管严了不行,管松了也不行，许多父母的困惑便由此产生。

面对这样的一个背景，我们的家庭教育理论当然需要与时俱进，迭代更新。当我听说胡波教授的这本书即将付梓，十分振奋。因为这就是一本解决"新时代孩子"家庭教育问题的秘籍宝典。

在现实生活中，我们经常看到这些现象：

孩子没有主体地位，是父母的"附属品"。如父母经常会说，"给我吃饭""给我去写作业""给我去睡觉"，这都是潜意识中将孩子当作一个不能承担责任的主体，孩子的事变成了父母的事。

孩子没有自主权利。父母总是禁止孩子做某件事，而实际情况可能是屡禁不止，冲突升级。

孩子没有责任意识。许多时候，面对孩子"不负责"的行为，父母除了苦口婆心，没有更多的办法。毕竟，孩子既没有"主体"地位，也没有享有自主权利，那么责任意识的缺失是一个再正常不过的结果了。

针对上述家庭教育中的痛点，胡波教授将"法律思维"引入家教领域，独创性地提出了"契约式教育"的理论。

在作者的眼里，订立一份契约，就意味着签约主体要有平等的法律地位，权利与责任需要对等，出现违约行为要受惩罚……同理，在家庭教育中，我们若将父母、孩子之间的关系视为一种契约关系，事情就会好办许多：

孩子是一个与父母地位平等的主体，他应当享有应得的权利，自然也要承担对等的责任和后果。

如果说传统的家庭教育是"人治"思路，那么胡波教授就为"新时代孩子"的家庭教育给出了一条"法治"路径。

在国家治理层面，我们要"依法治国"，其实在家庭教育领域，我们也要"依法治家"。毕竟，传统的父母权威在"10后"孩子们面前早已丢盔弃甲，再沿用旧的方法论，不管是"虎妈"还是"狼爸"，都必然无法解决问题。

胡教授的契约式教育理论，有机地将家庭教育中的"主体""权利""责任"三个要素关联起来，结合实操中大量的案例佐证，可谓是一下击中了当下我们家庭教育过程中的痛点，相信您会开卷有益，脑洞大开！

是为序。

霸蛮（原伏牛堂）创始人、CEO
北大青年CEO俱乐部执行理事
本书作者的儿子
张天一

自 序

我是一名心理学研究者,但我是以一颗母亲的心来写这本书的。这本书是几十万父母和我经过大量研究、实践而得出的结晶。感恩他们给了我解决亲子教育难题的机会,因为他们的信任和支持,才有了这本书的出版,才有了契约式教育从实践到理论的总结。

什么是契约式教育?为什么要提倡契约式教育?

契约式教育是契约精神在教育过程中的体现和贯穿。它是一种由平等合作、诚实守信、担当负责的精神所构成的价值观,是建立生命美好品德的基石,可以理解为一个家庭的信仰、文化和家风。

党的十八届四中全会通过的《中共中央关于全面推进依法治国若干重大问题的决定》指出,"加强公民道德建设,弘扬中华优秀传统文化,增强法治的道德底蕴,强化规则意识,倡导契约精神,弘扬公序良俗。发挥法治在解决道德领域突出问题中的作用,引导人们自觉履行法定义务、社会责任、家庭责任"。由此可见,法治社会需要契约精神,和谐社会需要契约精神,实现美好新时代的愿景更需要契约精神。

家庭是社会的基本细胞,是孩子人生中的第一所学校。家庭教育是整个人生教育的基础和起点,对每个人都至关重要。习主席对家庭教育做出了重要论述,他强调,不论时代发生多大变化,不论生活格局发生多大变化,我们都要重视家庭建设,注重家庭、注重家教、注重家风。

好的家风、家教离不开契约精神。

契约精神构筑的诚信体系、责任划分和规则意识，对解决家庭教育问题非常重要。在家庭关系中，我发现很多人在遇到问题时最常出现的状况就是分不清自己的权利，搞不清关系的界限在哪里，自然就无法履行自己的义务。因此，自己和他人在权利、义务的漩涡中吃尽苦头，终日困惑，无助，无奈，最后导致家庭成员关系纠结，情感混乱，将自以为是的关爱演变成了问题和伤害。

在我们第八十七期父母成长课堂上，有一位做人事经理的妈妈来向我求助。当时，她睡眠很不好，常常心烦意乱，头晕胸闷，容易疲倦，爱生气，看什么都不顺眼，经常因为一点小事和老公、同事甚至是自己的老板发生争执。原本以为是身体出了问题，上医院检查，结果各项指标都正常，她觉得自己快崩溃了。我通过对她生活现状的了解才知道，实际上她已经患有严重的焦虑症了，所有身体上的反应都是因为心理上的焦虑引起的。经过分析，我认为引起她焦虑的原因主要是她9岁的女儿。

她告诉我，自从女儿上学开始，她的生活就陷入了混乱不堪的状态。用她自己的话说，每天早上的生活就像打仗。六点半，闹铃一响，她必须准时起床，冲进女儿房间叫醒女儿。要命的是女儿总是磨磨蹭蹭，要叫上好几遍才肯起。妈妈一边催，一边帮女儿收拾东西，准备早餐，做好早餐后要一边催女儿快吃，一边提醒她少讲话，同时还要应对女儿对早餐的各种挑剔。然后赶紧送女儿去上学。送完女儿又要急急忙忙地赶到单位。

有时遇到天气不好或者堵车，心里就特别焦虑。有一次，她送完女儿遇上堵车，刚好那天单位开会，她迟到了将近半小时。老板说了她几句，结果她当场大哭起来，搞得老板很尴尬，同事也觉得莫名其妙。

当时，我问了她一句："准时上学是你女儿的事还是你的事？"她说："是我女儿的事啊！老师你问这个干什么呀！"我说："你明白是女儿的事就好。"

这位妈妈的问题在于把孩子准时上学当成是自己的责任，把孩子的问题当成是自己的问题，于是让孩子觉得上学迟到是妈妈的事。这种关系中的责任混淆最容易给当事人带来压力。

我建议她和孩子订一个规则契约，按照契约来管理和训练孩子。首先，让孩子把每天从起床到上学前要做的每件事，用自己最擅长的图画画好，贴在孩子房间最醒目的地方。其次，妈妈需要配合孩子做的事情是：每晚检查孩子的闹钟是否调好时间，帮孩子把第二天要穿的衣服备好，把早餐准备好。如果事先问了孩子第二天早上要吃什么，她说要吃面包和牛奶，那就给她备好，如果她又说不想吃了，想吃别的食物，这时，妈妈千万不要去迁就她的无理要求，告诉她今天就只有这些，不吃就没别的早餐了。一餐不吃不会怎样，但饿的感觉会教给孩子对自己的言行负责。最后告诉孩子，上学是她自己的事，她自己必须对这件事负责。

这位妈妈按照我所说的方法去做了，通过两个月的训练，孩子学会了对上学这件事负责，甚至有的时候还会主动催促妈妈。孩子不仅变得懂事了，而且更加自信了。而妈妈也解决了压力问题，缓解了精神上的焦虑，身心得到了放松，睡眠问题也得到了解决，整个人的状态好了很多。

一个长期困扰着这位母亲的教子难题就这样迎刃而解了。而这一切皆源于契约式教育的魅力。

契约意味着分清彼此的义务和权利，意味着需要建立和遵守彼此的约定和规则，然后在规则中学会放手，体现出一种有界限的爱和自由。教育的过程应该是双向的，不仅是父母在培育孩子，同时孩子也在"培育"父母。在这个过程中，体现的是个体生命之间的相互尊重、相互配合、相互理解、相互成全。没有"家长至上"或者"孩子至上"，更没有所谓的"狼爸""虎妈"，当然也没有"小公主""小皇帝"。我们应该把生命中的关系视作一种平等合作、完全对等的权利和权利、义务和义务的关系。家庭教育不应该只成为父母单方面的"独角戏"，而应该是父母和孩子共同演绎的"双人舞"。

养育的过程并非只是诉说不完的辛苦和烦恼，同样也可以成为生命中全新的体验。你可以让自己成为一个敏锐的观察家，一个善解人意的心理医生，一个善于学习的玩家，一个懂得斡旋的谈判高手。你也可以让自己的生命从零开始，和孩子共生共长，一起去结出仁爱、喜乐、和平、忍耐、恩慈、良善、信实、温柔、节制的生命果实，最终一起携手获取成功的勋章。

这本书总共分为五章，分别介绍了契约式教育的理念、原则以及孩子在不同成长阶段的心理危机，并结合一些常见的实践案例介绍了契约式教育在家庭教育过程中的运用和解决方法。希望大家通过阅读本书能够对孩子内在生命的成长过程有一个完整的认识，能够走在家庭问题的前面，防患于未然，运用契约精神建立起一套适合自己家庭的教育理念、策略和方法，从容应对孩子成长过程中的各种问题。衷心企盼本书能够唤醒大家心中潜藏的契约精神，同时希望父母按照书中的指导方法，将其付诸实践，在家里培养出具有契约精神的孩子，使其成为国之栋梁、民族的未来和希望！

希望大家从打开本书的第一页开始，和我一起踏上契约式教育的旅程，希望您和孩子彼此祝福，相信成就孩子的同时也必将成就自己！

本书作者
胡波

目 录

推荐序　契约式教育："新时代孩子"的教育方法
自　序

第一章 一起来了解契约式教育

第一节　契约式教育构建孩子的内在秩序 / 003
第二节　契约式教育建立平等共赢的亲子关系 / 006
第三节　契约式教育的十大原则 / 007
第四节　契约式教育坚守的几大信念 / 014
第五节　契约式教育的前提：共同制定和遵守规则 / 015
第六节　契约式教育的目的：教给孩子"四自" / 020
第七节　温柔而坚定地实践契约式教育 / 024

第二章 父母需遵循的十大契约

第一节　契约一：不强势 / 027
第二节　契约二：不溺爱 / 034
第三节　契约三：不苛求完美 / 042
第四节　契约四：不唠叨 / 047
第五节　契约五：诚实守信 / 052
第六节　契约六：培养孩子好的品格 / 055
第七节　契约七：尊重孩子的独立人格 / 058
第八节　契约八：尊重孩子的隐私，保持适当的距离 / 063
第九节　契约九：管理情绪，阳光积极 / 068
第十节　契约十：爱无条件，不攀比 / 073

目 录

第三章
父母需引导孩子遵循的十大契约

第一节　契约一：珍爱生命是孩子一生的财富 / 083
第二节　契约二：心存敬畏是孩子一生的福气 / 087
第三节　契约三：懂得感恩是孩子快乐的源泉 / 092
第四节　契约四：同理共情是亲子沟通的桥梁 / 098
第五节　契约五：遵守规则让孩子学会为自我负责 / 104
第六节　契约六：善于自律让孩子懂得自我约束 / 111
第七节　契约七：拥有自信让孩子心理健康不自卑 / 116
第八节　契约八：能够忍耐培养孩子延迟满足的能力 / 120
第九节　契约九：讲究诚信让孩子为人真诚不撒谎 / 125
第十节　契约十：热爱生活，有助于孩子养成好习惯 / 128

第四章
用契约式教育做好孩子的心理建设

第一节　孩子的心理问题是家庭教养方式的投射 / 145
第二节　了解自己的父母才能正确地培养孩子 / 147
第三节　家庭教育中的误区 / 150
第四节　婴儿的心理特点与教育 / 157
第五节　学龄前期儿童的心理特点与教育 / 159
第六节　孩子的学习成绩与心理的关系 / 169
第七节　关注孩子的成绩，更关心孩子的心理健康 / 185
第八节　加强心理建设，帮助孩子应对学习压力 / 190

目 录

第五章
用契约式教育应对孩子成长中的心理危机

第一节　用契约式教育应对孩子的"懒癌症" / 199

第二节　用契约式教育化解孩子的早恋危机 / 204

第三节　用契约式教育应对孩子的厌学症 / 209

第四节　用契约式教育化解孩子离家出走的心理危机 / 215

第五节　用契约式教育化解单亲家庭孩子的"自卑症" / 221

第六节　用契约式教育化解孩子隔代教养的成长危机 / 226

第七节　用契约式教育化解再婚家庭中孩子的心理危机 / 231

第一章
一起来了解契约式教育

契约式教育

第一节
契约式教育构建孩子的内在秩序

"契"者,契合;"约"者,规约。契约就是合意基础上的约定,它是维系整个世界有序运转的基石。信守契约是从内心自发的需要遵守和培养的某种精神。人与人之间产生摩擦矛盾的根源,均为关系定位的失衡。婚姻中的夫妻关系如此,父母和子女的关系同样如此。因此,父母要想解决在教育孩子过程中产生的问题,首先就要思考如何定位和孩子的关系,也就是说以什么样的方式和孩子相处。笔者认为,很多时候,人们在遇到问题时,最常出现的状况就是大家分不清楚自己的权利,当然也就无法履行自己的义务。因此,相关方就在权利、义务的漩涡中吃尽苦头,终日困惑,无助,无奈,最后导致关系混乱,自以为是的关爱演变成问题和伤害。

契约式教育是笔者花了20多年时间,接触和处理各种情况的亲子教育及家庭情感案例,并在致力于加强亲子关系及有效解决亲子沟通问题的研究过程中总结出来的一种理念或者模式。它不仅适用于亲子关系,对于婚姻关系同样有效,试图在各种家庭关系中建立起一种以自由、平等、宽容、理解为前提的规范和约束。

它是个体生命在自我成长和自我完善的过程中所构建的内在秩序。这种生命内在秩序感的建立会让孩子们收获自信、自律、自省的品格，而一个自信、自律、自省的人，他的生命里面必定会充满力量，他的人生也必定因此而绽放华彩！

所以契约式教育是亲子之间基于平等尊重、诚信合作，彼此用无条件的爱和相互的责任感、认同感而达到的一种默契和融合；是一个生命对另一个生命的灌溉和成全，一颗灵魂对另外一颗灵魂的推动和唤醒。作为父母，我们需要把孩子当作一个独立的个体生命来尊重、研究，和孩子建立共赢的"契约"关系，明白彼此的权利和义务，学会和孩子合作，教会孩子懂得合作，在和孩子的合作中相互学习、相互影响、共同成长。如果能够做到这一点，教育便不再是那么困难的事情了。

孩子成长的过程就是父母和孩子一起不断攻克和解决难题的过程。我们只有先了解孩子的处境，才能够解决孩子正在面临或将要面临的问题。因此我们要经常回到孩子的世界，审视他们在形成个性的过程中，被灌输了哪些具有破坏性的价值体系。其实，面对广袤的世界和未知的人生，孩子和大人一样，同样会有成长的困扰和压力。父母如果能够设身处地地为孩子着想，见他们之所见，闻他们之所闻，并能体会他们的感受，那么父母和孩子就能进行有效的沟通，建立起一种友好合作的关系。在有效沟通过程中，积极的情感、快乐的心情往往会产生理解、接纳、合作的行为效果。如此，孩子才会主动配合，在父母的引导下学会自我约束，懂得健康地生活和自觉地学习。

每个孩子的生命都是从一张白纸开始的。大部分人在养育孩子的时候都会效仿自己父母的养育方式。如果家长和孩子关系好，能够很好地沟通，那么一般来讲和自己的父母也会维持良好的关系。但如果和自己的父母关系恶劣，那么自己"折磨"孩子的概率就会很高。可以说，做父母也是一种修行。因此，儿女是建造父母生命的实物教材，父母的养育模式会通过孩子代代相传。

孩子会很容易受到父母的影响。在小时候，孩子的生存完全依赖于父母。父母是陪伴孩子时间最多的人，自然是孩子情感依恋的对象，是孩子主要的行为榜样。无论父母思想行为如何，对孩子的影响都是巨大的，甚至会影响到孩子成年以后。更重要的是常常会影响到孩子如何去培养他们的孩子。孩子非常渴望了解父母的想法和感受，以及做某些事情的原因。因此，更多地了解父母行为对孩子的影响，有助于我们更清醒地养育孩子，并改善养育的方法。

孩子小的时候（特别是在3岁之前）与父母互动的经历会以记忆的形式保留在大脑里，并以此为基础形成依恋模式。从1岁开始形成的依恋模式，到3岁前后会固定下来。这种固定下来的依恋模式在面对他人时会自动启动，并以行为的方式表现出来。研究表明，80%～90%的人会带着他们固定下来的依恋模式生活一辈子。同样，父母的依恋模式也是源于他们的上一辈。

因此，父母必须认真学习和研究，以便更好地根据孩子在不同成长期的特点采取不同的教养方法。这个过程既是孩子生命成长的过程，也是父母学习和成长的过程。其实，每个孩子的成长史，对父母来说，也是一种全新的、如诗般的体验，而非诉说不完的苦恼。这就要求我们能够非常清楚、非常明智地对自己和孩子做详尽的了解和分析。笔者从众多的案例中总结出来的经验是：运用"契约"关系教育孩子成长的过程，就是和孩子斗智斗勇、较量意志的过程。在这个过程中，你要具备超强的耐心和适度的爱，还有花在孩子身上的时间、一双会倾听的耳朵和一颗开放的心。接下来，在和孩子的朝夕相处中，你要有意识地把自己培养成一个敏锐的观察家、一个善解人意的心理医生、一个善于学习的玩家、一个懂得斡旋的谈判高手，还要懂得不断地向孩子学习……这一切都是为了让你的孩子能够积极主动地和你合作。如果你下定决心并做到了，你就会发现，孩子实在是你这一生中最好的合作者和绝对值得你学习的"忘年交"。这个曾经让你头疼的人，带给你的将会是一生的惊喜和永恒的希望！

第二节
契约式教育建立平等共赢的亲子关系

从权源看，教育子女的权利不是父母固有的权利，它是彼此共生、相互发展的。也就是说，父母在教育子女的过程中，两者的关系是平等的，是互为权利和义务的关系。要知道，每个孩子对父母来讲都是最好的礼物，同时，每个孩子又都是独立的生命个体。当我们把孩子当作自己一生的合作者，相互懂得在不同的成长期有着不同的权利和义务，互为监督和制约时，和孩子相处、沟通便不会那么困难了。

在契约式教育里，没有"家长至上"，也没有"孩子至上"，而是完全对等的关系。在契约式教育里，没有"狼爸""虎妈"，也没有"小公主""小皇帝"。它所体现的是个体生命之间的相互尊重，相互配合，相互理解，相互成全。教育不再是父母单方面的"独角戏"，而是父母和孩子共同演绎的"双人舞"。最终的结果就是父母和孩子共生共长、身心健康、愉悦和谐，共同登上教育成功的舞台，携手获取成功的勋章。

契约式教育意味着父母和孩子教育运作方式的全新改变，父母和孩子之间不是简单的命令与服从的管理关系，而是由父母和孩子经共同商榷建立的一种共同遵守的权利到权利的互动及良好的双向关系。

从权利到权利互动的结果看，应该是父母和孩子共同努力所获取的双赢，而不是权利教育中"狼爸""虎妈"的单方胜利，因为那仅仅是父母单方面的成功，从父母的角度看，貌似成功了，但是从孩子的角度看，未必！教育，不应是把孩子当作满足父母虚荣心的工具。对教育是否成功的评判，孩子和父母拥有同等的话语权。

契约式教育教会孩子懂得尊重和信任，明白权利与义务，学会和他人合作，坚守诚信，遵守法规。如此，将会避免很多的教育问题、社会问题，父母不再为孩子操心，孩子不再因父母而感到烦心，我们的家庭生活也将变得更和谐、更美满，我们所推行的"尊重个体，开发潜能，身心健康"的素质教育也将会更加容易地落到实处。

契约作为诚信精神的载体无处不在，它不是外部对一个人的要求，而是一个人内心秩序的建构。当契约成为人们的一种生活方式的时候，契约精神就会体现在身边的每一件小事、每一处细节上。我们说细节决定成败，同样，细节也决定着一个人能否履行自己的契约。

契约作为一种精神，可以贯穿亲子关系的始终。在实践中，很多理解这种精神的家长和孩子深深受益。

第三节
契约式教育的十大原则

1. 尊重独立个体、平等合作的原则

孩子生命成长的一个特征就是从对父母最初的依赖关系转变为生命与生命之间的合作关系。独立的一个显著特征就是能够为自己的行为负责，懂得自我管理，合作则是懂得理解他人。因此，建立合理的规则，然后在规则内尊重孩子的独立意志，给予孩子一定的选择权，是训练孩子责任感的最佳做法。父母要学会根据孩子不同的成长阶段给予适当的自主权。幼小的孩子享有太多的自由是不妥的，而随着孩子的长大，如果仍然对孩子进行太多的干涉或者约束，就是限制了孩子成长的空间。因此，父母如果在教育的过程中懂得并掌握了遵循这条原则，也就教会了孩子"管理自己，理解他人"的生命智慧。

2. 冷静分析、了解研究、有效沟通的原则

在家庭教育过程中，父母存在的最大的一个问题就是不冷静。大部分的

父母在面对孩子成长过程中的问题时，最常见的是不去研究孩子问题背后的成因，而是动不动就用情绪说话，结果导致和孩子之间大部分的沟通都是无效的，收效自然微乎其微。应该说，好的父母都是情绪控制大师，好的教育者首先要学会心平气和。遗憾的是，太多的父母没有这个意识。当孩子犯错时，很多父母的做法往往是：不分析原因，找出症结所在；不理智地去想对策，更没有花时间考虑哪种惩罚方式才算对症下药。仅仅只是为了发泄怒气，常常是不分青红皂白地就把惩罚强加在孩子身上。结果是什么问题都没有得到解决，孩子有时还会变本加厉。

如果你能很好地控制自己的怒气，先安定好自己的情绪，然后采用建设性的方法来管教孩子，那么你的孩子就会在你身上学到如何管理自己的情绪。所以，有效的沟通办法应该是父母把精力集中在改正孩子将来的行为上，而不是为了孩子过去的错误而发怒。无论孩子犯了什么样的错，家长都要懂得，你跟你的孩子是同一个战壕的战友。战友并不等于说纵容他去犯错，而是当孩子犯了错以后，他们会很确定地知道妈妈或者爸爸会帮助他们重新找到人生的轨迹，这一点非常重要！与孩子聊聊他的喜怒哀乐、与他人的冲突，都可以当作是对孩子更全面了解的一个途径。父母培养孩子的最终目的，就是教会孩子如何应对生活中出现的各种各样的问题。在这个过程中，了解孩子显得尤为重要，要把孩子犯的错当成一个了解孩子的契机。千万不要总是以为讲了你的道理、发了一通脾气、诉说了你的辛苦、指出孩子不对的地方就能够改变孩子，实际上，改变孩子的不是这些，而是你用理解、支持、包容和爱去触摸孩子内心深处那份柔软和感动，使孩子主动做出改变。一个人很少因为道理而改变。好的教育必然是宽严并济、奖惩分明。好的父母必然是循循善诱、严慈同体。

3. 界限原则

界限原则是契约式教育中非常关键的一个原则。契约是两个平等主体之间的合作，在这个过程中，分清自己的权利和责任很重要。孔子有句话：

"君子有所为，有所不为，知其可为而为之，知其不可为而不为。"这句话说明一个人搞明白自己的行为界限很重要。在亲子教育的过程中，父母和孩子明白各自的责任划分的界限非常重要。在现实生活中，大部分父母会说孩子不听话，比如，孩子做任何事情总是喜欢拖延，自己不愿意学习却总是抱怨自己的父母，指责别人，认为都是别人的错。这其中，很重要的一个原因就是我们做父母的无法把孩子的生命和自己的生命区分开，经常会把孩子的责任当成自己的责任，把孩子的生活当成自己的生活，需要孩子自己解决的问题当成是自己的问题去帮助孩子解决，这样做的结果必然会限制孩子自我管理能力的发展，导致孩子不懂得对自己负责。要知道，没有一个孩子会生下来就知道哪些事可为哪些事不可为，这就需要父母给他一个规定，一个范围，所以父母的教导就显得尤为重要。

孩子对这个世界的反应方式最初都是源自于家庭的教导，家庭是一个生命的培养基，是孩子人生的第一个课堂。父母和孩子之间的界限，会让彼此明白，什么是我需要负责任的？其中包括行为、态度、情绪。什么不是我的责任，不需要我负责的？界限以内是我需要负责的，界限以外不是我需要负责的。界限可以帮助一个人建立起安全感、方向感和次序感。当然，清楚自己的责任，然后懂得承担后果，实际上就是契约精神的一种体现。

4. 父母和孩子相处的原则

亲子教育的核心，不是教孩子如何去做一件事，而是父母要学会把握好自己起伏不定的情绪，控制对孩子没有节制的发泄，还有就是经营管理好彼此的亲密关系。你把情绪控制好了，夫妻关系和谐了，以孩子需要的方式去爱孩子，孩子自然会把精力放在该放的地方。很多家长因为对自己、对婚姻不满，把矛盾转嫁于孩子，以此回避自己的困扰。为了避免以上的困扰，我建议父母和孩子相处时遵循以下原则：① 制定必要的家规（家规之一：独立人格；家规之二：勤俭节约；家规之三：凡事忍耐；家规之四：不断学习；家规之五：为人正直；家规之六：用心做事）；② 让孩子学做家务；③ 满足孩子合理的要求；④有时需要铁石心肠，拒绝无理取闹；⑤不要做空洞的恐吓；⑥不要一发脾气就骂孩子；⑦切记不要当着孩子反驳自己的配偶，即使不同意其做法，可事后沟通；⑧不要太在意孩子的怨恨情绪；⑨停止无用的说教。

5. 延缓愿望满足的原则

在契约式教育过程中，父母和孩子需要遵守"延缓对愿望的满足"原则。所谓"延缓对愿望的满足"，其实指的是一个人的自我约束和自我忍耐的能力。说到底，它是一种克服当前的困难情境而力求获得长远利益的能力。这种能力对一个人一生的成长非常重要。很多教育问题的产生都是因为孩子"延缓对愿望的满足"能力不足引起的。如果延迟满足能力发展不足，如边做作业边看电视、上课时东张西望做小动作、放学后贪玩不回家，就容易性格急躁、缺乏耐心，进入青春期后，在社交中容易羞怯固执，遇到挫折容易心烦意乱，遇到压力就退缩不前或不知所措。

作为父母，应该让孩子从小就明白一个道理，那就是人生是艰难的，任何人无论是处于哪个阶层，处于哪种境遇，其人生成长历程都是痛苦和快乐二者共生的一个过程。只有明白了这一点，孩子才会懂得"延缓对愿望的满足"，才会明白自我约束的能力对一个人的成长是多么重要。

延缓对愿望的满足意味着要学会把生活中的痛苦和快乐做如此的分配：先苦后甜，甜上加甜。这是唯一可以避免人生充满焦虑和烦恼的方式。其实，有些孩子很早就学会使用这个方法了。比如，一个5岁的孩子在和同伴玩游戏时，常常会建议让同伴先玩，这样他就可以在后面慢慢享受。从6岁起，孩子也许就开始先吃蛋糕下面的蛋糕坯，再吃上面的糖霜。整个小学期间，这种延缓愿望满足的能力是可以天天有机会得到训练的，特别是通过完成家庭作业。到了12岁，有些孩子已经能在没有父母的督促下，一个人坐下来做功课，做完功课再看电视。如果父母平常注意这方面的训练，一个十五六岁的孩子完全能做到这一点，并且觉得这是一件很平常的事。要使孩子获得和发展延缓对愿望满足的能力，离不开父母的爱和鼓励以及对自我价值感的肯定，这些都可以通过父母的自我约束和其不变的真正关怀而获得，也是父母传给孩子的最好的礼物。而一个延缓对愿望的满足能力强的孩子，未来更容易发展出较强的社会竞争力、较高的工作和学习效率；具有较强的自信心，能更好地应付生活中的挫折、压力和困难；在追求自己的目标时，更能抵制住即刻满足的诱惑，从而实现长远的、更有价值的目标。假如孩子们要什么父母就给他们什么，他们就永远不会有耐心，更学不会延迟满足；如果孩子们事事顺心，他们就学不会合作；一个从没有感觉到痛苦和失去的人，是无法学会同情和尊重他人的；除非孩子们身处逆境，否则他们就学不会勇敢和乐观。因此，如果不想让教育孩子变得十分困难，一定要掌握好这个原则，培养孩子延缓对愿望的满足能力。

6. 请求的原则

请求是一个很重要且正面管理孩子行为的有效方法，它对父母和孩子双方来说都是益处良多。据我个人和孩子打交道的体会：在孩子方面，请求令人感到愉悦，而且能缓和父母使用命令口气所激起的孩子的怒气。对父母而言，当他们使用请求时，可以使气氛轻松愉快，因此也就能让自己的情绪保持愉悦和稳定。

实际上，当你发出请求时，就等于给你的孩子传达了三个非语言的信息。

第一个信息是你尊重他的感受。你等于在说："我尊重你是因为你是有感情的人，特别是你对这件事情的感觉。"

第二个信息是你了解他有自己的主见："我尊重你对这件事持有的意见。"

第三个信息是你希望他对自己的行为负责。而这种负责任的态度在当今太缺少了。当你给他这种机会，孩子就能学习成为一个负责任的人。你借着请求这种方式，就是在引导和鼓励孩子负责任。

以这种管教方式养大的孩子，通常会成为父母最好的合作伙伴。需要说明的是，这种教养孩子的方法不是纵容，更不是要父母放弃权威和尊严。事实上，这样做会使孩子对父母有更深的敬意，因为他会觉得父母不只是告诉他应该做什么，而是关心什么才是对他最好的。

7. 偶尔命令的原则

与请求相对的是命令的原则。有时候我们也需要对孩子进行命令，但必须恰当。当然如果你要进行选择，请求应该是最优先的办法，只有在请求失效的时候，命令则是必要的措施。这时你不得不强硬一些。命令是管理的一种负面方法，因为需要一种比较强硬的语气和变调的声音，这种方法无疑会引起孩子的恼怒和怨恨，尤其经常使用时更会如此。而且，随着命令而产生的非语言信息，通常也都是负面的。因为你直接告诉孩子该做什么，他并没有选择的余地和反馈或讨论的机会。相当于你在示意孩子的感觉和意见对你来讲并不重要。最糟的一点是，你揽下了所有的责任，实际上你是在对孩子说："你对这件事的感觉和意见一点也不重要。我并不期待你对自己的行为负责，你只要按照我说的去做就可以了。"

你越是经常使用带有权威的方法，诸如命令、责骂、唠叨，管教的效果就越差。但如果你在正常的情形下都用愉快的请求，偶而使用一些命令，你会发现，通常会有立竿见影的效果。

因此，身为父母，你只有有限的权利，如果把它浪费在负面的事情上，真正遇到难题的时候，你的权威就不够用了。保持愉快且稳定的态度，不但能保留你的权利，而且还能增强你的权威，因为这样，你不仅能赢得孩子对你的尊重与爱，还能得到他们的感激。

记住，孩子是很伟大的观察家，他们会观察、了解别的父母如何用不悦、权威和生气的方式对待自己的孩子。如果你用愉快且稳定的态度对待他们，你会无法想象他们对你有多么的感激，而且会因为你是他们的父母而感到自豪和骄傲。

8. 此时无声胜有声的原则

有时候,温和的身体动作胜过语言,可以和善地把孩子推向适当的方向。这是管理孩子行为的第二个正面的方法。这一招对于时常做些未必是错误但不讨人喜欢之事的小孩非常管用。比如:一个 2 岁的孩子,他的反抗常常会和挑战混淆。他可能口中说"不",但却又会照着你的要求去做。有时候,孩子说了之后稍作延迟,然后才会对你的要求做出回应。在父母眼里是违抗,不听话,其实并非如此。2 岁的孩子常常喜欢说"不",这是很正常的,它是孩子在心理上跟父母脱离的一种方式。这个说"不"的能力很重要。如果因此而处罚小孩,那就不仅伤害了他,而且也直接干扰到他的正常发展。

当你不确定应该如何处理某个情况时,何不试试温和的动作处理方式。尤其是当孩子在公共场所哭闹或者恶作剧时,你可以轻轻地推他一下,或者把他抱走,这比发火大声斥责要有效得多。

9. 惩罚得当的原则

惩罚是一种最负面也是最难的管理方法。

首先,要惩罚得当才有效果。因为孩子的公平意识很强,惩罚太宽大或者太严厉,他们都会知道,如果是多子女家庭,父母对每个孩子不一致的态度,也都无法逃过他们明察秋毫的眼睛。

其次,某种惩罚也许不适用于某个特定的孩子。比如,叫孩子回房间去禁闭,可能会使某个孩子觉得痛苦不堪,但对有些孩子来说,可能却更像是一场好玩的游戏。

最后,父母对孩子的惩罚常常是时轻时重,因为大部分父母惩罚孩子时都带有随意性,常常是视心情而定。当他们凡事顺利而心情又很好时,通常会做宽大"处理";在诸事不顺而且心情不好时,所给的惩罚可能就比较严厉。这就导致尺度很难把握。

因此，不到万不得已不要用惩罚，否则将会惹出许多不必要的怒气，也会迫使孩子过度地压抑怒气；孩子有时甚至会出现消极的挑衅态度和行为，并迂回地向你报复。当然，一旦施以惩罚，就要想办法让它奏效。一个没有效果的惩罚就意味着做父母的彻底失败，对于管理孩子来说是个极为不好的开端。

10. 奖罚适度的原则

适当的奖罚制度也能管理孩子的行为，奖罚有时会有点用处，但我认为还是少用为妙。如果父母动不动就使用奖或者罚，孩子就不会觉得被爱。第一个原因是奖罚的基础本身是有条件的，孩子只有在表现好时才有奖。第二，奖罚无法处理孩子的感情或者情绪的需要，因此无法传达无条件的爱。如果父母以奖罚为管理孩子行为的主要方法，会使孩子产生一种扭曲的价值观，做事的目的都在于得到奖励。另一个会产生的问题是，奖罚用得太多会教导孩子反过来用相同的办法对待父母。他们会去做父母所要求的事情，但这只是为了得到他们所想要的东西。

既然这个方法有这么多需要注意的地方，那么为何还要建议选择用它呢？需要说明的是，它有助于解决叛逆性很强的孩子特定且重复发生的行为问题。

第四节

契约式教育坚守的几大信念

（1）尊重孩子，认识到孩子是平等独立的生命个体，在学习中教会其合作。

（2）用"同理心"和孩子交流，用不同的方法去解决孩子成长中不断出现的问题。

（3）为孩子立规则，用他律引导孩子走向自律。

（4）允许孩子做选择，让孩子从认识自己的能力开始培养自信。

（5）满足孩子的好奇心，在自由、轻松的氛围中培养孩子科学的精神和理性处理问题的态度。

（6）让孩子在自然的生活中发展学习目标，让孩子热爱学习，而且不怕接受新的挑战。

（7）和孩子建立良好的关系，给孩子表达内心感受的机会。

（8）接纳孩子喜乐哀怒等各种情绪，教孩子用健康的方式表达心中的不快；教会孩子和别人互动。

（9）让孩子学会等待、学会轮流等人际关系的相处之道。

（10）给孩子以责任，培养孩子经营规划自己人生的能力。

（11）放手给孩子自由，教会孩子在选择中成长。

第五节

契约式教育的前提：共同制定和遵守规则

契约是双方共同制定并同意信守的约定。在家庭关系中就是一种共同遵守的家庭规则或者秩序。契约不仅是外部对一个人的要求，更重要的是一个人内心秩序的建构。因此，契约式教育的前提是：为孩子定"规则"。所谓国有国法，家有家规，没有规矩，不成方圆。世界之所以能够有序运转，就因为万事万物都是按照一定的规则运行的。在一个家庭里面，父母教育儿女，最好的办法就是制定一套宽严适当的家规。如果你能设立合理的家规，并向孩子说明家规的理念，然后坚持执行，那么就是给予孩子最好的成长礼物。在这样的教育环境中长大的孩子，会发展出积极向上的动力，拥有较强的处理人际关系的能力及独立的人格。如果你没有这种意识，过分放松，任由孩子发展，或者过分严厉，那么孩子将来很难发展出好的品格。

这是因为"问题儿童"从来不会凭空出现,每个问题儿童一般都是从有问题的生活环境中培养出来的。一个懂得约束自己的孩子,不会无中生有地出问题。契约式教育的前提就是父母给孩子定"规则"。当然,根据孩子不同的成长期,父母应给出不同的规则。

(1) 出生到未满1岁的婴幼儿:在孩子眼中,父母就是他们的世界,幼儿通常只信任熟悉的人,不信任陌生人,不适应新环境。此阶段,父母需要保护、养育并满足婴幼儿被爱的需要。除了定时喂养,规则比较少。

(2) 1~3岁的幼儿:社交方面,胆怯,依赖人,惧怕陌生人,以自己为中心,不喜欢分享;情绪方面,最喜欢说"不",最需要安全感。这个时期的规则就是让孩子意识到听话会带来好结果,不听话会带来坏结果。

(3) 3~5岁的儿童:社交方面,以自我为中心,喜欢模仿别人,与别人一起玩耍的能力增强;情绪方面,容易惧怕,易被激怒;灵性方面,喜欢崇拜,主动学习,开始分辨是非与对错。此阶段可以建立的重要规则是,不听话会带来坏结果,如没收玩具,不准看电视,不准参与感兴趣的集体活动。

(4) 6~11岁的儿童:社交方面,喜欢讲话,需要友谊,想做大人,6~8岁喜欢异性,9~11岁不喜欢异性,喜欢取悦老师;情绪方面,容易兴奋,容易难为情,不能忍耐,喜竞争,活泼好动,喜欢幽默。建议采用的规则是,平衡在家与外出找朋友玩的时间,合理安排家庭作业和课外活动,约束自由活动的时间及在家所享有的权益。

(5) 12~18岁的青少年:处于逆反期,易情绪化,易受朋友影响,对自己的认同感强烈,身体(性状)正发育,喜欢服务、组织、帮助别人;对异性很感兴趣,需要安全感,喜欢新奇的事物,容易受外界的诱惑和影响。此阶段应建立的规则是,帮助他们建立人际关系、价值观、爱情观、人生目标。

建立规则的目的并非显示父母的权威,而是为孩子架构生活方式,其中最重要的一个准则就是，让孩子真正懂得，好行为有好结果，坏行为有坏后果，学会对自己负责，培养成熟的内在品质。

建立规则的六个心理步骤：

第一步：看清三个事实，即：1）承认你的孩子并不完美，不要过度保护他们；2）看清楚外显的症状与内在的病症之不同；3）时间并不能解决所有问题。

第二步：父母需要鼓励与支持。除了自己的配偶之外，最好有同龄孩子的父母小组，定期交流。孩子不可能没问题，承认自己的问题并不可耻，父母之间可以交换妙招秘诀，交流经验。

第三步：以身作则，停止对孩子的控制。

第四步：了解孩子的规则问题。孩子的成熟度如何？建议问以下问题：他对别人的信任感有多少？他有能力去结交朋友并维持友谊吗？他能忍受困难并接受失败挫折吗？他能以健康的心态面对权威吗？他诚实吗？他在情感上与父母联结吗？他能做到什么？他在做家务、做功课、上学校、交朋友方面有问题吗？请注意，在设立规则时，可以降低他的舒适程度，但不可超越他的能力范围，不要只在小事（比如发型、音乐、房间整洁……）上打转，请多花点精力在大事（比如道德，负责任……）上，一定要学会抓大放小。

第五步：在彼此平静的时候提出"规则"，告诉孩子你是因为爱他，所以必须处理一些问题，详细告诉孩子出现的问题及对自己和他人造成的伤害。如："你大吼大叫地违抗爸妈的建议并且跑开是不对的。"明确地提出期望。如："请你以平常的声调讲出你的意见，并且请耐心等待爸妈的回答。"提出后果，并写在笔记本上。如："以后再发生此事，你会被罚三天不可以看电视。"

第六步：要落实，要坚持。面对孩子的反抗、怀疑、愤怒和试验，不要和孩子产生情绪上的对抗，要训练你的孩子。要有耐心容许孩子遭受挫败，要鼓励赞美孩子及时做出的调整。教导孩子守规则是一个非常艰辛的挑战，因为孩子会不断地挑战你的耐心,请坚持到底。你一定要清楚,在孩子眼中,你是个什么样的人?请先处理自己的问题,你可能正是孩子内在问题的缘起或延伸。所以,必须先建立起你的架构与次序。

很多父母经常一边在培育孩子成熟,教导他们负责任,而另一边却又替他们收拾房间,帮他们赶作业,等等,不自觉地与我们的理念背道而驰。

那么父母到底应当如何教导孩子?传授给他们什么,才能引导他们踏上成功之路呢?多年辅导所积累的经验告诉我,问题的症结在于如何教导孩子了解他们的疆界范围。所以一个人如果明白了他的疆界,就会知道如何自律,也就能对自己的情绪、举止及态度等负责了。

对子女这方面的培育并不那么容易,因为没有人生来就明白自己的界线画在哪里。为了教会孩子领会他们的角色及责任,父母就必须先为自己画出一条界线,然后身体力行,以身作则,去示范如何遵循,来帮助孩子学习。

在这里建议为你的孩子制定以下三种不同的法则。

1. 种瓜得瓜法则

这个法则是示范"后果",只是有人把惩罚误认为"后果",比如怒气、责骂、唠叨,甚至有时还会威吓着说"你如果……我就不爱你了"。真正的后果是一个教训,例如罚扣零用钱,减少玩耍的时间等。原因何在?这种最切实际的后果可以用"深痛"来比喻,惩罚性的怒骂则是"浅痛",以下建议供父母参考试用:

(1) 了解他们"越轨"的动机

许多孩子的行为实际上反映了他们家庭的危机与压力,小自搬家迁移,大至父母离异,等等。可以借对话找出导火线,例如:"我想知道为什么你有这样的行为?是不是受到了什么伤害?心中有什么愤怒?下次如果再有这些事烦扰你,让我们一起研究看看有什么对策。"

(2) 小错侥免,大错难逃

虽然人人都需要谅解,但是如果对所有的过错都可以套上一个堂皇的借口，久而久之，这些借口就不再是脱罪的说辞，而是越矩的合法化挡箭牌了，所以如果在教之以理、训之以言、诫之以令后，仍然不见效果，就必须处之以罚了。

(3) 惩罚与过错需相称

举几个例子：如果每次吃饭总是拖拖拉拉，对付之道就是如果拖过了头，就会没得吃；如果从不做分内的家务事，感兴趣的事就扣掉几项；如果外出事先讲好去哪儿，却随兴溜去别的地方，下回就哪儿也别想去。

(4) 说罚就罚

孩子越小，就越有必要说罚就罚，不可拖拉。对他们而言，最有效的就是说不可以，绝不妥协；可以罚他们不可以去玩，罚坐，等等。

2. 权利与义务划分法则

当我们研究孩子的情绪、态度及行为时，会发现他们并没有办法区分什么是"不太可能"，什么是"非常困难"，于是父母就会被夹在权利与义务之间，进退两难。

可是孩子常把那些自己该尽的基本义务，像工作、学业，以及对家人或朋友当尽到的责任等，看作千斤重担；心里唯一的盘算就是扮出可怜兮兮样，眼巴巴地坐等父母来营救解围。父母此时必须抵挡住这种"诱惑"，还要更进一步抓住机会教育他们：只有那些远超过他们能力的千斤重担，父母才会伸出援手，例如开车接送、赚钱养家，以及遇到重大危机等。同时要告诉孩子，哪些是他们自己该承担的，必须自己来担。

3. 能力分辨法则

我们更盼望孩子们能学会分辨哪些是他们能力范围内可以控制或左右的事，哪些不是。但大部分孩子对此搞不清楚，因此苦苦搏斗，总是要左右那些自己无法控制的他人，而忽略了左右可以控制的自己。

采用种瓜得瓜、权利与义务划分及能力分辨三项法则去教育孩子，就是在他们长为成人之前好好装备他们。在教导的过程中，切记保护好你自己的疆界，而且要记住，你只能影响你的孩子，而不能控制和左右他们。

第六节
契约式教育的目的：教给孩子"四自"

家庭是一个生命的培养基。契约式教育是一个生命对另一个生命的灌溉和成全。在这个过程中，父母要做到两点：对外搞好亲子关系，对内管理好自己的情绪。处理好亲子关系要记住一句话：小学"管"，初中"谈"，高中"协调"，大学"放手"。前面我们已经讲了用规则来管理，那么，在管理的过程中，有个很重要的法宝，那就是有效的沟通。

《孙子兵法》里有句话，"不战而屈人之兵"，告诉我们要学会用和平的手段解决矛盾，这样可以节约成本来解决问题。无论是父母还是孩子，双方都要培养一种意识和一种精神，就是规则意识和契约精神。规则是双方共同制定的，契约精神是信守规则的保障。笔者曾处理过这样一个案例：

有一位老板，事业很成功，他有个读初中的孩子。这个孩子每天回到家总是喊"累死了，烦死了"。不是骂同学垃圾，就是抱怨学校是一个黑暗的菜市场，而且爱玩游戏，因此父母很烦心。有一天，他起床晚了，来不及吃早餐，就把早餐带到了学校。学校保安不让他把早餐带进校门，他和保安吵了起来，并对爸爸抱怨说："活着没意思，天天都是做不完的功课。"然后他不再去上学，整天在家玩游戏。对于这种情况，爸爸很担心，于是来找我。我给他的建议是："先不用逼他去上学，带他去你公司。让他看看你工作的每个流程和环节。会议也让他参加，让他把一天的所见所闻记下来。"结果第一天去，父亲开会开了5个小时，孩子坐在旁边做记录，5个小时后，孩子说简直是在受罪。开完会，又遇上一个员工不服处罚，来找老板理论，这位爸爸忙到10点多钟才回家。我让那位爸爸告诉孩子："你现在不是在学习，而是和爸爸一样在工作。而你现在工作比爸爸要轻松很多。学校就是你的单位，老师就是你的老板，同学就是你的同事，功课就是你的工作。这些其实都是和你玩游戏的原理一样，生活中叫资源，游戏中叫材料。你要动脑筋想怎么把这些资源整合好。不同的老板，做事的风格不一样，不同性格的同事为人也不一样，不同的功课要思考出不同的方法，这和玩游戏找出口是一样的道理。你要思考怎么才能以最快的方式找到出口。老师、爸爸和同学都是你的资源，你要想办法把我们组织好，为你的工作服务，这些其实都是为了你将来在社会上工作做准备。"这样一说，孩子的脑子就会动起来，就会有社会角色感了。后来，这个孩子不仅不再抱怨，而且自己主动要求去上学，成绩也进步了。后来还考上了一所不错的高中。

家庭教育是一门充满智慧的艺术。孩子成长的过程就是父母和孩子一起不断攻克和解决难题的过程。经历了这件事后，这个孩子不仅懂得了自律，而且学会了使用解决人生问题的很重要的两个工具：遵守规则和自我约束。最重要的是，这样的处理方式，让他从那个以自我为中心的世界中跳了出来，懂得了从现实的角度来考虑问题，学会了理解他人的感受。而作为父母，在面对孩子问题的过程中，用平等心和孩子交流是非常重要的。这意味着你要有勇气承认自己的无知。人只有自知无知才会永远求知，人只有自知无知才不会被旧有的生命经验束缚。而一个永远求知的人生、一个不断思考的人生就是智慧的人生。

好的父母首先应该学会尊重孩子，认识到孩子是一个平等独立的生命个体，要从小教会他为自己的各个生活层面负责，用"同理心"和孩子交流，用不同的方法去解决孩子成长中不断出现的问题；接纳孩子的喜怒哀乐等各种情绪，教会孩子用健康的方式表达心中的不快；和孩子建立良好的关系，给孩子表达内心一切感受的机会；培养孩子的智力智慧、情感智慧、逆境智慧、意识智慧和人格智慧。给孩子以自信，让他在自信中发挥自己的生命潜能；教会孩子自律，让他在自律中明白自己的责任，经营好自己的人生；教会孩子自省，让他在自省中总结生命的智慧。最后才是放手给孩子自由，让孩子在自由中去经历人生的成功，享受生命的快乐。好土能否烧出好陶完全取决于陶工的一双手。实际上，父母在给予孩子生命之后，还有一个很重要的作用，就是在教养的过程中学习成为孩子未来事业成功的引导者。

很多"西化"了的家长，甚至一些"教育专家"对西方教育的解读是：提倡让孩子完全自由地发展。而我们天天高喊的"素质教育"，由于没有明确的内涵，让很多父母把弹琴、唱歌、书法等，统统当作"素质教育"的主要内容。我们唯独没有想到的是，作为独立的生命个体，孩子们最终要走向社会，他们要懂得对内在生命的探索、对外在世界的认识，学会待人接物的本领，了解知识与职业的关系，掌握为社会服务以及谋生的技能，获得让梦想照进现实的能力，这才是一个生命"素质教育"的重要内容，也是保障孩子将来能够在社会上生存、事业上成功的最基本的素质。

教育的本质实质上就是一棵树摇动一棵树，一朵云推动一朵云，一个灵魂唤醒另一个灵魂，一个生命涵养另一个生命。培养孩子的自信、自律、自省心，最终会让孩子成为一个健康的社会人，明白自己作为一个社会人应该承担的责任，拥有自由选择自己生活的权利和能力。这才是健康的亲子之爱！

这些意识应该从童年、少年时代开始培养。在教育孩子这件事上，一定要有战略眼光。切记：方向比努力更重要，智慧比知识更重要。

因此，在一个家庭里面，无论是父母还是孩子，都要具有契约精神。这是解决关系问题的法宝。契约精神是诚信意识和规则意识的载体。一个孩子只有具备规则意识，信守诚信，才会学会自我负责，勇于担当，而这正是一个生命由内向外的自我成长。因此，要想培养孩子的自律性，构建一个和谐的家庭环境，帮助孩子完成从一个自然人到健康的社会人的顺利转变，父母本身要有契约精神和规则意识。要明白，你和孩子是两个完全独立的生命个体。亲子关系不仅是"共生一体",还要懂得"适时分离"。很多亲子冲突的发生就是因为父母无法把孩子的生命和自己进行区分。在养育的过程中,没有培养孩子作为一个独立的生命个体的意识。如果孩子体验不到一个独立的生命需要的那种状态、感觉、使命、责任、价值、意义和存在感、敬畏感,又怎么能够做到自律,懂得去为自己的人生去尽职尽责地努力呢?习主席说:幸福是奋斗出来的。那么,好的家风、和谐的家庭环境一定是父母和孩子共同努力营造出来的。

孩子是区别于我们的另外一个独立的个体,他们的生命能量要在20年后才会向外爆发。那么从生命出生的那一刻开始,父母应该拿起一副望远镜,去思考20年后这个世界需要什么样的人。这需要父母和孩子一起去探索生命的智慧,在修炼孩子的内在世界时也修炼自己的内在世界,培养孩子的同时也培养自己强大的心理素质。契约意味着分清彼此的权利和义务,意味着需要建立和遵守彼此的约定和规则,然后在规则中学会放手,体现出一种有界限的爱和自由。换句话说,"契"是指生命和外在环境的契合,"约"是和内在生命潜能的相约。我们只有让自己的内心世界充满自信、自律、自省,才能够在外在的世界中获得自由和快乐。所以,契约式教育不是一种方法,而是对内在生命智慧不断地探索和总结,是面向我们内在世界的一种思考力,是一种在家庭教育过程中关于生命成长的信念和精神信仰。

人生充满了难题和挑战,难题或许让我们感到痛苦,但在痛苦中进行积极的思考,同样也可以让我们的生命得以丰盛,得到成长。大部分家庭教育问题的存在往往是因为父母用情绪进行认知和处理,而不是在分析和研究后找到最有效的方法去解决。契约教育就是在孩子不断出现问题的成长过程中,父母要不断地学习研究,从而找到教会孩子为自己生活的每一个层面负责的方法。最终让孩子达到"四自"的境界,即自信、自省、自律、自由。自信,才会获得生命的力量;自省,才会产生总结人生经历的智慧；自律，才会把自己的人生经营得有序完整；自由，才会有选择的能力与权利。

第七节
温柔而坚定地实践契约式教育

契约式教育倡导让孩子在合作、界限、自律、责任、选择中成长。

教育孩子的过程也是和孩子斗智斗勇、较量意志的过程。因此，在有些时候、有些事情上，要学会斩钉截铁，决不动摇地对孩子说"不"。

为了孩子更好地成长，父母一定要懂得该放手时就放手。当你不愿意放手时，请想想这句话：你若不懂得放手，把责任交给孩子，他就会无可救药地被你绑住，你也会被他绑住，你们彼此依赖而动弹不得，结果就是使孩子丧失了最好的成长机会。

在这个世界上，有两件事情最难：一是把自己的思想装进别人的脑袋里；二是把别人的钱装进自己的口袋里。为孩子设计未来，试图把自己的思想装到孩子的脑袋里，这无疑是一种不现实的行为。

在教育孩子的过程中，父母要懂得"当紧则紧，当松则松；抓大放小，决不妥协。"同时要学会控制自己的情绪。记住，当疲惫使父母的行为像脾气暴躁的青少年时，家里什么事都有可能发生。

好父母不一定含辛茹苦。如果你照着以上内容去做了，那么，你的孩子会觉得："如果说学习是一件苦事，但我的父母愿意不辞辛劳地和我一起受苦，那么受苦就一定不是那么糟糕的事。我自己也应该心甘情愿地经受这种考验。"而这便是孩子自我约束的开始。孩子一旦拥有了自我约束的力量，就是父母省心的开始。人生就是这样，做父母的只有学会"先苦后甜"，将来才会"甜上加甜"。

第二章
父母需遵循的十大契约

▽
契约式教育

第一节

契约一：不强势

父母过于强势不利于孩子的成长。现在，有很多事业上很成功的父母，职场给他们带来了强大的压力与责任，所以他们会投入很多的精力在工作上，对待孩子，甚至采用工作上的方式——高压政策。强势的父母，通常更愿意采取简单粗暴的方式解决孩子教育问题，希望在一顿怒火与责骂之下，孩子会神奇般地变好。遗憾的是，这不过只是他们的一厢情愿。

强势家长的具体表现有以下几个方面：

（1）很少在孩子面前表露情感

现代社会，大多是独生子女家庭，孩子有种"恃宠生娇"的态势。为了避免孩子在家里横行霸道，有些家长信奉"棍棒出好子"，通常采用"从严"的教育方式。他们认为，只有在孩子心目中树立绝对的权威，孩子才不敢犯错。于是，有些强势的家长对孩子的教育说一不二，他们很少在孩子面前表露情感，不会对孩子的进步进行表扬，也不会做一些爱孩子的举动。教育孩子时，常常态度生硬，言语粗暴，缺乏感情。

（2）不让孩子表达自己的思想

有个9岁的孩子，他从小就参加培训班，读的幼儿园也是当地最好的，父母从小给他灌输要上重点小学、初中、高中和大学，让他觉得喘不过气来。有一次，他和妈妈讲，自己不喜欢学奥数，却得到了父母的一顿痛骂。

(3) 不给孩子犯错的机会，强制孩子完成父母认为应该达到的目标

强势家长在教育孩子的问题上，最明显的表现是不给孩子任何机会犯错。例如我们常说的"虎爸"。"虎爸"从孩子上幼儿园开始，就决定限制他们的自由，并定下死规矩，只有完成作业，才可以休息；作业完成得不好，会被狠狠地抽打。这种过分严厉教育孩子的方式，被人称为"虎爸式"教育。这种教育最大的恶果就是：孩子长大后，要么懦弱，要么叛逆。

（根据咨询孩子来信整理）

胡老师：

你好！请你帮帮我，开导开导我爸妈，告诉我，我该怎么办？我的父母非常强势，还有点偏激。我的生活中从来没有什么鼓励和激励。我做什么事情都要听他们的，上大学前我一直在他们身边，我的事情他们都要过问和干涉，反抗也没有用，他们从不问我是怎么想的。

讲一个最简单的例子，当我放假回家时，他们会非常高兴地带我去火锅店吃火锅，而我从小就一直不爱吃火锅，不止一次跟他们讲，但没办法，他们爱吃，我不敢不去。还有，他们自己喜欢去海边散心，每次都要把我强拉扯去，从不问我愿意不愿意去。其实，每次他们倒是兴高采烈的。而我，说实话，觉得很无聊。但如果这样对他们说，那一定会被他们骂死。还有，比如他们看中了商场的一双鞋，他们认为很漂亮，就非要带我去买，我不止一次地表示现在不需要鞋，已经有很多双了，结果他们马上就不高兴了。最郁闷的是，高考填志愿时，我根据自己的成绩和喜好，决定把志愿填为××民族大学，但他们说在××理工大学有关系。我不想冒险，但我爸威胁我说，你敢把志愿填成××民族大学，我就撕了你的志愿！最终，我屈服了，我怕他们生气的样子。结果正如我所担心的，他们找的那个关系没办成，差3分

无法提档，幸亏老天保佑，我在第二批次被现在的××工学院录取。从那以后，我发誓我要自己做主。

但是，我发现我无法做主。因为离开他们上大学后，我就越来越感觉我什么都不会做。我只能试着脱离他们去做自己，我决定毕业工作后不再回到父母身边，否则没多大出息，所以毕业后坚决留在了当地。父母非常强势，尤其是母亲，我的事情她都要管，我都快喘不过气来了，跟他们心平气和地谈过，我都长大了，有自己的想法了，有什么事情可以商量着来，都是一家人没什么说不开的。我很孝顺，几乎从不惹他们生气，从小到大都非常听话，从未给他们添过麻烦，算是个好孩子吧。这可好，现在更是把我给压得受不了，就连大学谈个女朋友他们也要管。我谈过一个女朋友，因为父母嫌女孩家境不好，硬是给搅黄了，我心里非常不舒服，就对他们说："凭什么你们说不行就不行，你们的意见建议我也不是完全不听啊！我知道现实很残酷，我有自己的打算，最后的决定让我自己去做好吗？""不行，就是不行。"父母就这么强势。我真是不明白，太郁闷了。过年时回家又得问一大堆问题，真是愁死了，唉！他们对我有时很"溺爱"，那种"溺爱"方式让我非常受不了，我觉得他们怎么就不明白我也是一个有想法的人啊！我不是瞧不起父母，不是不理解父母，可是我使尽一切办法都不能改变他们对我的方式，我该怎么办啊？

以前我一直选择沉默，慢慢地，我变得沉默寡言了，我什么都不说，但心里有数，你们说什么我就听着，最后还是我自己拿主意。现在也大了，听到一些不合理的话，我就想跟他们争论一下，让他们知道我有想法。我尊重你们，也请尊重我的想法。我一直去试着跟他们沟通，可就是行不通。他们总认为自己的看法对，好，我不反对，但也不能完全抹杀我的想法啊！能不能也适当地尊重我的想法啊！太郁闷了！我发表任何意见他们都不在乎，听了就当没听过似的。我真的很伤心，所以我有心里话从来不和他们说，因为说跟没说一样。一家人有什么事情应该好好说，每次给父母打电话，说着说着一句话不对,那边就发火了。我又怎么了?为什么发那么大火?不就是说了一句你们认为不对的话吗?所以我现在很不想回家,家给我的印象除了争吵就是争吵,今年过年回去不知道又会如何呢,肯定超不过两天又得天天吵。不行还是选择沉默吧!

我真的是黔驴技穷了,不知道到底该如何和这么强势的父母沟通。家庭不就是当你在失败的时候受到鼓励,在成功的时候有人分享吗?怎么我就永远得不到呢?感觉自己就像个电脑一样,被父母的程序无限运行。好苦闷啊!真的快受不了。

反思与解决

遭遇强势的父母,对儿女来说无疑是一场巨大的灾难。他们从不把孩子看成是一个独立的生命个体,无视儿女的独立、自由和完整,永远把孩子看成是自己的附属品。心理学的实践表明,有这样强势的父母,儿女常常容易患上精神分裂症。有的父母妄图把自己的意志强行装进孩子的心灵,他们整天忙着按照自己的意愿给孩子设计人生,设计未来,从根本上忽视或者干脆抹杀孩子的意愿。表面上,这些父母非常爱自己的孩子,他们也的确花费了大量的精力和金钱,不惜血本,不辞劳苦,但他们不考虑孩子有什么想法,适不适合,只管陪孩子学琴、学画画、学舞蹈,等等。然而,这些行为的本质却是把孩子当成了父母自我生命的延伸,他们一直盼望孩子成为他们自己一直想成为的人,绝不容许孩子根据自己的特点成为自己本该成为的样子。这样的孩子其实很可怜,由于他们被父母剥夺了自我成长的机会和权利,因此他们心里所受的伤害其实是很深的。

在我们的生活中,常常会见到这样的父母:爱起来时比谁都爱,可是烦起来时却比谁都烦,在单位受了气,或是生活中遇到了不顺心的事,就会把火撒在孩子身上,一旦这时孩子做错了什么事,或者只是看着孩子不顺眼,轻则怒斥,重则打骂。又或者和孩子在一起时,总是处于领导的位置,不管孩子做什么事，都得听父母的，喜欢用命令的语气，要孩子绝对服从，一旦孩子不听，就严加斥责，施以处罚。有的父母管教孩子时，说一套，做一套，要求孩子做的，自己却做不到。比如不让孩子看电视，自己却一下班就锁定了频道，借口则是累了一天得休息一下。在孩子提出质疑时，则认为自己是大人，可以如何如何，而孩子太小，必须以学习为重，不能如何如何。这"如何如何"就成了父母的特权。

还有的父母对孩子期望过高，希望孩子能够按照自己规划的路来走，打着爱的旗号，以"我是为你好"为由，全然不顾孩子是否接受，是否喜欢……

这些父母不是不爱孩子，而是不知道该如何表达自己对孩子的爱。要么就干脆从骨子里认为和孩子相处并不是一件重要的事。在他们眼里，父母是具有权威性的，孩子必须在父母的权威下，顺从父母的要求，成为一个很"听话"的孩子，按照他们设计规划好的路线成长，按照他们的心情好坏而生活。

那么，在这样的强势父母的教育下，孩子会变成什么样呢？

（1）导致亲子关系较生疏

强势的父母，通常在职场上是管理者的角色，他们很容易将这种人际交往的模式原封不动地搬到家中，只要自己发话，孩子必须服从。这样的教育方式，很容易让孩子成为家里的弱者。如果一个孩子长期受到父母的压制，他自身成长的能量就会被削弱，对父母产生恐惧心理，承担巨大的压力，于是他们会害怕父母，不敢和父母亲近。

尤其当父母情绪不好，把孩子当成替罪羊，对他们大吼大叫时，孩子很容易变得懦弱，或者愤怒，或者在潜意识里告诉自己，"都是我不好，是我让父母发火的"，或者索性"破罐子破摔"，做出一些让父母认为违反道德的更让他们发火的事，以此来宣泄心中的愤怒，或表示对父母坏情绪的惩罚。

（2）孩子缺乏主见

只要孩子做错事情，或者不能完成父母布置的任务，父母就会打骂孩子，只要孩子胆敢反驳，那么下场就更加可怜。长期受到"压迫"的孩子，就会把想法埋在心底，不敢讲出自己的意见，从而使他们遇到事情时没有自己的主见，缺乏战胜困难和挫折的信心。

(3) 导致孩子叛逆

长期压抑的人，一旦爆发，后果将不堪设想。当孩子失败或者遇到困难后，很多强势的父母，不仅没有及时鼓励、安慰他们，反而进行批评、指责，这样一来，就加大了孩子的心理压力，使他们丧失继续面对失败的勇气。也因为父母的要求过高，致使孩子不能接受失败，从而产生逆反心理，导致厌学、顶撞父母和老师等叛逆行为。

当父母不尊重孩子，用太多的指导和干涉来打乱孩子正常的成长秩序，把自己的意愿强加给孩子，让孩子担负起父母的愿望时，孩子往往就会感到很大的压力，同时也容易失去自己的成长空间和独立意识，要么变得懦弱、优柔寡断，缺乏独立性，要么产生抵触、反叛与对抗的情绪，导致亲子关系变得紧张。

因此，如果父母过于强势，孩子就有可能变懦弱！

父母只有不把孩子当成附属品，孩子的精神才能趋向独立和完整。如果父母不让孩子完整，那么孩子的精神就会走向分裂。因此，在孩子出现问题时，父母首先应该进行反思。如果父母不及时纠正自己的行为，化解儿女心中的伤害，儿女就有可能把这些伤害内化成基因，一代一代遗传下去，后患无穷。然而，令人遗憾的是，往往有些父母的言行对孩子的心灵造成了伤害，自己却浑然不觉，他们一如既往地坚信这些伤害孩子的言行是一种爱，他们常常说："我们所做的这一切，都是为你好！"这真是莫大的悲哀！

作为孩子的第一任教师，父母的言行是孩子的"标杆"，因此，父母的行为会影响孩子的行为习惯和性格心理。所以，强势的家长在家庭生活中要懂得以下几点：

(1) 学会放下自己领导的架子

学会调换身份，不用领导身份在家里发号施令。家长的教育方式及对待孩子的态度，对孩子的影响很大。所以，家长在教育孩子的过程中，不妨学会调换身份。当孩子提出无理要求时，你可以和孩子讲："现在我们玩个游戏，你当妈妈，我当你，如果我像你一样提出一定要买一个玩具，你会怎样做呢？"也许，通过商量的口吻或者角色互换的方式，能让孩子有更深刻的体会。

（2）适当地在孩子面前表达情感

中国的家长比较内敛，不善于在他人面前和孩子亲昵。但是《爸爸去哪儿》节目中天天和张亮的举动告诉我们，父母适当地在孩子面前表达情感，会让亲子关系更加和谐。

当天天完成任务时，会和爸爸分享，主动讲出自己的对与错。当然，张亮也会毫不吝啬地对天天进行表扬，会主动亲孩子，表现出自己对孩子的爱。当孩子做错事情时，他也会毫不客气地批评，让孩子主动承认错误。

（3）一定要有契约精神，制定简单明确的家规，对自己和孩子进行约束和管理

作为家长，给孩子立规矩是正常的，但不能急于求成，应该根据孩子能力的不断发展而增加难度。例如，有的家长就把家规贴在墙上：尊重家长；该写作业时写作业；自己整理玩具；脏衣服放在脏衣篮里，等等。想让孩子变得独立，家长就要给孩子一个适应的时间，让他自己逐渐学会遵守。例如有的孩子喜欢乱扔东西，你就要告诉他："如果你再扔，以后就不给你喜欢吃的东西了。"孩子每次扔东西都会得到相应的惩罚，以后当他再想扔东西时，想到的就不再是扔东西的乐趣，而是失去爱吃的零食的痛苦。

当然，父母给孩子立规矩不是不讲情面。父母在立规矩的时候，既要坚持原则，又要给孩子适当的爱抚，做到宽严有度。当孩子情绪不好或者哭闹反抗时，一定不能忽视孩子的心理感受，应给予他安慰，引导他正确对待"规矩"。

（4）给孩子犯错的机会

很多父母对孩子进行指责和抱怨，是因为觉得孩子不能体谅和理解自己

的心情，或者总是做出让父母反感的事情，这让很多父母很无奈。因此，一旦孩子犯错，必定严惩，以杜绝孩子再犯。

其实，在家庭互动中，没有所谓的对与错，有的只是是否适合。孩子对于外界的事物存在好奇心，希望自己去验证去摸索，而在这个探索的过程中，难免会犯错，如果父母希望孩子能够在错误中成长，就要给机会让孩子犯错。父母不要一味地指责孩子，对孩子的错误吹毛求疵，让孩子觉得压力过大。当孩子小的时候，父母不给机会让孩子犯错，长大后，孩子犯错的后果也许会更加严重。

因此，无论是父母还是孩子，平等才是关系中最重要的基石。在家里，每一个家庭成员都应该是平等的，父母要站在孩子的角度，努力理解孩子的思想和行为，以孩子乐意接受的方式对他的成长进行引导，把孩子当成一个平等、独立的人来对待，而不是一个在强势和权威之下生活的弱小的人。平等地对待孩子，像一个无话不谈的知心朋友一样，给孩子更多的关爱、信任与尊重，平等地与孩子交换意见，学会思考孩子要的到底是什么。我想，这才是契约精神的体现。

亲爱的父母们，不要做强势父母。只有学会了平等地对待孩子，用正确的行为和语言来表达你的爱，才会让孩子健康快乐地成长。

第二节

契约二：不溺爱

父母溺爱孩子的后果就是让孩子成为永远也长不大的"巨婴"。古语云：惯子如杀子。溺爱孩子的危害是很大的，父母对于这个道理都很懂，但却依旧在犯错。现今，大多数家庭的孩子都是独生子女，家长都很宠爱孩子。一些家长在孩子的成长过程中，错把宠溺当成了爱，分不清楚什么是溺爱，什么是适度的爱，因而让孩子养成了诸多不良的毛病。

家长过分宠溺孩子，会让孩子变得自私自利，根本不知道为他人着想，不会将心比心，不会站在他人角度考虑问题，一切以自我为中心。所以为了孩子的健康成长，切记不要做溺爱孩子的父母。

案例1

（根据咨询家长口述整理）

我们两口子前几年从农村出来到城里打工，后来自己开了一个小店，起早贪黑地挣了点钱。想让儿子受到良好的教育，所以把他也接了过来。我们俩不管有多么辛苦多么累，也从不让孩子受半点委屈，尽我们最大的努力满足孩子的需要，让他过得幸福。孩子要多少钱，他妈就给多少钱，我们从来没有让孩子知道自己挣钱的辛苦。今年儿子12岁了，上初一。开始孩子在学校表现很好，但是不久前，我发现孩子染上了一种不良的习气，他经常回家要钱，和班里其他孩子比阔，看谁花钱大方。比如说，前不久，学校组织春游，本来我们已经给他准备了很多零食和饮料，但是他听说有的同学还带钱了，就跟他妈妈要了50元钱，孩子妈也没说什么就给他了。以前孩子穿的衣服，我们给他买什么就穿什么，但是现在我们做主买回来的，他不穿了，吵着要穿名牌。孩子以前打球，穿一般的运动鞋就行，现在他说标准太低了，要穿什么耐克、阿迪达斯。我们为了他上学方便，专门给他买了一辆自行车，结果他没有骑多久就不想骑了，要我们给他另外买辆变速车，不买就不去上学，我们没有办法，就只好又给他买了一辆。唉！我们就这么一个孩子，想想这钱也是给他赚的，只要他好好学习就可以了，但这孩子现在不爱读书了，还天天喊着让我给他买电脑。买吧，怕影响他的学习，不买吧，他天天吵着要。唉！我们也不知道该怎么教现在的孩子了。

案例2

（根据咨询家长口述整理）

我儿子今年9岁了，作为一个普通的妈妈，我也有望子成龙的梦想，但我发现往往希望越大，失望越大，我的梦想离我越来越遥远。

孩子的表现越来越让我失望。在生活上我对他的照顾是无微不至，从没有让他帮我做过任何事，我只希望孩子好好读书，能够自理就可以了，但是孩子做事经常丢三落四，不愿在自己房间睡觉，不愿自己整理书桌，不会自己收拾书包，连每天早上穿的衣服都不会自己去找，总是叫我帮他准备。我想过很多办法让孩子改掉这些坏毛病，鼓励和恐吓都不管用。有时我说急了，孩子就低头不说话，看得我心里也很难受。就这么一个孩子，我也舍不得打他。现在孩子是"衣来伸手，饭来张口"。我很无奈，想管也不知道该怎么管。

反思与解决

很多父母都深知溺爱孩子害处多多。但现实生活中，面对宝贝疙瘩，又有几人不会自动滑入溺爱的泥潭呢？

现在的父母多是明知山有虎，偏向虎山行，多出于以下几种心理，身不由己地溺爱孩子。

（1）不让孩子受委屈

虽然家长会教育自己的孩子不要和别人比玩、比穿、比吃，但如果看到别的孩子有了新玩具而自己的孩子没有，看着自己的孩子眼巴巴地跟在别人屁股后面露出可怜样，心里总还是不舒服。可能孩子倒没觉得什么，家长自己却似乎产生一种低人一等的感觉。有的家长担心如果对孩子过于苛刻，会对他们的心理健康造成影响，损伤他们的自尊心和自信心，所以很多时候总会违心地满足孩子的要求，让孩子可以"入流"。殊不知，让孩子适当受屈，倒是对孩子心智成长的极好历练，承受挫折的能力或许无意中会得到增强。

（2）情不够，钱来凑

现在不少家长为了养家都在拼命工作，平时很少有时间照顾孩子。每每回到家见到孩子时，感觉疼还疼不够，更不愿意因为孩子提出的一些"小事"而弄得孩子不高兴。特别是一些在外地工作的家长，一周或几周回家一趟，更是对孩子充满愧疚，总是想通过满足孩子的特殊要求而加以弥补。有的甚至不用孩子说，自己主动去"讨好"孩子。时间长了，孩子也摸出了门道，很会在"心虚"的父母面前卖乖讨巧，择机实现自己一个又一个心愿。殊不知，如果让孩子感到父母只是他的提款机，那可就是真的出大问题了，所以，亲情还得用情补，钱是买不来的。

(3) 将"无节制地花钱"看成一种能力

不少家庭条件较好的家长，他们并不在乎孩子平时花的那点钱，所以对孩子几乎是有求必应。他们不认为孩子乱花钱是一种不好的习惯，反而觉得那是一种特殊的、从小就应该着力培养的能力，是有"财商"的表现。在这种观念的左右下，往往父母在社会上是大款，孩子在学校里也是大款，花钱非常大方。殊不知，这种无节制的花钱习惯，只会培养孩子严重的依赖心理，会让他们感到什么事都不用自己操心，只要张嘴，父母就会全部包办。长大以后，除了会花别人的钱，其他什么也不会。

(4) 欲望可以控制

有的家长认为，反正钱在自己手里攥着，想给就给，不想给孩子也没办法，孩子的欲望完全掌控在自己手中。这种想法是相当错误的。孩子的欲望如果不及时加以引导，一旦膨胀，就可能出现大问题。他们在家长那里得不到满足后，就会试图自己想办法去实现目标。欲望如洪水，如果不及时疏导泄洪，等到哪一天水蓄满了，非垮堤不可。

(5) 激励需要物质刺激

如果孩子学习好，对他们进行物质奖励，是很多家长乐意采用的激励办法。这种办法看起来好像没有什么问题，但如果把孩子的学习和金钱过于紧密地结合起来，那就有问题了。不少家长认为，只要孩子学习好，在物质方面要求过分一点也无所谓，就当对孩子的奖励。但学习好，不等于不需要培养孩子好的生活习惯。因学习好而娇惯孩子，如同用糖水浇甘蔗，不但育不出更甜的好甘蔗，反而会因烂根而夭折。对待学习好的孩子，更应该严格要求,让他们更全面地发展。

当然,现在人们的生活条件好了,为孩子提供一个舒适的生活环境无可厚非。但千万要有节制,在提供好的生活条件的同时,切不可忽视培养孩子好的生活习惯。

事实上,溺爱孩子,会对他们的自身发展产生消极影响,包括他的成长、学习、价值观的确立、社会发展、孝敬父母方面,等等,都会造成诸多不良影响。

(1) 溺爱使孩子内心无爱

现在的孩子,从诞生那天起,就把全家的目光都吸引过来了。因为多数是独生子女,所以各个方面都会受到关注。如果我们用一张图来表示对家庭成员的关注度,那么图上的箭头都是指向孩子的,这就是周围大人对孩子的爱,他整天都被这种溺爱包围着。在这种情况下,孩子的内心反而没有爱了。这句话什么意思呢?就是说他只是接受爱,而不懂得付出爱,他每天都在接受来自各方面的爱,而无法去爱别人。一般来说,他如果真的爱别人,首先要和别人建立联系,然后才能产生对别人的爱。但是我们都能看到,很多独生子女情感都非常冷漠,而对别人的爱的需求却非常贪婪,甚至写作业的时候也得妈妈陪着。

我们说,一个幸福的孩子,应该得到爱,然后再把爱回馈给别人。人的一生,就是不断接受周围人对他的爱、社会对他的爱,同时再把这种爱传播给更多的人的过程,这样他才能有幸福的体验。但是现在很多独生子女并没有获得爱别人、爱社会、爱这个世界的幸福体验,这是一个很严重的问题。

(2) 溺爱使孩子价值观混乱

从很多案例中可以发现,在溺爱环境下长大的孩子,大脑里装着一些混乱的价值观念。所有的孩子都必将走向社会,一个在溺爱的环境下长大的孩子,他是接受不到正确价值观的熏陶的,那么当他走向社会之后,就会发生一系列的问题。因为他一直生活在溺爱的环境中,想怎么样就怎么样,然后就会觉得自己不需要这些正确的价值观，觉得自己满足就可以了，甚至其思维就停滞在那种感觉里。这样的孩子，对很多问题，比如原则性的问题、价值观的问题等全部都是处在混乱状态的。这都是溺爱孩子产生的后果。

(3) 溺爱使孩子能力低下

家长都希望自己的孩子有学习能力，并且成绩优秀；也希望自己的孩子拥有自信，能顶天立地地做事。几乎所有的家长都会这样想，但是往往却对孩子实施溺爱，这样教育的结果，直接导致孩子能力低下，溺爱使孩子在各个方面的能力都退化了。

一个孩子，从出生时就有一种自然遗传下来的向外的张力，让他趴在床上他就会往前爬，这是一个人的本能，也就是说，人类在繁衍的时候，就形成了认识世界和改造世界的遗传基因，但是孩子的这种能力往往被家长剥夺了。比方说孩子吃饭，本应该孩子自己吃，可家长就是要端着碗往他嘴里喂，唯恐孩子自己吃不饱。可以说在方方面面，家长对孩子都进行百般的呵护，其结果就导致了孩子诸多能力的下降。可能有的朋友会问，溺爱有这么严重吗？那我问问你，人的智力是怎样产生的？人的智力是通过人的大脑对世界的不断探索培养起来的。我们溺爱孩子，就相当于在各个方面把孩子限制在一个环境里，让他没有机会去运用他的大脑，没有机会运用他的语言功能，不能使其左右脑相互结合，将其创造能力发挥出来。由于我们的溺爱，孩子的这些功能都会被弱化甚至消失，这样一来，我们就会发现，在溺爱中长大的孩子，他的能力非常弱。那么一旦我们把这种无能的孩子培养起来之后，孩子在各方面都会不如别人。

(4) 溺爱使孩子厌恶学习

在溺爱中长大的孩子，会在学习上遇到诸多障碍，在学习的每个环节都会受挫，于是就会导致孩子不喜欢学习，最后厌学，甚至辍学。这类孩子，当他们学习成绩下降时，其他的问题就都会随之出现，因为他们的学习动力被家长的溺爱限制了。

（5）溺爱使孩子自私自利

如果一个孩子从小就生活在溺爱的环境中，他几乎是不能爱别人的，他只会摄取别人的爱，别人给他多少爱都是理所应当的，而且他对这种爱的需求也是永无止境的。比如有两种孩子，一个开始是无爱的，一个开始是被溺爱的，我们若重新对这两种孩子进行教育，就会发现开始没有获得爱的孩子，对他进行教育后，会慢慢变化，学会感恩。但是对被溺爱的孩子，无论你给他多少爱，都似乎不能感化他。我们思考一下，这是符合逻辑的，因为他从小只接受爱，而不给予别人爱，从小就没有感受过爱别人的快乐体验，因此导致了爱本能的丧失。

（6）溺爱使孩子性格骄横乖张

孩子被宠溺，直接的后果就是骄横，由于父母在一切事情上让步，也满足其一切要求，包括很多的无理要求，其骨子里就养成了他是老大的思想，父母得听他的，敢于骑在父母头上说话做事，不懂得让步，不懂得宽容，更受不了委屈，性格骄横，目中无人，行为乖张专横。

（7）溺爱使孩子做事懒散无纪律

在被溺爱的孩子眼里，他就是老大，谁也管不了他，而且吃喝拉撒、衣食住行都有父母代办，什么事也不想做，日益变得懒散，偶尔做一点事也是丢三落四，更没有纪律性；在他眼中，他就是纪律，他可以不听别人的，别人却必须听他的，这样的孩子将来在社会上势必难以立足。

（8）溺爱使孩子不懂礼节，目无长辈

由于父母的过度宠溺，对于孩子的一些不良行为和不礼貌行为也没有阻止，孩子根本不知道什么是礼貌，目无长辈，口无遮拦，更没有做人的基本礼节，因为他根本不知道礼节礼貌为何物。

（9）溺爱使孩子懦弱，不能经受挫折

长期生活在父母的呵护宠溺下，从小不知道什么是挫折，因为一切有父母代为解决，而一旦遇到挫折就会手足无措，性格变得懦弱，根本无法成大器，就像温室里的花朵，一旦离开温室就必然被暴风雨摧毁。

（10）溺爱使孩子人际关系产生障碍

由于自私自利，一切以自我为中心，行事专横无纪律，目中无人，自然无法与人和谐相处，与他人的交流也成为一种障碍。人际关系本是一种互动、互利的交流，而被过度宠溺的孩子总以为自己是老大，不肯委屈自己，不肯为他人着想，总站在不平等的角度来行事，自然没人愿意和他交往，其人际关系必然一塌糊涂，必然成为孤家寡人，学习、就业及爱情婚姻可能都会变得很困难。

（11）溺爱使孩子健康状况不良

孩子被过度宠溺，一个最直接的后果就是对孩子身体的损害，要么过于挑食，营养不良，要么就是任性不忌口，过于肥胖，两者都是健康的大敌。由于懒惰，更不会去锻炼身体，于是健康状况越来越差，从小就落下病根子，对今后一辈子的身体状况都会有影响。

记得有一位教育家曾经说过："一切都给孩子，牺牲一切，甚至牺牲自己的幸福，这是父母给孩子的最可怕的礼物。"对孩子爱得适当，爱得合理，才能使孩子健康成长。

那么父母怎样才能做到对孩子关心而不溺爱呢？

（1）平等对待

不要让孩子在思想上形成"以我为中心"的意识，不让孩子产生特殊的优越感。家长应从日常小事抓起。例如，家里来了小朋友，应教育孩子把玩具拿出来让大家一起玩；吃东西时要让孩子养成分成份的习惯。长期坚持，就会使孩子养成与别人平等相处的习惯。

（2）不要轻易满足孩子的要求

比如孩子撒娇要家长买玩具，家长不能爽快答应，可以跟他提条件，例如一个月内如果孩子能自己收拾玩具，就答应买给他。让孩子学会为自己想要达到的目标付出努力。

(3) 避免隔代溺爱

很多家长由于忙于工作，就把孩子交给老人照顾。然而很多父母觉得老人的教育跟不上形式，但是又不好过多指责。父母应该和老人沟通好，当孩子做错事时，老人可以到别的房间去或者借故出去，让父母单独来解决。刚开始时，可能孩子会继续哭闹、扔东西，当发现无人理睬时，孩子就会有些恐慌，哭闹就会减弱，最后可能就会主动找父母承认错误。

(4) 培养孩子的自理能力

孩子长到两三岁时就有了强烈的"我自己干"的要求，家长就应因势利导，从培养孩子日常生活的基本自理能力开始，培养孩子的独立性。比如，幼儿期的自理能力培养是独立性培养的主要内容，在家长的帮助下孩子学会自己吃饭，自己穿脱衣服，穿脱鞋袜，自己如厕，自己收拾玩具，饭前便后自己洗手等。

父母朋友请记住：如果孩子们要什么就能马上得到什么，他们就永远不会有耐心，更学不会等待；如果孩子们事事顺心，他们就学不会合作。除非孩子们感觉到痛苦和失去，否则他们就无法学会同情和尊重；除非孩子们身处逆境，否则他们就学不会勇敢和乐观。

第三节

契约三：不苛求完美

如果父母苛求完美，其结果往往不仅事与愿违，适得其反，还会对孩子的情绪造成伤害，给孩子造成心理上的阴影。

很多时候，父母都希望自己的孩子更优秀，但孩子们又何尝不想让自己更上进呢？有位渔夫从海里捞到了一颗很漂亮的珍珠，爱不释手。但是美中不足的是，这颗珍珠上面有个小黑点。渔夫想，如果能将黑点去掉，珍珠不就变成无价之宝了吗？可是渔夫剥掉一层，黑点还在，再剥一层，黑点还是在，一层一层地剥到最后，黑点没有了，珍珠也不在了。

生活中有得有失，情感上有爱有恨。美丽的维纳斯也是断臂，连月亮都有阴晴圆缺，那么，谁的人生没有遗憾呢？

如果父母不了解孩子的压力，不了解孩子的心理，一味地追求完美，就有可能对孩子造成伤害。

我们再来一起看看下面两个案例。

案例1

（根据咨询孩子口述整理）

我是一名高中生，在一所重点中学的重点班读书。我现在感到压力很大，也很苦恼。按理说，因为学习紧、负担重，高中生有压力很正常。但是我的压力不是因为这些，而是完全来自我的父母。我的父母都是完美主义者，尤其是我爸，要求完美到了让人恐怖的地步。我觉得，自打我生下来，父亲就按照他的理想设计着我的人生。生活上，他给我制定了一个严格的作息时间表，几点钟起床，几点钟上厕所，几点钟刷牙，几点钟用早餐，几点钟饮水，几点钟玩耍，几点钟吃午饭，几点钟吃晚饭，几点钟吃药片，几点钟喝牛奶，几点钟睡觉。在他给我吃的各种颜色的药片里，有各种维生素，另加一支市场上流行的营养液。父亲认为，他的这种"科学喂养法"一定能培养出健康聪明的孩子。记得小时候，有时我玩积木正玩得高兴，他说到了该尿尿的时间了，便非要我去上厕所，我说我不想尿尿，可他不由分说地就将我抓起来放在座便器上，不尿尿就不让我下来。有时肚子分明已经很饱了，什么也吃不下喝不了了，可是喝水时间到了，他硬要我喝水。妈妈说他太机械，这会害了我，可是他不听，并搬出一套大道理，诸如营养需要搭配，人有固定的生物钟，等等。为了这些琐事，他和妈妈经常发生争吵，我害怕他俩吵架，于是后来每次都很听话，他让我尿尿我就尿尿，他让我喝水我就喝水。妈妈拗不过他，只好撒手不管了。

在学习上，他们对我的要求也很高，虽然我的成绩一直很好，但他们还是不太满意。有一次，我的英语考了93分，全班第4名，这样的成绩，如果换成是别的父母，不知会有多么高兴！可在我家就不行了，他们一句表扬的话也没说，还十分不满意。因为其中有3分是单词写错了扣的分，为此，回家后我爸爸罚我抄了10篇课文。学画画和弹琴也是一样，如果达不到他们的要求，我就一直要练，练到他们满意为止。总之，他们对我的方方面面都是"高标准，严要求"，只要我有一点做不好，他们就不会轻易放过，要求一定做到最好。有他们这样的父母，我觉得好累，面对他们，我经常感到很紧张、很压抑，感觉自己都快无法呼吸了。我也知道，父母对孩子要求严格也不是坏事，但像他们这样要求，我觉得这个世界上恐怕没有任何人能够让他们满意。有时，我真的对他们的希望和要求感到很无力，我甚至讨厌有这样的父母，我真的觉得累了，快被他们无止境的要求压垮了。我现在都觉得我的心理有问题了，我做题经常是看了又看，总害怕做错，最后又让他们不满意。现在我的学习效率越来越低，有时候我想干脆做个不听话的学生，不读书，不学习，让他们头疼，估计就不会对我这么苛求了。或者一死了之，让他们后悔。我真的好烦，好痛苦，好矛盾啊！请救救我吧！

（根据咨询孩子口述整理）

在我小时候，父亲在外地工作，很少回来。我妈超级好强，凡事追求完美，所以对我学习要求非常高，经常强迫我做自己不想做的事。小学一年级，我语文考了100分，数学因为马虎写错了答案，考了99分，被她狠狠打了一顿，包括甩耳光，奶奶怎么劝都没用，说要我以后记住，不能再马虎。直到现在，她还觉得自己很对，我一说她错了，她就歇斯底里地哭，说我不懂事，白费她一片苦心，她说如果我再怪她，她就不活了，要跳楼去。上了初中更恐怖，恨不得每个假期都把我放在补习班，用她的话说，她太喜欢别人对她说："你女儿真优秀，真懂事，长得又漂亮，成绩又好，你把你女儿生得太完美了，羡慕死你了。"为了听到这句话，她不惜对我变本加厉。高中我上了我们那儿最好的高中，学习很努力。而我妈做了很多令人不解的错事，我不敢直说，偶尔一次旁敲侧击，她差点没骂死我。她的言行使我的是非观一直摇摆不定。任何时候，她都感觉我做对了是应该的，做错了就大错特错，而我妈犯了大错，是可以原谅的。所以尽管在别人眼里我很优秀，但我一点儿也感觉不到快乐和骄傲，相反，我很不自信，甚至在内心深处我很自卑。而妈妈对我要求越来越高，经常说："你一定要怎么怎么样。"自然，在这种思想的压力下，我强迫自己要做到最好，我一直努力让自己保持年级前10名的成绩。但这学期开始，我有些萎靡不振，压力越来越大，妈妈凡事都要求完美的思想让我喘不过气。我知道自己得了强迫症，每次我做完作业，都要把书本整理无数遍，我克制不住自己的情绪，经常开导自己，但是效果时好时坏，我已经麻木了，每天心不在焉，不知道在想什么。越想压力越大，但我妈妈还总是对我说："做事要追求完美，做人要追求极致。"每次她这样教育我，我就恨不得去撞墙，想去死，感觉人生好恐怖。真不知道是我妈变态还是我变态了。

反思与解决

　　苛求完美，就是在生活中过分对人、对事、对事物提出苛刻的要求。

　　在生活中，许多人把完美主义与奋发进取、精益求精、追求成功相混淆。完美主义者与其说是追求完美和成功，不如说是害怕缺点和失败。他们信奉，只有完美或成功的人，才是有价值的人。因而，他们对自己吹毛求疵，却常常忽视自己的优点和进步。因为害怕失败，他们常常在行动上犹豫不决，在选择时优柔寡断，因而错失良机，裹足不前。这使他们陷入一个痛苦的怪圈：追求完美，却总发现自己缺点颇多；企求成功，却总感到一事无成。某个方面的完美并不能让人更有尊严，更受人尊重，那些只不过是自我感觉罢了。缺陷永远是缺陷，不是靠某个方面的完美就能遮盖的。完美也许能让你更加傲视众人，但实际上，大家都在忙自己的事情，没人在乎你是不是完美，其实从根本上讲就是你在自作多情。完美主义的问题正是在于"恐惧缺憾"，害怕令人失望，避免感到内疚。不能容忍美丽的事物有所缺憾是一种正常心态；对许多人来说，追求尽善尽美也是理所当然的。根据格式塔心理学，完全感是人的最基本的需要之一，假如一个人缺乏自信，生活遭遇挫折，那么他的完全感就会受到伤害。所以为了避免伤害，人们尽力追求完美，这就是产生完美主义心理的原因。

完美主义者会特别注意细节，要求规矩，缺乏弹性，标准很高，注重外表的呈现，不允许犯错，自信心低落，追求秩序与整洁，容易自我怀疑，无法信任他人。所以对完美主义的追求，容易引发许多家庭问题和人际冲突。

在我们的生活中常常会看到这样一些父母：对待工作，他们追求完美，获得了事业上的成功；对待孩子，他们也会努力给孩子最好的教育，希望孩子同样成功。尤其是当孩子进入青春期后，父母怕孩子误入歧途，对孩子的要求更加严格。但是要知道，如果教育孩子过分苛刻，孩子就会容易患强迫症。有的父母自己就是完美主义者。孩子的周末比平常还忙：上钢琴班、英语班、奥数班……事事都要求做到最好。生活上要求孩子循规蹈矩，如被子要叠得整齐，坐姿要端正，写字要工整，饮食要绝对卫生……

在完美主义要求中成长的孩子，往往做事认真，成绩超好，是父母和老师的骄傲。但是，进入青春期后，长期形成的完美习惯就会变本加厉，导致强迫症的形成。有的孩子做作业，稍有涂改，就会全部撕掉重做；做题速度越来越慢，一遍又一遍地反复检查，甚至考试时做不完题目；更有甚者，走在路上因反复数脚下的地砖而经常迟到。

因此，追求完美的父母，会给孩子带来巨大的心理压力。他们总是希望把自己的孩子打磨成一块完美无瑕的美玉。殊不知，孩子成长的过程就是一个学习的过程，免不了有些瑕疵和错误，这正是孩子的可爱和本真之处。父母如果不容许一些错误和瑕疵，一味地要求完美，就不可能真正地了解孩子，认识孩子。如果只是一厢情愿地按照自己的要求来打磨，来剔除所有的瑕疵，那么孩子就有可能因为承受不了而变得逆反、抑郁，甚至堕落，这块玉就有可能被你亲手毁掉。

万物皆有裂痕，那是光之来处。"完美本是毒"，要求孩子方方面面都做到完美，对父母和孩子来说都是一件很痛苦的事，犹如毒害心灵的药饵。俗话说得好，"瑕不掩瑜"。只要是美玉，有些瑕疵也不会妨碍它的美丽。对待孩子，父母不要总是以自己苛刻的眼光去要求、去看待，要学会把视线放到孩子的优点上，这样才不会放大孩子的缺点；当孩子做得好时，要及时表扬，这样才会增强孩子的自信心，更重要的是孩子会感受到来自父母的欣赏和爱，那么，他就会更好地发挥自己的能力，品尝到成功的快乐。

第四节

契约四：不唠叨

在家庭教育中，有这样一个很常见的现象：父母尤其是妈妈总是对孩子不断地叮嘱，不断地提醒，不断地督促。当孩子玩耍的时候，父母唠叨："快点儿去学习，作业还没有做完就开始玩。"当孩子不小心犯错时，父母唠叨："怎么这么不小心，长脑子了吗？"通常，唠叨的话语基本上都是机械重复的陈词滥调，类似的话反复说多遍，而且是几乎每天都说，就像一只苍蝇盘旋在孩子的耳边，直听得孩子耳朵都"磨"出了老茧，孩子被折磨得烦躁不安，无法进入正常的学习状态。事实上，父母唠叨的内容大多指向孩子的缺点和不足，没完没了地数落孩子，对他冷嘲热讽，即使说的是"忠言"，也多是规劝式的"不许这样""不要那样"等，让孩子感到自己不受尊重。同时，父母过多地唠叨会让孩子产生自我保护式的逆反心理，消极对抗，沉默不语，甚至干脆与父母针锋相对，造成一触即发的紧张局面。

案例

（根据咨询孩子口述整理）

我是一名高三的学生，我现在很烦，在学校里功课本来就多，考试也多，都没有什么休息的时间，感觉很累。回到家就想放松休息一下，可耳根子还是不能清静。从进家门，爸爸妈妈就没完没了地唠叨我，问我习题做了多少，复习进度如何，高三是冲刺阶段，只有考上好大学才会有出路，等等。我妈妈是一件事可以唠叨一百次，如果我只是一次没考好，她就会一直说，说到全世界都知道我考得不好，即使下次我考好了，她还要拿没考好的这次说。但是我一旦顶撞，她就会说得更起劲，所以我就不再说，也不再理她。其实天天叨来叨去的也就那几句话。

他们总以为我学习不努力，我稍稍辩解几句，他们就说我长大了，翅膀硬了，不服管了之类的话来刺痛我。其实我哪有玩了啊！我拼命还来不及呢！我觉得他们真是莫名其妙，为此也很生气，感觉父母真的一点儿都不体谅我，以为只有他们有压力，其实我的压力大着呢！尤其最令我伤心的，就是他们老拿我跟别的孩子比，说某某朋友家的女儿又听话成绩又好，言外之意就是说我不如人家，一无是处。

他们是我的亲生父母啊，他们唠叨就是为了要这么贬低和打击自己孩子的自信心吗？难道这是他们的乐趣吗？也许父母内心深处是为我好，有谁会不爱自己的孩子呢？我也许应该试着去理解他们，可我实在没有办法去理解，我搞不懂他们，本来我还想静下心来好好学习，可他们一唠叨，我就连死的心都有了。老师，我是不是太极端了？我该这么办呢？

反思与解决

父母没完没了的唠叨的确是让孩子最反感的事。反复唠叨本身就是一种令人厌烦的行为，即使是成年人也会有这种感觉，因为它会伤害一个人的自主性和自尊心，更何况这又直接和孩子日益增长的成人感相抵触。唠叨与人的生理状况有关。年长之后，神经系统的自控能力降低。不但想到什么就要说出什么，甚至即使周围没有人也会唠叨个不停。大多数唠叨指向的是一种心理问题。爱唠叨的人通常缺乏自制能力和心理承受力，他们会把自己感受到的心理压力通过唠叨这种方式发泄出来或者转嫁给别人。

爱唠叨的父母还存在一个最重要的问题：他们不知道怎样和孩子进行有效的沟通。他们往往沉浸于表达自我感受，却忽略了孩子的感受。比如说，看到孩子在看动画片，不去做家庭作业，父母就会反复对孩子说"快去做作业"。其实孩子早就说过"看完这一集后就去做作业"，但因为父母不停地唠叨，孩子就生出了厌烦心理，甚至故意不做作业了。

当孩子犯错时，有的父母不能做到就事论事，而是喜欢翻旧账，把孩子此前做错的许多事都拿出来说并唠叨不停，结果让孩子产生了抵触心理。其实，孩子犯一些错是正常的，孩子就是在不断犯错的过程中成长起来的。对于孩子犯的错，父母应当一事一议，不能乱说一通，更不能反复唠叨。

在孩子身体发育阶段，有些事情会特别容易激发孩子的不良心理反应，唠叨就是其中最为常见的一个起因。在唠叨声中，孩子会产生很多心理疾病。要么在唠叨中选择沉默，变得越来越孤僻自闭，要么在唠叨中学着和唠叨的父母一样，慢慢也变得唠叨起来。

父母的爱是最无私的，他们一心一意为孩子着想，大事小事都为孩子安排得妥妥帖帖。当孩子犯了错，他们就反复劝说，很辛苦，也很累，但是孩子却往往不领情。这是因为听多了重复单调的话，孩子首先会产生心理疲惫感，进而产生厌倦感和逆反心理，接着就是满不在乎。唠叨的正面效果微乎其微，而负面效果却可能呈几何倍数增长。父母爱唠叨，后果很严重。

首先，唠叨是一种变相施压，有些父母常常利用孩子的弱点和自己的权威给孩子施加有形或无形的压力，以求达到让孩子按照自己的意愿行事的目的。青春期的孩子自我意识很强，他们总认为自己能够管理好自己的事情，父母的唠叨和干预破坏了他们的自我意识，必然激起他们的强烈逆反和反感。这就是为什么父母们的唠叨没有达到正面效果，反而适得其反的原因。

其次，批评方法不得当。有的家长批评孩子的时候，总拿自己的孩子和别人的孩子比，家长的本意是让孩子向别人学习，可孩子却误认为是家长在贬低自己，别人的孩子总比自己的孩子好。对于青春期的孩子，最重要的是认同，无论是自我认同还是他人认同。只有认同自己，才能喜欢自己，因而产生前进的动力。实际上，孩子的自我认同通常是通过他人认同实现的。父母批评孩子时应就事论事，不能把问题扩大化，更不要和别的孩子相比较。因为这样根本无益于事情的解决，反而会让孩子觉得父母不可理喻，与父母产生对立情绪。

父母爱唠叨的原因很多，最常见的原因有三个：

其一，父母不自信，也不相信孩子。对孩子总是不放心，不知道怎样才能有效地教导孩子，不自觉地一次次地重复，错误地以为，一次不听就说两次，两次不听就说三次，只要自己多说几次，孩子总会听进去。

其二，急于求成。总希望自己说到哪儿孩子就做到哪儿，马上见效。忽略了孩子是一个有主体意识的人，别人的话要通过其内在消化才起作用；而且，人的进步和改变需要一个过程，父母没有给孩子充足的时间，期间又来催促，反而破坏了孩子改变的进程。

其三，不懂得倾听。孩子在成长的过程中，会对事物逐渐产生自己的看法和独立思考的能力，而父母的观念和习惯与孩子往往有很大的差异。如果父母不懂得耐下心来听取孩子的意见，一味地灌输、强化自己的观点和要求，其结果只能是陷入父母天天说没效果、没效果更要说的恶性循环。

那么，怎样才能不用唠叨又能达到更好的教育效果呢？

(1) 相信孩子

相信孩子喜欢美好的事物，渴望成功，相信孩子有向上之心并能够自己要求和管理自己，他们本心不愿意让我们小看他们，更不愿意和我们作对。孩子表现不好，一定有他的原因，我们的责任是和孩子一起面对难题，而不是不明就里地一味指责和要求。那样只会于事无补。相信孩子，倾听孩子的想法，适时适度地引导孩子，这样孩子就会做到，"响鼓无须重锤"。

（2）尊重孩子

我们设定的很多人生路线，其实并不是非如此不可。对于必须做的事情，孩子有权利决定怎么做，以及什么时候做。孩子没有必要处处随父母心意，假如他们用自己的方式对待生活，只要没有违反社会和家庭规则，对此我们应该感到欣慰而不是失落。

（3）就事论事

不仅要做到既往不咎，同时更不要根据孩子的现状妄加断言孩子的将来，孩子是不断变化着的，天天都不一样。我们最好的做法，就是直接面对当下的难题，就事论事，用尽可能简明的话语来表达，孩子忘记了什么事，我们就提醒他；孩子做错了什么事，我们就告诉他错在何处。假如孩子自己明白了，我们就不用再说了；孩子有什么需要改变的，我们就明确指出问题所在并提出我们的期望，同时尊重孩子改变的过程。

（4）从小培养孩子的自我管理能力

很多父母总是不信任孩子，总是怀疑孩子，之所以会这样，是因为孩子做事没有计划性，缺乏主动性，自我管理能力不强。因此，父母从小就要有意识地培养孩子自我管理的能力，与孩子建立信任关系，我不监督你，你自己也能管好自己，主动学习，主动做自己的事。在成长的过程中，不能事无巨细，包办代替，否则幼苗永远长不成参天大树。

（5）抓大放小

说得越多，孩子服从我们的机会就越少，我们的威信也就越低。科学的方式是：可说可不说的就不说；同时有好几件事要说的，就拣一件最重要的说，其他的事情等这件事了结后再说；复杂的事情要分步骤说，先从孩子最容易做到的步骤说起，完成这一步再说下一步。

（6）适时放手

该孩子承担的，我们尽量不要参与，孩子做不好会受到相应的"惩罚"（比如赖床导致迟到），孩子会因此纠正自己的行为。每个人都需要自己长大,都需要懂得为自己的行为负责。孩子很难懂得自己未曾经历的事情,如果我们提醒无效,不妨放手,相信孩子会"吃一堑长一智"。

总之,父母和孩子要相互尊重,用适当的方式交流,不要把爱变成恼人的唠叨。

第五节

契约五:诚实守信

诚实守信是为人之本,更是契约精神的核心要义。中华民族历来崇尚诚实守信。古往今来,关于诚信的事例数不胜数。古有季布一诺千金、宋濂连夜抄书、曾参杀猪教子,今有邓颖超冒雨赴约、列宁依时归还图书,等等。他们用自己的行动向世人昭示了一个深刻的哲理,那就是:只有诚信的人才能获得别人的信任和尊重,才能有所作为。

孔子曰:"人而无信,不知其可也。"意思是说,如果一个人不讲信用,说话不算数,这个人就不可能做成什么事情,更不可能在社会上立身处事。他的学生曾参也说过:"吾日三省吾身:为人谋而不忠乎?与朋友交而不信乎?"这句话的意思是,"我每天都要多次反省自己,检查自己和别人商量的事情是不是忠诚地去做了,和朋友交往是不是守信用了"。古人们的话也告诉我们,做人要忠诚,要讲信用。这一点在家庭教育中,对孩子对父母都非常重要。

父母是孩子的榜样,诚实守信是契约精神最根本的体现。

(根据咨询孩子口述整理)

我爸爸妈妈说话一点儿也不算数。我爸说,只要我考了前5名,他就带我去坐过山车。可我真的考了第五名时,他却说没时间,下次吧。我妈妈也一样,她说我写完作业就让我下楼和小伙伴玩,可是我写完了,她又让我弹一个小时的钢琴。每到这时候,我都会想起电影《麦兜的故事》,麦兜的妈妈让他吃药，说吃了药病就好了，病好了就带他去马尔代夫。结果麦兜吃了药，病好了以后，妈妈却再也不提去马尔代夫的事了，麦兜再问，妈妈就说，发了财再说吧。我理解麦兜，觉得他和我一样可怜。以后爸爸妈妈再怎么向我许诺，我都不会相信他们了，全是骗人的！

案例2

（根据咨询孩子口述整理）

我妈妈特爱出尔反尔。有一次，我平时最拿手的数学没考好，就骗妈妈说成绩还没出来。后来她得知成绩已经公布了，就追问我怎么回事。我死活不愿意告诉她分数。妈妈许诺说，即使考不好，也不责怪我。冲着这份承诺，我把自己的分数告诉了她，没想到她的脸色立即"晴转阴"，严厉地责备了我。后来妈妈总是告诫我，考试后一定要把成绩告诉她，不要瞒她。可我再也不相信她的话了。

反思与解决

一项亲子调查显示：80%的家长认为，自己对孩子说话守信；而95%的孩子却认为，父母经常不履行承诺。一所学校的问卷调查显示，在孩子最不满意家长的做法中，"说话不算数"排第一，父母们信口开河、不过脑子地随便一说，孩子就会信以为真。孩子的内心世界和大人的有所不同，他们的快乐往往就源于家长的一句"承诺"，他们甚至会为此兴奋好长时间，而大人却没把它当回事儿。最终导致的结果是，孩子不再相信大人说的话，而家长却觉得孩子不听话。

诚实守信是中华民族的传统美德。古人云：君子一言，驷马难追。在家庭中，父母对子女一定要做到言而有信，这不仅是简单的兑现某个承诺，更重要的是可以培养孩子遵守诺言的意识，这是一个非常重要的品质，甚至可以说是无价之宝。父母失信于孩子，害处是相当大的。

（1）失去信任

对于孩子来说，父母无疑是他最信赖的人。从某种意义上说，父母就是他的天他的地，因此，父母所做的一切，父母所说的一切，在他的心目中就是不可变更的客观存在，他会无条件地相信这一切。父母不能实现的许诺最终会导致孩子对他周围的环境失去信任，逐渐颠覆他理想中美好的世界，削弱他内心的安全感。

（2）失去威信

父母失信于孩子，就会在孩子心目中威信扫地，而孩子也会变得越来越不服管教，越来越顽劣也就是情理之中的事情了。

（3）失去信用

父母是孩子的第一任也是最重要的老师，所以有什么样的父母就会有什么样的孩子。一个习惯对孩子说话不算数的父母，在他的言传身教之下，培养出来的自然也是一个不守信用的孩子。

所以，父母一定要做到说话算数，切不可为了达到某种暂时的目的而欺骗孩子，对孩子撒谎。同时，父母对与子女之间的相互承诺也应像与成人交往一样认真对待，它不仅是与孩子交流的一种合理形式，也是培养孩子健康人格的一种教育手段。当孩子认识到自己答应了的事情就必须做到时，便有了责任感，从而督促他们学会履行责任，养成良好的道德习惯。

当父母因为工作等原因影响了诺言的兑现，孩子感到失望、委屈时，父母不可强迫孩子接受许诺不能兑现的结果，而应主动、诚恳地向孩子道歉，把不能兑现的原因跟孩子讲清楚，取得孩子的理解和谅解，并在以后寻找适当的机会兑现自己没有实现的诺言。即使孩子暂时无法谅解，也不能用呵斥、教训的方式对待孩子，应该允许孩子发牢骚，表示不满。有时，孩子只是因为已经把事情讲给同学朋友，怕没有面子而生气，只是一时的言行过激。美国儿童心理学家罗达·邓尼说过："父母错了，或违背自己许下的诺言时，如果能向孩子说一声对不起，就可以帮助孩子建立自尊，同时能培养孩子尊重人的习惯。"

孩子并非我们想象得那么简单，因此，提醒那些想省事的父母，千万不要用你根本就不想兑现的承诺来哄骗孩子，免得给自己招来更多的麻烦，也带给孩子更多无形的伤害。

第六节
契约六：培养孩子好的品格

品格是一个人的思想、情感、行动等的综合表现。我们平时常说的人品好的人，就是指那些懂得从他人的立场考虑问题、尊重他人、知道自我约束、可以体会他人苦痛的人。以前人们都认为只有聪明的人才可以获得成功，现在则更倾向于认为人品好的人成功的概率更大。即使仅仅是为了可以让子女在以后的生活中顺利地同他人交往并从中获得幸福，这种人性教育也是非常重要的。

品格教育要从小抓起，从点滴行动中培养，习惯成自然。只有不断地重复，才能让孩子形成习惯；只有形成习惯，才能让孩子由内而外散发出好的品格。对于孩子品行的影响，父母起着决定性作用。

案例1

（根据咨询孩子口述整理）

我上初二了，成绩还不错，就是不太努力，有时喜欢玩电脑游戏。这几天爸妈不知道怎么了，明明是五一放假，还天天逼我写作业、练琴，还总说到时候考不上重点高中怎么办，我都烦死了，我自己也有自己的安排呀！

今天父母睡午觉的时候，我一直在写作业，累了便玩了一会儿电脑游戏，倒霉的是他们一觉醒来就看见我在玩游戏，以为我一直在玩，就冲我大发雷霆，我让他们看我的作业，可他们不听。我真的很生气。

后来他们出门了，我就自己弹琴，先练了明天上课的曲子，又弹了会儿流行歌曲。这时候爸爸回来了，一看我这样就催我练上课的曲子，我说我都练好了，可能是回答的语气不太好，又惹火了他，他生气了，就大声地骂我，说我没有自制力。我被气得干脆就不练了，坐到沙发上，想看会儿电视消消火，但他一下就给我关了，我真的很生气。

想想，就算今天是我自己运气不好，自认倒霉。谁叫我玩的时候都让他们看见了，学习的时候他们又不在？可是我不明白的是，到底学习跟我关系大，还是学习就是他们的事？为什么他们总觉得我没有自制力，做什么都要催着我？难道我时时刻刻都要学习？我知道，学生肯定要学习，我也知道为将来考虑，可他们这样做，我都快受不了了。上次我爷爷生病住院，我非常想去看看老人家，但是爸妈就是不让我去，说会耽误学习。我觉得，在爸妈的眼里，除非我成为学习的机器，24小时都在学习，否则他们随时有可能不高兴。

写得很多很乱，我的心情很不好，不知道要怎么做，以我爸妈的脾气也不会和我好好谈，我要怎么办啊？

（根据咨询孩子口述整理）

妈妈，这10年来您对我的关爱，我看在眼里，更是记在心上。但是我也有很多生活的烦恼。

在考试的前几天，我听您的话认真复习，我一直希望考完试，您的脸色可以有一些好的变化。可当考试成绩下来，您只有两种脸色：如果我考得好，您的脸色一般，谈不上好；如果考得不好，您的脸色极差，好像天要塌下来一样，我很厌烦这样的考试生活。我希望您可以像别的家长一样，变一变脸色，即使考得差，也能鼓励一下我。您可以帮我完成这个愿望吗？我相信您可以，因为在我心中，您是一个好妈妈。

反思与解决

我们现在家庭教育的最大误区就是学习至上，只注重孩子分数的高低，而忽视孩子的心理健康和思想品德的培养。家长们总认为孩子学习，成绩不好，在很大程度上将影响孩子的未来甚至终身，而对孩子的其他方面不怎重视，也很少去关心。在大部分家长眼里，孩子成绩好就代表着优秀，代表着省心。即使出了药家鑫这样的案例，也没有让我们的家长去认真反思。虽然全国的父母从来没有在一起开过会，但大家每天都对孩子说着非常相似的话："要好好学习，只要学习好，其他的什么你都不要管。"孩子的生活只有一件事：学习。其实，人生在世，活着需要很多支点，比如，健康、朋友、爱好、等等，最重要的是需要具备生活和做人的智慧，这样才会快乐幸福。

教育孩子追求知识理所当然，无可厚非。但是，当我们把知识的获得作为教育的全部，进而希冀以教育为手段把孩子塑造成"知识人"，沦为学习的奴隶和机器，这便酿成了知识对智慧、对生活的虚妄僭越。在"知识人"理念的支配下，孩子被看作是用知识一片一片搭建起来的，唯一充塞于心灵的就是知识，人性中的其他部分，如伦理道德、审美情操等则被虚无化，这不可避免地异化了教育的实践追求，遮蔽了教育所推崇的人文精神。正如鲁洁先生指出的，"知识人"的世界是一个价值缺失、意义旁落的世界，而这正是应试教育产生种种危机、备受批判的根源。在课堂上，教师讲的是知识，作业练的是知识，考试考的是知识，评价学生的主要标准还是知识……正是在对知识一味地追逐过程中，关涉人生幸福的智慧被放逐了，被淹没在知识的汪洋大海之中。结果，分数在没日没夜的机械记诵中攀升了，而学生健康的体魄、和谐的人格、幸福的生活却丢弃了。教育由此成为考试的附庸，学生则物化为知识和分数的奴仆，丧失了童年本该有的童心、童趣、童稚，成为仅有知识的"偏执单面人"，而非知、情、意、德全面发展的"和谐人"。

从根本意义上说，人是为了生存、生活才去学知识的，生活才是第一位的，知识只是人们追求幸福生活的工具、手段。因此，只有能联系生活、能应用于生活、能使个人生活变得更美满幸福的知识，才可以转化成智慧。而很多时候，我们在一味追求知识的过程中常常犯以下错误：一是忘记了学生本该有的生活；二是虽然关注了生活，但只是将教育视为斯宾塞所言的"为未来的生活做准备"，没有进一步将教育经历理解为学生当下的幸福生活。对此，人民教育家陶行知先生曾有过振聋发聩的高呼："没有生活做中心的教育是死教育。没有生活做中心的学校是死学校。没有生活做中心的书本是死书本。在死教育、死学校、死书本里鬼混的人是死人。"因此,学会学习的关键在于让孩子学会"如何转知成智",学会联系以往的生活经历进行学习,学会将知识智慧性地运用于自己的生活。

如果父母只看成绩,不注重孩子品德的培养,就会让孩子生活在压抑、单调的环境里,他们没有了快乐的童年、飞扬的青春、消磨掉了对生活、对生命的渴望和激情。因此,父母应该给孩子一点空间,一点自由,教他们做一个有理想、有智慧、有道德、守纪律、对人生充满信心和激情、对父母充满感恩、对社会和家庭充满责任、永远幸福而快乐的人。

第七节

契约七:尊重孩子的独立人格

契约精神的一个重要原则就是平等与尊重。在人本主义心理学家马斯洛的需求理论中,人的需求一共有五个层次,简单来说,这五个层次从低到高分别是:生理需求、安全需求、爱和归属感、尊重、自我实现。其中前三个层次是低一级的需求,后两个层次是高一级的需求。父母面对刚刚出生的孩子,本能地就可以帮其实现前三个层次的需求。如果父母能有意识地满足孩子"被尊重"的需求,孩子将会在无形中获得良好的自信心和自尊心。

从实际情况来看,孩子期盼父母陪伴的时候,很多父母却忙着看手机,孩子正玩得专心的时候,父母却偷偷离开了,这些无意的不重视、不信任、哄骗等行为,其实都是对孩子的不尊重。孩子长期生活在"不被尊重"的氛围中,他一定会想方设法地逃脱、报复、叛逆、捣乱、自暴自弃,更谈不上自身价值感的实现,对家庭也会缺乏归属感。

怎么做才能尊重孩子?

从理念上说,很简单,把孩子看作一个与自己平等的人,将心比心。从时间上说，从孩子出生开始就尊重他。小婴儿希望妈妈在给他换尿布的时候，轻轻地提前告诉他一声，而不是抬起他屁股就像完成任务一样地换尿布；希望妈妈在把他递给自己不认识的叔叔阿姨爷爷奶奶的时候，考虑一下他的感受；希望在学习翻身的时候，妈妈不要着急去帮他，而是相信他正在努力。从对象上说，尊重是相互的，尊重孩子也是尊重自己。当照顾到自己的需求时，父母才能更开心、更轻松地照顾孩子。当你习惯于尊重孩子，并且尊重自己的时候，也就为孩子树立了"人与人之间相互尊重"的榜样。久而久之，他自然就会学会尊重你，尊重他人。父母如果不懂得尊重孩子，孩子将来长大了也很难尊重父母。

案例1

（根据咨询孩子口述整理）

我都快高中毕业了，但我在家一点点做事的自由都没有。不管我做任何事，我妈总是在我身边盯着我，像个监工似的指手画脚。如果没有按照她说的去做，她就骂骂咧咧的。我真的很烦她。就拿网购这件事来说吧。有一天，我想网购一本书。我希望自己能安安静静地独立操作，但我妈坚决不干，就搬了个椅子全程坐在我身边，离屏幕比我还近，满脸一副我要是反抗她就跟我动手的表情。我选好书后就在电脑上进行网银操作，因为我是第一次使用网银，不怎么会用，当时出了点问题。我妈立刻打电话给客服人员，先对着人家一通骂，然后又问人家怎么操作，并让我听电话，我都不好意思接听。我用最小的声音问工作人员问题，发现原因是我们没下载一个软件。于是我按照指导去下载，先找说明书上那个图标，我妈一边急得一个劲儿地点这点那，一边唠唠叨叨说："你眼睛瞎了啊！我都看见了！这不就是吗！"其实她点的都是错的。后来我找到说明书上画的图标，她这才不说话了。

后来终于正常了。她又开始积极围观，顺带说我输验证码输错了，她说我眼神不好。其实我觉得我输入对了，只是系统出了问题。重新输验证码，上面很多都清空了，我不知道，于是又按了提交按钮，这下悲剧了，我妈从吼转为咆哮："你这是怎么回事啊！"我之前错误操作的时候提交了很多订单，但都没付钱。后来我打开购物记录，想把订单删掉。还没动手，她又嚷嚷："怎么这么多订单啊！……"这下，我真的烦死了，我又不是一个木头，我是个人，我有智商，我有秘密，我有自由空间，我没义务毫无由来地被你喝来骂去的，看你怒气冲冲的脸色。更何况我又没惹你，是不是只有你人生一帆风顺你才会露出笑脸？否则就拿孩子出气？为什么就不能让我一个人安安静静、轻轻松松地做点事呢？有困难让我自己想办法解决难道不好吗？我承认我妈送我上学给我钱花还帮我做了很多事，可是，这并不代表她就可以不尊重我作为一个人应该享有的独立和自由啊！我看是她心理有问题，请您帮我开导开导她吧！谢谢！

反思与解决

意大利著名儿童教育专家蒙台梭利曾说："教育首先要引导孩子沿着独立的道路前进。"美国著名教育专家罗伯特博士曾提出现代孩子教育的十大目标，其中第一条便是独立性。一个孩子在长大后要想有所成就，就必须具备独立思考、选择、判断、解决问题的能力，否则是很难适应现代社会需要的。这种教育观和自然界的生存法则是完全一致的。自然界的动物生存法则是：长大后就不能与父母住在一起了，就不能靠父母养活了，得自己去生活。如果你不知道如何生存，那么就将被大自然无情地淘汰。尽管有些残酷，但这是动物为了族类持续生存的天然法则，正如达尔文所说的那样：物竞天择，适者生存。可惜的是，我们的很多父母并没有意识到这一点，有些父母总是担心孩子这也做不好，那也做不好，于是什么事也不让孩子自己独立完成，即使孩子想自己独立行事，也要横加阻止。还有一些父母过于溺爱孩子，怕孩子劳累，大包大揽，替孩子做决定，根本无视孩子的独立意识，始终不愿放手。这样不仅给自己带来烦恼，也对孩子的成长极其不利。

所谓"独立"，有两层含义：一是指行为上的独立。孩子离开家庭走进学校，在学校里吃住学习，就是要培养他们的独立生活能力，如果家长总是担心这担心那，生怕孩子吃不好、吃不饱，担心孩子受冷受热，那么，孩子就无法成长。二是指心理上的独立。培养孩子的独立意识，首先指的是心理上的独立。在这一点上，西方家庭教育和我们的家庭教育表现出很大的不同。西方家庭教育的一大特色就是：尊重孩子的独立意志，从孩子的实际出发，为孩子提供一个良好、宽松的生长环境，让孩子在自己的选择中长大。笔者认为，这种教育孩子的方式，更尊重孩子的天性，更有利于充分培养孩子的优秀素质，培养孩子的独立性和自信心。

孩子的独立性是在实践中逐步培养起来的。要培养独立自主的孩子，就必须给孩子创造锻炼的机会。一般情况下，孩子在两岁后，随着他们身体的发育及心理能力的不断提高，大多数孩子已经可以在父母的帮助下，逐步学会自己吃饭、穿衣、收拾玩具等，逐渐形成独立意识。父母要想让孩子形成的这种自立自强的品格得到发展，就需要爱护孩子的独立意识。如果以为做父母的可以改变孩子的想法，可以改造孩子的意志，那可就是大错特错了。别忘了，小小年纪的孩子也是一个独立的个体，他们有自己独立的意识、独立的思维，将来他们总是会离开我们，去独立闯天下、过日子的。

但我们的很多父母并不懂得尊重孩子的意识，也没有意识到对孩子个体意志的尊重对于培养孩子成长的意义。在很多父母的潜意识里，仅把孩子当成自己的所有物，希望替孩子安排一切。谁都知道孩子有自己的想法和感受，但每当处理问题的时候，我们往往忘了把自己的视角换成孩子的视角。

欧美文化很重视个性，他们那种让中国父母们难以置信和接受的措施之一，就是让刚出世的婴儿与父母分床、分室而居。他们认为，分室而居对独立性的形成影响很大。分室而居，就是在孩子还没有选择能力的时候，父母替孩子选择一个有利于培养独立性的环境。而且，多数家长会解释自己的原则和行为；对于领养来的孩子，他们会和孩子讨论领养和亲生的孩子有什么区别；父母即使离异，也会对孩子有所交代，不会让孩子觉得自己是局外人，等等。电影《似是故人来》里面有个场景：父亲要出远门，临行前对5岁的男孩说："孩子，你在家要照顾好妈妈，你是家里的男子汉。"如果在中国的电影里，恐怕同样的场景，父亲会说："在家要乖，听妈妈的话。"这就是文化差异在实际生活中的不同表现。

而我们的许多父母喜欢"听话"的孩子,培养出的总是完全按照父母要求塑造出的"乖"孩子。其实,所谓"听话"的乖孩子,就是由家长任意改造、扭曲的孩子。这种培养方式使孩子的个性不能得到充分的发展,孩子的潜在素质不能完全显露,孩子自己的意志不能实现。

要知道,孩子的人格是落地生根的。孩子虽小,但也是个独立的个体。孩子虽然还"依附"父母,但也有自己的独立意志和独立思考,有对生活的独立看法。孩子的独立意志经常会同父母的意志发生冲突。冲突来临时,父母的基本态度应该是尊重孩子的意见,尊重孩子的选择,同时明确表明自己的态度。当然,培养孩子的独立意识是一个循序渐进的过程。在这个过程中,父母不能操之过急,不要因为孩子没有做好某件事就求全责备。对于孩子独立去做的事情,只要他们付出了努力,即使结果不理想,也要给予认可和赞许,使孩子感受到劳动的乐趣及独立做事的快乐。更为重要的是,要使孩子产生"我能行"的自信,这种自信对孩子至关重要,它是孩子独立性发展的动力。

孩子需要一定的空间去成长,去锻炼自己的独立能力。在保证孩子安全的前提下,父母应放手让孩子去做,从而培养孩子独立的人格。父母必须让孩子知道,属于他自己的事,他能够做好的,他就应该做好,父母尽管可以帮他,可以教他,但不可能一辈子替他做。而他做那些事,是为了自己,不是为了父母。

父母一定要明白,当一个孩子的独立性得到锻炼后,他就会很有信心处理生活中发生的事情,面对困难也能够想尽办法去解决,因而也就能够让父母放心地把他放到社会上去经受考验。这就跟把动物放归山林之前,需要训练它们的捕食能力一样。

总之,要想培养孩子的独立意识,首先要尊重孩子的独立意识。让孩子成为他自己,而不是父母的小影子、小尾巴。父母不要去做孩子的"手"、孩子的"脚",更不要去当孩子的"大脑",父母仅仅是孩子独立意识的

"保护者"。同时，父母必须明白亲子关系的两个要素：爱与分离。我们对孩子的爱，是孩子健康成长的保证。但同时，我们必须懂得分离，必须给孩子一个独立的空间，让孩子可以在一个很大的范围内自主地决定自己的生活。

当孩子说"我自己来"的时候，让孩子自己来。当孩子要"干些什么"的时候，让他们自己干。这是孩子独立意识的萌芽。不要对孩子的"异想天开""以下犯上"横加指责。给孩子一块安全的"自留地"，只要这块"自留地"是符合自然和社会存在规则的，在这块"自留地"里，孩子该干什么、想干什么、怎么干，父母只需当个旁观者，不要强加干涉。

父母对孩子的独立业绩应做出及时的反馈。积极的反馈会让孩子意识到自己的力量。家长的意见只是"参考"，不是"指导"，更不应该是"命令"。必要的时候，尽可能地为孩子的独立活动创造一个安全的环境。更重要的是，应该内紧外松，不要让孩子感到一切在父母的监控之下，这样就把他的主动性消磨尽了。

第八节

契约八：尊重孩子的隐私，保持适当的距离

亲子相处之道——保持适当的距离。

颜之推在《教子》篇中提到，父母跟儿女之间，一方面要亲爱周到，另一方面又要保持适当的距离，不可以过于亲密。他说："父子之严，不可以狎；骨肉之爱，不可以简。简则慈孝不接，狎则怠慢生焉。"意思就是，父亲对孩子要有威严，不能过分亲密；骨肉之间要相亲相爱，不能简慢。如果流于简慢，就无法做到父慈子孝；如果过分亲密，就会产生放肆不敬的行为。

与孩子保持适当的距离，首先要学会尊重孩子的隐私，给予孩子适度的自由空间。

（根据咨询家长口述整理）

最近我和女儿大吵了一架。现在的孩子真是越来越不像话，我快被气死了。哦，忘了告诉您，我女儿读高一了。最近我发现她的电话特别多，于是就留意观察她。有一天晚上，我听到女儿一直在房间打电话，于是我就走过去想听听她是在和谁通话，说些什么。没想到，女儿突然发疯似的朝我大吼大叫："妈妈，你为什么像个间谍一样偷听我打电话？"您听听，这是什么话？

"谁偷听了？我是来帮你收拾房间的。"我没有计较她的态度，只是急中生智回了她一句话，然后就开始帮她打扫房间。

谁知道，她竟然不耐烦地对我说："请你以后不要随便进我的房间！我的房间我自己会收拾的。要进来也应该先敲门，你不是从小就这样教导我的吗？"

我被她的话气坏了："你这孩子，怎么可以这样和妈妈说话呢？"

"我现在不是小孩子了，你别以为我不知道你以前总是偷看我的日记，现在又偷听我打电话，你不能这么不尊重我！"女儿吼道。

我十分生气地离开她的房间。谁知道，这孩子越做越过分，竟然在房门上贴出了告示："私人领地，非请勿入，要入请先敲门，没事不要靠近我的房间。"我看后火冒三丈，气得心口都疼起来。我扯下门上的字条，撕了个粉碎。但是，女儿从那天开始对我视若不见，一句话都不和我说。我很伤心，很痛苦，您说，是我错了吗？我是她母亲啊！是她的监护人啊！

（根据咨询孩子口述整理）

高一下半学期，由于成绩下滑，父母怀疑我早恋，总想找机会知道我是否有什么秘密。有一天我忘了锁抽屉，妈妈翻看了我所有的日记。不仅如此，我回家后，她还胡乱地针对我对未来的一些憧憬狠狠地批评了我，我一气之下把所有的日记都烧光了，并且发誓再也不写日记了！

——高二学生

爸妈经常翻我的书包，还常偷看我的日记和聊天记录。有一次，妈妈看到一个异性网友的留言，她还把我臭骂了一顿！为此我和妈妈吵了起来。没想到，她不仅不承认做得不对，还说什么"我是你妈，你的电脑是我买的，看看留言算什么？"真的很过分！难道我们就不能有秘密、有隐私吗？

——初三学生

家长做这种偷偷摸摸的事情，不仅伤害了我的自尊心，还毁了他们在我心中的形象。一个真正关心孩子的家长，应该是平时多抽时间跟孩子谈心，了解孩子的想法。偷窥隐私的做法只能说明他既不了解我的想法，也不清楚平日我在做些什么，这是失职的家长。

——初二学生

之前我忍了，但是这回更离谱了。我妈把我的成绩告诉了邻居，还说了我几个朋友的成绩。朋友成绩很好，我和她们差得很多很多。我问她为什么要告诉其他人我的分数，她居然说："你考得差，不告诉别人才怪！"我不想让别人知道我的分数，现在好了，人人都知道了。我没有脸面出门了，我很爱面子。我不能一直让着父母吧，我也有被尊重的权利！！！

——高一学生

反思与解决

对于孩子的隐私，一直都没有得到有些父母足够的重视。在父母们看来，偷看孩子的日记、检查信件、追查电话、查阅短信、翻查书包等，这些都是小事。他们认为孩子毕竟还小，他们这样做是在关心孩子，一切都是为了孩子的成长，防止孩子走入歧途，以免孩子一步走错步步皆错。许多父母都有这样的感觉：孩子越大越不听话，不像从前那样，有什么事都和父母讲。还有的父母，发现孩子做有些事背着自己，有些东西藏起来不让自己看见，同学之间的书信和自己的日记总要放到抽屉里锁上，他们对孩子的这种行为感到不安，怕孩子染上坏毛病。这样的父母，习惯了对孩子过于保护和包办一切的教育方式。有的父母因发现孩子对自己有所隐瞒后，竟千方百计地去翻看孩子的书信和日记，有的甚至把其中一些内容当作孩子"错误行为"的证据，拿去指责孩子，伤了孩子的自尊心。这样做，只会进一步关闭亲子沟通的渠道，失去孩子的信任。父母关心孩子的心情可以理解，但是这种过度保护、过度干涉，不允许孩子有自己隐私的做法是不妥的。有时候因处理不当，父母这种自认为理所当然的行为会给孩子带来意想不到的伤害。父母的这些行为都在说明对子女的不信任、不尊重，严重伤害了子女的自尊心。

隐私常常包含个人的缺陷（包括生理、行为等方面）、错误、失算，常因孩子自尊心遭受打击而产生。如果把自尊心比作花瓶，隐私就是瓶上的细小裂纹，所以老师和父母更应细心保护好这个花瓶。随便暴露孩子的隐私，甚至当众宣扬，这无异于敲打这个有裂纹的花瓶，让孩子无地自容，把孩子的自尊心敲碎。

其实，孩子到了一定年龄后，会强烈感觉到自己的独立性，想拥有自己的隐私，也渴望被尊重。这是孩子独立意识和自尊意识的一种体现。随着年龄的增长，孩子对父母的依赖减少，独立意识逐渐增强，成人化倾向明显，希望别人尊重他们的自主性、独立性；同时，随着生活领域的扩大及知识信息的增多，他们的内心变得敏感起来，感情变得细腻起来，会产生许多想法，原先敞开的心扉渐渐关闭，从而有了自己的隐私；而且，即使他们有很多话想说，但观点已经与父母有所不同了，于是与父母的心理沟通就会明显减少，转而把自己的"秘密"和内心的感受都倾诉在日记里，或者告诉同龄人。

这时，如果父母采取强硬和蛮横的手段，想方设法去查看孩子的日记、偷听孩子的电话等，无视孩子的感受，随意侵犯孩子的隐私，则会带来许多负面影响，甚至产生意想不到的后果。那么，侵犯孩子的隐私权都有哪些危害呢？

（1）打击孩子的自信心

对自己能力的信心就是自信心。孩子希望有一定的独立性，希望自己的某一领域不受干涉，这正是有自信心的表现。做错了事，想偷改；学习落后了，想暗自追上去，这也正是怀有自信心的表现。轻易地破坏他们这种希望，侵犯他们在敏感方面的隐私，就会无意中打击他们的自信心。

（2）麻痹孩子的羞耻心

孩子因知羞耻才把某些过失、缺陷看作隐私，而一旦随便被揭开、公布、宣扬，孩子起初还会觉得难堪、痛苦，以后便会麻木了。俗话说"破罐子破摔"，就是这个意思。

（3）削弱孩子的自省力

写日记是一种自省方式，偷看孩子的日记，而且把日记的内容宣扬出去，是万万不可取的。向父母吐露心事也是一种自省方式，父母听了却又透露给外人，这也是很不可取的。不尊重孩子这方面的隐私，孩子就会不再重视这些自省方式，就会大大削弱自省的欲望和能力，妨碍孩子健康成长。

（4）破坏孩子的人际关系

孩子的一些隐私会涉及他的同学、朋友，比如与朋友一起进行并非不正当，但又不愿让别人知道的活动，并约定保密。教师和家长知情后，不分青红皂白地将事情公之于众，便会招致朋友和同学的怨恨，破坏孩子与他人的友谊。

（5）削弱孩子与亲人的亲密关系

如果孩子的隐私常被侵犯，家长又不善于补救，其结果必定是孩子对父母产生反感，不再信任。一旦双方形成隔阂，再对孩子进行有效教育就困难了。

也许有的父母会问："按你这么说，一切都由着孩子，孩子的私事连我们做父母的都不能过问了?"当然不是这个意思,肯定要过问,但要明确指导思想,讲究方法。在尊重孩子的隐私权的前提下,你可以引导孩子自觉自愿地和你谈他的隐私。隐私的特点是具有一定的相对性,自己的私事对于一些人而言是隐私,对另一些人来讲可以不是。隐私可以转化,不信任你时可以作为隐私,信任你了,可以不是隐私。父母要争取让孩子信任自己,使孩子主动、自愿地披露心中隐私。这就必须尽量做到:

1)长期日积月累地培植孩子对父母的信任感。

2)培养孩子与父母交流思想感情的习惯。

3)不要找各种理由偷看孩子的日记,或者私拆孩子的信件。

4)兑现对孩子的承诺,不能兑现时也得说清缘由,取得孩子的谅解。

5)承诺为孩子保守秘密,一定要守信,需要揭秘时应动员孩子自己揭,而不是由家长代办。

最后要补充一点,这里谈的是正常情况下孩子的隐私。如果孩子做了越轨的事、犯法的事,就不再是隐私范畴了。

这个世界上,所有的爱都以聚合为最终目的,只有一种爱以分离为目的,那就是父母对孩子的爱。父母真正成功的爱,就是让孩子尽早作为一个独立的个体,从父母的生命中分离出去,这种分离越早,孩子就会越成功。因此,父母要懂得用平等理性的态度去尊重孩子,与孩子保持适当的距离,彼此保留一点空间、一点余地,这才是给予孩子高质量的真正的爱。

第九节

契约九:管理情绪,阳光积极

自我的第一大领域是身体;自我的第二大领域是情绪;自我的第三个领域是我们的思维、头脑;自我的第四个领域是精神和心灵,也称为意识。人类的情绪已经被确认的共有200多种。我们平常比较容易注意到的是喜、怒、哀、乐四种情绪。只看这四种情绪就可以理解，情绪对我们每天的生活影响有多大。情绪会影响我们的感觉，转化我们的自我评估，左右我们的思考，决定我们的人际关系，增减我们的动机，改变我们的认识方向。情绪有负面情绪和正面情绪之分，也就是我们常说的负能量和正能量。常见的负面情绪有愤怒、害怕、内疚、自卑、沮丧、嫉妒、仇恨、忧郁、骄傲、抱怨等。而正面情绪有爱心、喜乐、希望、平安、热诚、乐观、信心、安全、同情、饶恕等。消极的思想产生负面情绪，积极的思想产生正面情绪。可以说，所有的心理问题均始于负面情绪。学会控制自己的情绪是一个人成熟的最重要的标志。而作为父母，在教育孩子的过程中，学会控制自己的情绪，则是一门不可或缺的功课。

案例1

（根据咨询孩子口述整理）

我是一名高一女生，我现在很想离家出走。因为我爸妈每次吵架打闹，他们两人就拿我撒气，我简直就成了他们的"出气筒"。问题是他们吵架不是一次两次，而是家常便饭。在我的记忆中，我几乎是在父母整日的吵闹声中长大的。每逢他们大吵大闹，最倒霉的人还是我。当两人吵架到极度愤怒的时候，都会把气撒到我的身上，总说要不是我，他们早就离婚了，好像是我害他们吵架似的。不是动手打我，就是用过激的语言伤我的心，骂我是扫把星，还动不动就让我滚蛋。最让我难以面对的是，当他们两人吵闹着要离婚时，都会把我叫到面前，逼着我选择以后跟谁生活或让我说他俩谁好谁坏、谁对谁错。但是每次不管我说什么，又都会惹得他们暴跳如雷，对我的火越发越大。每当这时，我只有强忍泪水，任由他们拿我撒气，不敢做任何辩解。其实，我爸妈也都是知识分子，我妈妈还是学校老师，我真不明白，他们为什么老是这样吵！吵！吵！现在，我上学住校，每周回一次家，即使这一天我也不想回，感到很难过，因为我实在无法忍受爸妈他们无休止的吵闹。最近，我的脑海里老是冒出要离家出走、远离父母的强烈念头。但是，我又不知道要往哪里走。您能不能帮我劝劝他们，有问题解决就好了，别老拿我撒气啊！

（根据咨询孩子口述整理）

　　平常我只要说两句话，父母就说我是和他们顶嘴，我真的受不了他们的火气，他们的火气很大，就像是一口压力锅，最大的就是我爸。我爸是个急性子，说他两句就会发很大的火。有时候在外面受了气，就回来一声不响地坐着，我一旦做错事他就责骂我，有时他还大打出手，我成了爸爸的出气筒，我其实一直以来就非常恨他，有时他非常气愤的时候就会诅咒我，我把诅咒我的事说给了妈妈听，我妈问他，他还说："有什么大不了的？"我听后心都碎了。

（根据咨询家长口述整理）

　　我现在很懊悔。最近刚换了一个单位，压力特别大。因此，我心情不好或者在单位受气了，就会把气撒在孩子身上。前天，我去学校接儿子放学，刚走进儿子所在的教室，看见孩子正在做功课。见我来了，他就拉着我的手说："妈妈，这个题我想了好久没有想出来，你给我讲讲好不好？"本来儿子爱学习、勤学好问，我该高兴才是，可我也不知怎么回事，当时心情就是特别不好，看什么都不顺眼，我烦躁地对他说："自己动脑子。""我真的不会啊！"儿子一脸茫然地看着我说。"不会就别写，要不就留下来问你老师。"我气呼呼地离开了教室。等我回来时，看见孩子眼睛红红的，他看见我来了，又惊又怕。看见他这样，我又来气了，大声斥责道："哭什么哭？你妈又没死，快点跟我回家，要不我就不管你了！"

　　在我的恐吓下，儿子战战兢兢地走出了教室，大声哭了起来。回家的路上，我一直在训斥他，而且走得很快，孩子跟不上我就拽他。上楼时，孩子几乎是被我拎上来的。

　　回到家，我打开孩子的作业本往书桌上一摔，大声吼道："快点儿写作业！"当我看见本子上鲜红的血迹时猛地愣住了，我问他怎么回事。儿子哭着说："妈妈，你别那么凶好吗？我流鼻血了。"霎时我醒悟了，自责涌上心头，我一把将孩子抱在怀里，泪流满面。

反思与解决

现实生活中，每个人都会有不如意、不顺心的时候，工作的压力、复杂的人际关系及现代社会中相对的心理封闭状态，使父母许许多多的烦恼无处发泄、难以倾诉。这时，我们往往选择伤害身边最亲近的人。不少父母平时溺爱子女，但有时也拿孩子当"出气筒"。

生活中，像这样的例子屡见不鲜。许多夫妻在吵架之后，就会把气发泄在孩子身上，有的人是对着孩子破口大骂，有的甚至会对孩子拳打脚踢；另外还有酸葡萄的发泄方式，例如全家一起出门，妈妈会对孩子说："你妈妈一定不够漂亮，所以你爸爸才会一直看着别的女人呀！"把自己的情绪垃圾一股脑地丢给无辜的孩子。

尤其是这些年来生活节奏加快、工作压力与日俱增，父母免不了带着情绪来教育孩子。逢工作不顺利、与同事闹矛盾、家庭有纠纷、心情不好时，往往为一点儿小事就迁怒于孩子，大吵大叫，甚至大打出手。这种做法且不说为人父母的修养欠缺应予纠正，只说对孩子的心理影响极坏，也应引起父母的足够重视。

我们经常看到一些父母在自己心情好的时候，对孩子既和蔼又有耐心，而心情不好的时候，却对孩子横加指责，轻则无理训斥，重则打骂，而孩子被父母打骂后却不知错在哪里。殊不知，这样把孩子当"出气筒"会让孩子的人生观产生扭曲，不但无助于提升判断是非对错的能力，反而会向错误的一面发展，认为碰到问题就要靠"武力"来解决，进而影响孩子的学习，影响他的为人处世，甚至是孩子的未来。

家长为了发泄心中的怒火，把孩子当成"出气筒"教训一顿，当时气是消了，但事后看着孩子可怜巴巴哭红了的眼睛，追悔莫及。打骂，对于孩子身体上的伤害，可能过不了半天就没事了，但造成的心灵上的伤害，是永远无法估算的，很有可能孩子的这一生都会受到影响，因为一个人的记忆是有选择的，那些特别快乐和特别难过的记忆会一直保留在内心深处。孩子正处于生长发育阶段，好动易犯错误，在"不顺心"这根导火索的"引导"下，很容易成为不理智父母的"出气筒"。

家庭教育要重视前后因果的一致性，孩子被父母当成"出气筒"，直接反应是因为自己犯了什么错误使父母如此生气。因为起因往往是一些小事，孩子被弄得莫名其妙，加上与平时父母的溺爱"落差"太大，更觉委屈倍增。更为有害的是，天长日久会给孩子造成心理阴影和性格扭曲，多次无辜地被父母迁怒，孩子会不信任、不服从父母，以后真的需要父母管教了，父母的威信早已丧失殆尽。另外，孩子，尤其是一二岁的幼儿，在性格形成期受到这种影响，会变得易暴躁、好斗、出言不逊。一旦看到恶果形成，父母们后悔不迭也为时已晚。所以，父母应先做好自己的情绪管理，培养自制力，不要在无意间把孩子当作"出气筒"。因为，当孩子不断被父母的情绪转嫁而受到压抑、批评之后，他的身心发展会发生扭曲，进而形成性格上的自卑、自闭。这种后天因素所致的遗憾，其实也是因为父母处理自我情绪不当所导致的。虽然每个人都会有心情不好的时候，都会遇到不如意的事，但不管你的工作和生活的压力有多大，都不能把孩子当作你的"出气筒"。下面提几点建议，希望能对父母们有所启发。

(1) 将不良情绪丢在家门外

首先，父母应学会调整自己的心态及情绪，一定不要把家庭以外的不良情绪带入家庭中来，应努力将遇到的麻烦妥善地处理解决。要明白，向家人及孩子发泄不良情绪不但不能解决问题，反而会破坏大家的心情。

(2) 换一种发泄方式

发泄的方式有很多，父母在心情烦躁的时候，找个空旷的地方大喊大叫，或者找个无人的地方痛哭一场，也可以找好朋友倾诉，把心里的不满和痛苦发泄出来。也可以将不良情绪转移：做运动、看电影，或者逛街、和孩子一起打游戏也都可以试试。

(3) 和孩子保持平等关系

开明的父母应该做孩子的知心朋友，许多事情应多多征求孩子的意见，全面考虑孩子的情感，常与孩子交流思想。这样，父母与孩子的关系就会和谐融洽，孩子就不会轻易成为父母的"出气筒"了。

(4) 树立积极的形象，及时处理问题

父母在家庭内部发生矛盾时，不要当着孩子的面争吵，以免让孩子感觉失去安全感，分散孩子的注意力，使孩子过分关注父母的矛盾。父母给孩子的印象应是积极乐观、稳定自信的。

对于孩子的缺点和错误，父母应及时指出，善意地批评指导，要就事论事，不要算总账，也不得夸大，要使孩子知道错误所在，并知道如何去改正。父母不应借机发泄自己心中的不快，而使孩子无所适从。

(5) 为孩子营造良好的家庭氛围

家庭是孩子成长的第一环境，孩子的健康心理发展、良好个性与行为的建立以及智慧的开发都将在这个环境中形成。称职的父母要为孩子营造一种良好的家庭氛围，尊重并爱护孩子。也就是要把孩子看成一个独立的、与父母平等的个体，让孩子知道你爱他。

第十节

契约十：爱无条件，不攀比

父母可以帮助孩子培养自信，也可以摧毁孩子的自信。可怕的是，摧毁或者破坏常常是在不经意、无意识间造成的。在正常的亲子关系中，父母无不十分在意培养孩子的自信,他们并没有打击孩子自信的动机与意图。但他们却往往在无意间对孩子造成伤害,这常令人为之惋惜。

案例1

(根据咨询孩子口述整理)

我现在经常都不知道自己在想什么,也不知道自己想要什么,好像从记事起,我的爸爸妈妈就不断地拿别人和我比,尤其喜欢拿我和表姐比。

我有一个同龄的表姐,学习成绩非常优秀,还参加过奥数竞赛,拿过几次奖。每次考试,老爸老妈都要把我的成绩和表姐做比较,有时还要和我们班上几个学习尖子的成绩进行比较。基本上每次比较,我都处于劣势,所以我很反感。老爸老妈平常最喜欢说的话就是:"你看看你表姐,你要是有她的一半,我们就不用操心了。"每次听了这话,我总觉得很难过。我说:"我不可能成为表姐,我只能成为我自己。"我真的搞不懂他们,他们难道不明白人各有所长,每个人都有自己的个性特征,也都有自己的长处和短处吗?再说了,我不是不想学好,我也在努力,可为什么我的成绩他们都看不到呢?我生气的时候总在想,他们干脆认表姐做女儿算了,反正自己总是比不上她。我甚至都不想再待在家里了,我讨厌家里的任何人。为什么他们都不能理解我呢?

案例2

(根据咨询孩子口述整理)

我真的很倒霉,我觉得我从娘胎出来就被我妈妈拿来和别人比。说我这个不如表妹,那个不如表妹,本来我是很喜欢表妹的,但因为我妈妈老夸她,现在我恨死她了。从小妈妈就说我不如她,大了说我什么也不会干,说我在家不知道做家务。但是事实并不是如此,表妹也不像妈妈说得那么好,我也不像妈妈说得那样什么也不干,好多人都看在眼里,但是为什么妈妈只相信表妹说的话?有时,气不过了我就大叫:"表妹好,你给他当妈去成不?你天天讲天天讲!你不烦,我烦啊!"凭啥老爱拿自家小孩和别人比啊?我恨死我妈妈和表妹了!我很难过!也很痛恨!

（根据咨询孩子口述整理）

为什么？为什么啊？我最讨厌父母口中的一句话就是："你看看人家谁谁谁，有多好多好，向人家学学。"并不是我叛逆，而是自己有自己的想法，每个人有每个人的活法，为什么这个人好，就一定要自己的孩子跟他一样好？我郁闷！我想，如果强人所难也算一种教育的话，那么所有的孩子就会成为父母的工具！为什么要拿自己的孩子跟别人的孩子比呢？为什么要拿别人的孩子当榜样？孩子最大的榜样就是父母！自己都没有做好，凭什么要求自己的孩子完成未完成的心愿？不要把自己的快乐建立在孩子的痛苦之上！做父母的为什么就不去体谅了解孩子的苦恼？难倒他们忘了自己也曾是孩子啊！可为什么明知道孩子不快乐，还逼迫他去做自己不愿意做的事?！有多少孩子的前途都毁在了自己父母的手上！不能选择自己喜欢的专业，不能做自己认为正常且对的事情，不可以这样，不可以那样……他们亲手抹杀了孩子的兴趣，一句"谁谁谁好，要是我们有他那样的孩子就好了"就将我们那仅有的一丝自信打败了。我不明白，我一点儿都不明白，原谅我的批判，原谅我的一派胡言！我只是不想活在不属于我的世界里！

反思与解决

亲爱的父母们，你们知道儿女最恨父母的一件事是什么吗？我常常听到有些孩子说："我最恨爸妈常常对我说：你看看某某人……"那个某某人可能是孩子的兄弟姐妹，也可能是孩子的表（堂）兄弟姐妹，也可能是你们认识的其他孩子。总之，就是那个你总拿来和他做比较的人。

当孩子成绩不理想或者表现没有别的孩子出色时，当孩子的表现与自己的意见相左时，爸爸妈妈就会说自己的孩子如何，希望自己的孩子能够出人头地，就会让自己的孩子学习别人家的孩子……当孩子对此说出"我最恨……"这句话时，可以想象孩子的内心是多么地苦闷和无助。是呀，父母为什么要拿自己的孩子与别人家的孩子比较啊?

我记得在一次咨询中,一个孩子当着我的面直接问自己的妈妈:"既然你不喜欢我,既然你看人家的孩子好,那就让他做你的孩子。你一直在说我怎么惹你生气,不给你争气,羡慕邻居家的孩子,为什么不想想你自己?你做了什么?人家孩子的爸爸妈妈做了什么?你想过吗?"当妈妈听到孩子说这句话时,当场目瞪口呆,无言以对。既然一直夸别人家的孩子好,为什么不去看看别人家孩子的父母是如何与孩子相处沟通的?为什么总是拿自己的想法来衡量孩子?不要一直用自己的权威来制约孩子,在指责抱怨孩子的同时,我们做父母的是否也该换个角度去考虑,究竟是孩子的问题还是因为自身内心的缺失而让自己看不到希望。

拿自家孩子跟别的孩子比,似乎已是被公认的应该禁止的教育方法,让孩子只跟自己比的确对孩子建立自信并取得进步有好处。不过,从另一个角度来说,孩子如果真的有自尊自强之心的话,他很快就会懂得,他最终还是要和别人比的。因为当今社会本身就充满了竞争,竞争就是一个人与外界进行比较并且超越的过程,所以适当的比较会增强孩子的危机意识,使孩子更好地适应这个社会。

现在最大的问题是,我们的父母不考虑孩子的实际情况,进行盲目的比较。如果在比较的过程中,父母对孩子抱有不切实际的过分期望,或者总是拿自家孩子的不足与别的孩子的长处相比,就很容易使孩子产生挫败感,不利于培养孩子的自信心。因为没有一个孩子愿意承认自己比别人差,他们希望得到成人的肯定,他们对自己的认识也往往来自于成人的评价,而这种肯定式的评价对孩子自信心的培养也是尤为重要的。如果父母总是强调自己孩子比别人差,会使孩子经常产生自我否定,导致孩子在成长中一遇到困难就恐慌、退缩,对孩子的心理造成伤害。

很多父母望子成龙过于急切,他们容忍不了孩子的暂时落后和成绩平平,往往把自己急躁的心情压迫在孩子身上,但这样做的结果往往会是适得其反。其实，每个孩子都有自己的长处和短处，有着与众不同的个性特点，父母盲目、笼统地攀比，实际上是对自己孩子缺乏信心的表现。我们做父母的为何不先认真研究一下为什么自己孩子会不如别人？一味地羡慕别人家孩子，斥责自己家孩子，这样做的后果只能是导致孩子对学习越来越消极，对未来越来越没信心。

其实，在孩子失意时，他们最需要的是父母的抚慰，让自己尽快走出失败的阴影，勇敢地面对困难。当孩子的同学获得奖励、取得好成绩，而自己的孩子没有取得时，父母不要轻易批评自己的孩子不如别人，避免孩子产生逆反、嫉妒心理。要以平等的身份与孩子共同分析失利的原因，让孩子自己找出自身的不足和与别人的差距，鼓励孩子通过自己的努力去争取成功。同时，还要鼓励孩子接纳别人，学会欣赏别人，懂得"山外有山、人外有人"的道理。这样，孩子就会喜欢和父母沟通，产生信任，再遇到困难时才敢说出口，父母也才能真正了解孩子的内心世界，帮助孩子成长。

那么，当父母看到自己的孩子不如别的孩子优秀时，到底该怎么做？如何才能不拿自己的孩子和别人做盲目的比较呢？

（1）教孩子学会反问自己

比如，"我现在各方面表现如何？有什么优点？有什么缺点？跟上个月或上个星期比较在哪些方面有进步？哪些方面有退步？我该怎么办？我有决心再上一个新的台阶吗？我是否应该听取父母的意见？是否需要征求老师、同学的意见？"

（2）用欣赏的眼光看待孩子

一位专家曾经谈到这样一个奇怪的现象。他说有一次对几十个中国和外国的孩子一起进行某项测验，让孩子分别拿测验后的分数给各自的父母看，结果中国的父母看了孩子的成绩后，有80%表示不满意，而外国的父母则有80%表示满意。而实际成绩又是怎样的呢？实际上，外国孩子的成绩还不如中国孩子。这件事情说明，中国的父母习惯用挑剔的眼光来看待孩子，看待别人和世界。而外国的父母则习惯用欣赏的眼光看待自己、孩子和世界。所以，在此建议父母用欣赏的眼光去看待孩子，并教会孩子去发现别人的长处，真诚地赞赏他人。

(3) 承认孩子间有个体差异

每个孩子的性格和特点都是不同的，许多父母喜欢把自己的孩子跟别的孩子进行比较，而且总拿自家孩子的劣势跟别的孩子的长处相比。这样做实际上忽视了孩子之间的个体差异。父母应当接受并承认孩子之间的差异，帮助孩子取长补短。而且，当父母看到自己的孩子和别的孩子有差异时，先不要着急，这种差异未必就是差距。孩子跟别人的差异往往是其个性形成的开始，其实，这种差异更需要父母加以保护。此时，父母的正确态度是，根据自己孩子的特点进行教育。例如，自己的孩子脑子迟钝一些，教育孩子笨鸟先飞，多卖些力。孩子有了进步就应该鼓励。只要孩子付出了努力，已经尽其所能，父母就不要再对孩子提出过高的要求，这样的教育就是成功的。

(4) 尊重孩子的天性

父母要尊重孩子的天性，不要盲目跟风，人家孩子学这个，就让自己的孩子学这个，人家孩子上北大，就让自己的孩子上清华，这样的想法都是不可取的。其实，父母只有找到适合自己孩子的发展道路，按照孩子的天性去培养，引导孩子按照自己的规律去成长，孩子才可能获得幸福和成功。

(5) 培养孩子的个性

父母应该认识到，每个人都是独立的个体，和其他人没有太多的可比性。学习别人的优点固然重要，但是培养孩子的自信更重要。相信孩子，解放孩子，首先要赏识孩子。现在很多父母教育孩子的心理有些错位，不是用赏识的目光去看待孩子的优点，而是用挑剔的眼光找孩子的毛病。最可怕的是，用别人家孩子的长处与自己孩子的短处去比较，越比较，越觉得自己的孩子不如别人家的孩子优秀；越比较，自己孩子就越没有自信。

按照笔者个人的经验，真正内在的自信首先来自于父母。很多教育学家也认为这是最为初始的自信来源，自信基础深厚的人，即使在人生中遇到打击，还是怀着基本的安全信念。反之，如果没有从父母处得到足够的自信存款，更糟的是一开始就是负债，那么，后天经过百般努力培养的自信，也常常像是建在沙滩上的城堡一样，不堪一击。

中国人在传统观念上认为，父母就是"天"，是生命的创造者，身体发肤受之父母，因此，孩子的价值就由父母来决定了。

这里需要强调的是，即使孩子从父母长辈那里已经得到了充分的价值肯定，还是不能忽视父母的态度及言语的重要性。因为，人的自信并非坚若磐石，而是浮动常变的。即使最受宠爱、最有自信的孩子，也有可能受到粗暴语言的打击，被丢入深渊，就会立马觉得自己什么都不是。因此，父母的评价常常会决定孩子的自信基调。

家庭本该是孩子的庇护所和堡垒，但最大的伤害往往是无意间在家中造成的。笔者从跟很多父母打交道的过程中发现，父母本身的自卑感使他们很难接受孩子的不完美。他们不想拒绝自己的儿女，也很努力地隐藏这些内心的想法，但他们认为孩子的"缺陷"就意味着父母的失败，让父母有种自卑感和罪恶感。因此，唯有本身自信够成熟的父母才有可能对一个有某方面"缺陷"的孩子说："孩子，我不但爱你，而且知道你是一个很尊贵的人。"

因此，喜欢将孩子与他人比较的父母先要审视自己的内心，甚至要有勇气面对那些或许会给你带来不快或者罪恶感的事实。你是否因为孩子很平凡而感到失望，进而忍不住要打击他？你是否因为孩子长得不好看而不接纳他？你觉得孩子笨吗？他是不是你在境遇不佳时生下的孩子，带给你经济上和体力上的压力，因此你需要发泄而打击这个孩子？你是不是想生男孩却生了女孩？你是不是想生女孩却生了男孩？你是不是在婚前就怀了这个孩子，因而被迫结婚？你是否怨恨他的出生使你失掉自由，或者耗掉你许多的时间和精力？孩子太吵闹或者害羞的个性是否让你觉得丢脸？

如果连父母都会因为各种个人因素而不喜欢自己的孩子，时常去打击孩子，那就根本无法教导孩子尊重自己了。所以，如果父母总是不由自主地打击孩子，那就要审视自己的内心世界了。当我们认清自己本身就是平凡的人之后，又有何权利要求孩子完美呢？

　　父母对孩子的看法将大大影响孩子对自我的看法，孩子会观察父母的言行举止，尤其会注意父母是如何"谈论"他的价值的。他甚至能解读父母无意间的肢体语言和态度。因此，孩子对自己的看法会深受父母的影响。父母可以帮助孩子建立自信来抵挡社会压力，也可以使孩子毫无招架之力，其中的差别就是亲子之间的互动品质。孩子若相信父母是爱他，尊重他，就会比较容易接受自己的价值。反之，孩子如果经常受到来自父母的打击，就会变得自卑，甚至自闭。而我们知道，自卑是残害孩子精神成长的一大杀手。随之带来的各种教育问题是不容小视的。

　　一个人能否超越自我，取得成功，其乐观、自信的人生态度起着关键性的作用。所以，父母们千万要注意，不要随意打击甚至摧毁孩子的自信心，给孩子和自己造成难以弥补的伤害。

　　印度哲学大师奥修说："玫瑰就是玫瑰，莲花就是莲花，只要去看，不要去比较。"因此，父母必须明白一个事实：孩子天生就有差别。我们首先要承认这个差别，然后在孩子现有的基础上帮助孩子进步。我们可以拿孩子的今天和昨天比，拿孩子的成功和失败比，就是不能拿自己孩子的短处和别人孩子的长处比（咱们不妨换位思考一下，假如孩子拿我们和各方面都比我们强的其他孩子的家长比，想想我们的感觉怎样），那样只会给孩子造成一种不健康的心理。所以，父母始终要坚信这一点：只要自己的孩子努力了，那就是最棒的。

第三章
父母需引导孩子遵循的十大契约

契约式教育

第一节

契约一：珍爱生命是孩子一生的财富

首先给大家分享一个年轻生命的故事，这个故事我已分享了很多次，因为它深深触动了我心灵深处对于生命、对于教育的思考。

2015年的夏天，一天，太阳很大，一位母亲急匆匆地来找我，一进门就拉住我说，刚刚大学毕业参加工作不到一年的儿子要跳楼。我和她是一路狂奔赶到她家的，那位男生的一只脚已经吊在了5楼的一个窗台外，半个身子倾斜着，一屋子的人都非常紧张地望着他。他表情木然，神情冷漠。

其实这个孩子从小到大应该说都很优秀。重点小学、重点中学、重点大学本科，一直读到重点大学的研究生。总之他符合了我们大部分的父母对"优秀"这个词的定义和解读。可以说，就在他的父母和所有人为这个孩子感到骄傲的时候，恰恰问题就发生了。

这个孩子在走向社会之前，他的父母没有帮助他完成一个重要的心态转变。什么样的心态转变？就是从一个学生到社会人的心态转变。所以，进入社会后，他处处碰壁，觉得自己人生的路越走越窄。他认为自己很优秀，于是心高气傲，不断地在外部世界里放大自己的存在感，但实际上他严重缺乏与人相处的本领，也不知道如何平衡各种关系，更不懂得根据事情的轻重缓急来处理问题。他有很多的想法，但这些想法在现实中却无法实现。或者说他根本就没有获得一种将梦想照进现实的能力。所以，面对现实，他感到压力重重，于是他只好通过上网来逃避。这样做的结果是：头疼、失眠、情绪抑郁、脾气暴躁，不愿意和人交往，人际关系紧张。最后，来自外部环境的压力彻底击垮了他的精神。一个人的内在世界出了问题，焦虑症、抑郁症、恐惧症、强迫症等各种心理问题都会随之而来。于是，他想一了百了，结束自己的生命，以此来摆脱人生的痛苦。

当时在现场，面对那样的情景，我对他说了几句话："生死是大事。你作为成年人，有权决定你的生与死，但先要把后果想清楚，你这样做无非就是两种结局：一种是当场摔死，血肉模糊，死得非常难看。然后一把火把你烧成灰烬，你的爸妈当然会伤心一阵子，但生活照样继续，也许很快他们会有另外的孩子，你的女朋友也会找另外的男人。所有人的生活都会照常，时间久了，没有人会记得你。就像你从来没有在这个世界上存在过。另一种就是，你没有死掉，但缺胳膊少腿了，你成了父母、家庭的累赘，你的爸妈会怨你恨你，你也会恨你自己，你生不如死，但是你又不想死，那样你会更痛苦，这种情况我真的见过很多。"听到这里，他的眼神开始转动，眼泪掉了下来。我接着说："反正你连死都不怕了，你不如给我一个机会，就一天的时间，我们一起来做一个练习，如果做了这个练习你还想死，我保证谁也不会拦你。"这个时候，我慢慢走过去，轻轻地抓住了他的手，他的手很凉，没有任何抵抗。

之后，我把他带到生命减压室。那是一个没有光也没有声音的房间，除了他自己，没有任何东西，和外界完全隔离，四周的墙壁是海绵的，他也没有办法自杀。在他进去之前，我对他说了一句话："生命的意义在于战胜自己。"就那样，他一个人待在里面。两个小时后，他在里面号啕大哭，喊着要出来。他的妈妈在外面早已泪流满面。8个小时后，我打开门，他对着亮光冲过来的时候，我突然想到了"向死而生"这个词。之后，他紧紧抱住了自己的母亲，母子俩抱头痛哭。我问他还想死吗，他说他想吃他妈妈烧的猪蹄。

后来，我想在那和外界彻底隔离的 8 个小时里，在一个没有光也没有声音的世界里，他应该触摸到了生命里面潜在的能量。正是这股内在的生命能量，帮助他接受了生命中前所未有的挑战，释放了外在世界带来的恐惧和压力，战胜了他生命中那个不健康的自我。

从这个案例中我们能够思考一些什么呢？那就是在我们每一个人的内在生命里，实际上都存在着两个自我：一个是非健康的，一个是健康的。这两个自我经常会发生征战。健康的自我就是那些积极的、向上的，能够帮助我们不断成长的生命力。我们应该帮助我们的孩子去发现、去挖掘这股存在于每个人生命里面的力量，让它来帮助孩子战胜生命中那些懒惰、自私、消极的负能量。让我们的孩子能够获得足够的勇气去面对人生的种种困难和压力，最终成长为被生命本身所祝福的人。

家庭教育是一门充满生命元素的艺术，而生命是一个人存在于这个世界上最基本的价值。每个人只有一次生命。在无限的时空中，再也不会有同样的机会，所有的因素都恰好组合在一起，产生了这样一个独有的你。所以，父母一定要教导孩子，有限的生命才是属于自己的唯一财富。

在现实生活中，关于孩子的极端事件时有发生，让人心痛不已：因为爸爸不让看电视，一个 10 岁的孩子跳楼自杀；一个马上中考的孩子，因为爸爸夺过他正在玩的手机从窗户扔出去，这个孩子也跟着从窗户跳下去而死亡；有个女孩，因为妈妈阻止她玩手机而暴打自己的妈妈。为何悲剧总在一幕幕地上演？到底哪里出了问题？需要怎样预防呢？其实，这里面反应的是亲子关系中"共生"与"分离"的矛盾：父母是共生需求，你是我的，你就要听我的；孩子是分离需求，我不想听你的，我想做自己，矛盾激化的最后就是用死来报复父母。

看似孩子很自私，只想着自己，对父母不管不顾。其实认真想想，父母在管控孩子的时候，很多时候也没照顾孩子的感受。父母训斥指责孩子，其实是对自己的不接纳，因此投射到孩子身上加以管控。而孩子攻击自己，其实也是在攻击父母，反正是共生一体的，杀死自己也相当于杀死你们。与其说这是两个人的博弈，不如说是一个生命的纠结与内耗。表面上讲是孩子自私、以自我为中心，实际上更深层次的原因是父母在养育的过程中没有教他形成作为一个独立的生命个体的意识。其中一个重要的原因是很多父母无法把孩子的生命和自己进行区分，所以孩子体验不到一个独立的个体生命所需要的状态、感觉、使命、责任、价值、意义和存在感、敬畏感，又怎么能够做到自律？怎么会尊重、珍惜自己的生命呢？

孩子的逻辑简单而可怕：反正我不是我，死了了事。因为生无可恋，生而无感，所以死而无憾。这不仅仅是父母的痛苦、人生的悲剧，更是家庭教育的悲哀！

生命的本质就是不断地感知。只有让孩子不断地感受到生命的存在，对生命有敬畏感和责任感，他们才会珍爱自己的生命，才能感受到生命的美好，才会懂得去尊重他人。而这些恰恰不是靠说教就能做到的，而是需要我们用心去对待生命，包括接纳理解、尊重包容、耐心陪伴、正确管教。所以，在家庭教育的过程中，为了孩子，为了让悲剧不再发生，培养孩子的生命意识非常重要。人世间最宝贵的就是生命，因为没有了生命，一切都无从谈起。

生命教育既是一切教育的前提，同时还是教育的最高追求。

教育之"育"应该从尊重生命开始，让孩子从小就理解生育的过程、生命的伟大和美好；教孩子学会欣赏生命、尊重生命、热爱生命、珍惜生命，让他们体会到生命所带来的爱、责任和意志力，这是非常必要的。因此，生命契约是孩子一生的财富。

第二节

契约二：心存敬畏是孩子一生的福气

案 例

（根据咨询家长口述整理）

儿子快6岁了，长得虎头虎脑，人见人爱，但就是脾气大，不讲理，非常任性，他想要什么都要依着他，不答应就哭闹，甚至满地打滚。他的自我意识非常强，他的东西谁都不能拿，拿了就会大发脾气，简直就是一个"小霸王"。有一次，我带他逛商场，他看中了一个玩具机器人，央求我给他买，我看了看价格，2830元，我觉得太贵了，就对他说："浩浩，这个太贵了，妈妈没有带那么多钱，下次买吧，要不换个别的，好吗？""不好，你现在就给我买。""可妈妈没有那么多钱啊！""那我不管，我就是现在要。"他开始哭闹起来。见他如此不讲理，我二话不说，拉起他的手就往外走，他马上放开嗓门大哭大叫起来，周围很多人朝我们看。看到我坚决的表情，他干脆赖在地上打起滚来，周围围观的人越来越多，他像表演一样越哭越起劲，简直是丢人丢到家了，我感到颜面尽失，只好赶快拿出钱夹给他买了。

孩子脾气这么坏，动不动就哭闹，还摔东西，如此下去怎么得了？我应该怎么办呢？

反思与解决

经常看到有些孩子在家长没有满足他的欲望时大声哭闹，在地上打滚，或者撕扯自己的头发、衣服，或者抱着成人的腿赖着不走。心理学上称这些行为为暴怒发作。暴怒发作中的孩子往往不听劝阻，除非成人满足他们的要求，否则会一直僵持下去。较小的孩子会比较在乎自己的感受，如果家长态度强硬地逼孩子就范，也会搞得家长和孩子都非常生气。

从契约式教育角度看这个问题，其实原因很简单，就是孩子不懂得"敬畏"，或者说父母没有教孩子如何"敬畏"。一个人在这个世界上生存是需要有"敬畏心"的。

什么是敬畏？敬畏，是一个生命状态的两面，敬对内心，畏对外部。"敬"是严肃、认真的意思，是人们内在凛然有素的一种心理状态；这里的"畏"也不是怕，而是一种清晰认知后的震惊、尊重和自持的心理状态，是和"惊—敬—信"融合为一体的。

翻开中华五千年文明史，我们就会明白，敬畏是中华伦理道德的精髓，是做人之基、成事之道、从政之德、治国之本。明初大儒方孝孺曾言："有所畏者，其家必齐；无所畏者，必怠其睽。"提醒家人要严于律己，谨慎从事，对于自己可能产生的违背正义的思想和言行，要提高警惕，有所畏惧，切不可胆大妄为。也就是要人们遵守道德契约和法律契约。在我们的社会生活和工作中，契约无处不在，它可以是成文的规章，也可以是不成文的各种规则和制度。正是这些契约，使得我们的生活和社会井然有序。

因此，暴怒发作虽然与孩子的性格有关，但频频发作的原因就是父母忽略了对孩子"敬畏心"的培养，造成孩子对自己、对他人没有敬畏而无所顾忌。具体原因有以下两方面：

（1）家人溺爱，家庭教育缺乏一惯性和一致性

首先，是家人的溺爱。父母或爷爷奶奶辈过分疼爱孩子，总怕孩子受委屈，为了博取孩子的欢心，有求必应，而不考虑这种要求是否恰当。这样就逐渐使孩子滋生出一种自我为中心的意识。自我为中心的孩子，无论做什么事，都是以自己的意志为转移的，随心所欲，为所欲为。有时，父母觉得孩子的要求过于无理，本不想答应，但孩子一发脾气，就立刻加以满足，这是一种最糟糕的做法。因为孩子从这样的事情中知道，发脾气是满足其愿望和要求的最有效手段，于是就变得更容易发脾气了，造成了恶性循环。其次，是家庭教育缺乏一惯性和一致性。今天禁止的事，明天便鼓励去做；父亲认

为是好事，母亲认为是坏事；爷爷同意的事情，奶奶偏要阻拦。这样就会使孩子无所适从，增加孩子的受挫感，从而导致烦躁和暴躁情绪的产生。

（2）父母对孩子要求过分严格

孩子稍有过错或没有按要求去做或做得不好，父母就严加训斥，甚至把孩子狠狠地揍一顿。这种做法会造成两种不良后果。其一，使孩子感到不满和压抑，这种不满和压抑会在以后的某种场合中表现出来；其二，父母的举动为孩子提供了一个效仿的榜样，一旦环境适当，孩子也会表现出同样的暴躁和攻击性行为。除此以外，疾病与生理条件也是引发坏脾气的原因之一。神经衰弱的儿童特别容易兴奋、发脾气，处于疾病和疲劳状态中的孩子也常常有烦躁不安、易于发火的表现。

要知道，孩子是不懂得控制自己的欲望和情绪的。当他在公共场所因为得不到想要的玩具而当众哭闹甚至躺在地上耍赖时，父母要如何控制自己的情绪来扭转局面就是一门学问了。大多数父母都会忍不住厉声呵斥，但这对控制场面毫无用处，对安抚孩子的情绪也没有任何帮助。孩子会在很长时间内感到愤愤不平，他不觉得自己做错了，反而觉得是父母对他不好，埋怨父母不满足他的要求。此时应对招数就是保持冷静地教导孩子。的确，最令父母尴尬的情形，是孩子在公众场所闹别扭。但是父母这时必须让自己先冷静下来，不要大声呵斥，因为父母干预得越多，他的脾气可能越暴躁。孩子闹情绪，有时是带有试探性质的，父母表现得越在乎，他可能越过分。建议这时，父母先深呼吸，由一数到十，平静自己的情绪，稳定下来后再跟孩子说话，这也是给孩子一个调整情绪的时间。孩子见父母如此冷静，可能就会觉得无趣而收敛了。如果孩子仍然无法冷静，就告诉孩子"我们现在要走"，然后抱走他。等到了无人的场所，就试试让他哭够了自己安静下来吧！当然，你也可以在保证其安全的前提下，离开他一会儿，孩子"打仗"找不到对手，过一会儿自己就会感到没有意思，发脾气也就停止了。要守住一个教育原则，那就是千万不要受他威胁，一哭闹就满足其要求。

在孩子发脾气的时候，父母首先应该搞清楚孩子为什么发脾气；其次，应该了解孩子是怎样通过发脾气来实现需求的表达的；再次，应该和孩子沟通，了解和满足孩子合理的需求；最后，应该明确地告诉孩子他的这种反应、处理方式是不受欢迎的。接下来的处理方式有如下几种：

(1) 表达对孩子的爱

父母千万要保持冷静。发火的父母会使孩子更加发火。记住，你面对的只是一个孩子——你自己的孩子，而不是要来抓你的大妖怪。你可以发泄怒气，但是不要针对自己的孩子，毕竟孩子的自我控制能力较差。

温柔、温和地和孩子讲话，这对让他安静下来有帮助。如果孩子一直在叫嚷，注意简化自己的用语，而且平静地和孩子说话。不要让孩子抱怨或者太孩子气。

靠近孩子，抱住他爱他。身体上的亲密能达到很好的安慰效果，可以使气氛缓和下来。让孩子坐在你的大腿上，或者亲密地坐在孩子身边，帮他平静下来。

如果孩子因为生病而发脾气，此时你应该对他表示同情，可以找出平时收藏起来的玩具与他一起玩。因为这时他发脾气不是无理取闹。

当他表现出一点控制自己的能力时，你要有针对性地表扬，比如本来他发脾气时会扔东西，这回虽然发脾气了，但没有扔东西，应该及时表扬。

(2) 冷处理，不予理会

有时候孩子会存心想试探父母而故意哭闹，此时你只要站稳立场，他看看没有指望控制你了，自然就会安静下来，就不会再任意哭闹了。

孩子因为得不到某一样东西而大发脾气，千万不要为了让他安静而立马把东西给他。如果一发脾气就能得到想要的东西的话，以后他就会更加随心所欲地乱发脾气。

如果你忍受不了孩子的哭闹叫声，可以到别的地方去做声音大的活动，例如吸地板、钉东西。不要理会孩子哭闹时所说的话或所做的事，要让他明白，叫喊是没有用的，只有好好说话，你才会注意听。

（3）转移注意力

音乐有镇定的功效，放点轻音乐，可以吸引孩子的注意力，使其停止哭闹。

可以忽然提出一件新事，邀请孩子和你一起去做，他可能就会忘记发脾气的事。

在孩子耳边轻声说些有趣的事，或者开始讲故事，孩子很可能会为了听故事而停止哭泣。

如果你感觉到孩子的情绪越来越紧张，可以尝试陪孩子玩个有意思的游戏、读本书或者把孩子带到户外去。

（4）隔离政策

心平气和地把孩子抱到另外一个安静的地方，告诉他不再哭闹时，才可以回来。等他回来之后，和他谈谈刚才的事，以及如何避免这种状况再次发生。万一孩子再度哭闹，仍旧采取隔离政策。

如果孩子在商店等公共场合大哭大闹，只要平静地把他带出来或带上车。等他哭过之后，再继续把刚才应该做的事做完，不要让孩子觉得发脾气可以阻止你的原本计划。

不要在他发脾气的时候同他理论，他一定听不进去，等事情过去了，他有一个好心情时，可以和他谈谈，这样效果会更好。

对于容易暴怒发作的孩子，平时要加强对他们的心理辅导，当发生不愉快时，要采用活动转移法，让他们在体育游戏或其他活动中宣泄内心的紧张，并为他们树立讲道理、讲礼貌的榜样，供他们学习。每次发作平息后，要严肃地教育他们，使他们认识到自己的错误。如果发现孩子在哪一次能克制住自己，没有发作，应及时予以表扬和奖励。最后再提醒一点，家长自己不要经常暴怒发作，摔盆砸碗。

总之，家庭教育的最终目的是让我们的孩子成为对社会有用、对自己负责的人。因此，从小培养孩子的敬畏心非常重要。"心有所畏，言有所戒，行有所止"。敬畏，能让孩子自律与自觉，因为"敬"会有所为，它告诉人应该怎么做，"畏"又会有所不为，它警告人不该做什么。这不仅是一种人生态度，也是一种行为准则，是人生的大智慧。西方哲学家康德有一句名言："有两样东西，我们愈经常愈持久地加以思索，它们就愈使心灵充满日新月异、有加无已的景仰和敬畏：在我之上的星空和居我心中的道德法则。"这句话横跨东西屏障，穿越时间长河，至今仍然是人们精神生活的座右铭。教育的本质就是家长的一场修行，它不是单纯地满足孩子的要求，而是培养他的敬畏之心，懂得自律与理智，树立规则意识，只有这样，孩子将来才不至于误入歧途，输掉整个人生。

第三节
契约三：懂得感恩是孩子快乐的源泉

恩即恩惠，就是给予的或受到的好处。《现代汉语词典》（第7版）对"感恩"的解释是：对别人所给的恩惠表示感激。而《牛津字典》对"感恩"的定义是："乐于把得到的好处的感激呈现出来并且回馈给他人。"这与我们传统文化里的"谁言寸草心，报得三春晖""滴水之恩当涌泉相报"的意思是一样的。懂得感恩的人，才会懂得相互理解、相互关爱，才会对生活、对别人心存感激，才会生活得更有情趣、更有意义。感恩不同于一般意义上的感谢，感恩不仅仅是回报，而是"敬人者，人恒敬之，爱人者，人恒爱之"。

感恩是最美的契约精神，是一种发自生命内在的善待生活、善待自我、对自己生命负责的态度。

李嘉诚年少时，父亲多病，家境贫寒，每日一家人只能吃两顿稀粥，加上母亲去集贸市场捡拾的菜叶便是一天的伙食。"日后一定会令家人有好日子过。"年少的李嘉诚暗暗发誓。

父亲去世后，14岁的李嘉诚从烫茶的跑堂做起，每天第一个到店铺，最后一个离开，每天工作十几个小时，这对一个未成年的孩子来说，实在是一个残酷的煎熬，但是李嘉诚一想到母亲和弟妹，一种责任感便在心头油然而生。他常常告诫自己：你就是整个家庭的支柱，就是再难也得拼下去。

有一次，李嘉诚在给客人倒茶时，不小心把茶水浇在了客人的裤子上。这位茶客是当地一位很有影响的人。刚刚找到工作的李嘉诚生怕自己被炒了鱿鱼，一下子吓得脸色苍白。茶楼的老板不敢得罪这位大佬，正要训斥李嘉诚，客人却大度地为李嘉诚开脱："不怨这位小哥，是我不小心碰到了他。"虽是一件小事，李嘉诚却暗暗下决心，一定要努力工作，赚很多钱来报答这位好心人。感恩和回报的信念支撑着李嘉诚一路走来，并逐步建立起自己强大的财富帝国。

28岁的李嘉诚在成功跻身百万富豪后，他做的第一件事就是在列提顿道半山腰买了一幢面积近200平方米的豪宅，并将母亲接来同住。曾经为自己开脱的恩人他一直没有找到，但他却在工作和生活中尽力去帮助需要帮助的人。李嘉诚以感恩的心去努力拼搏，他成功了，也收获了内心的甜美和幸福。

感恩契约是指对受教育者实施的知恩、感恩、报恩和施恩的人文教育，是一种以情动情的情感教育，是一种以德报德的道德教育，也是一种以人性唤起人性的生命教育。家庭是"三位一体"教育合力的重要组成部分，并在这一体系中起着基础性作用。尤其在感恩教育方面，家庭更有着不可替代的地位。

如果家庭教育过程中缺少感恩契约，那么培养出来的就是自私的孩子，父母将自食其果。

案例

（根据咨询家长口述整理）

我的女儿今年8岁了，其他都还好，以前也没有觉得她有什么大的毛病，只是有时感到孩子很好强，脾气很倔，但想到可能是因为现在家庭都是一个孩子，全家都宠爱的缘故，心想等她长大一点儿上学以后可能就会好了。谁知上学以后反而更严重了。刚开始她不愿上学，我认为是和周围环境不熟的原因，想到过段时间也许会好一些，但现在一个学期都过了，她的情况还是没有改变，不愿意和同学玩，她宁可一个人玩也不找其他的小朋友玩，而且如果在学校里老师没有夸奖她，她就会不开心。什么事都要依着她，而且只要有一点不如她的意的事发生，她就要发脾气。这孩子就是非常自私，什么事都只想自己，从不考虑别人。有一次出门，带了一瓶水，我骑电动车，孩子坐后面，她拿着装水的包。到了目的地后，我想喝水时，却发现她早已经喝完，而且把瓶子都丢了，我心里很生气，当时却没有说她。再一次是一起逛超市，大家都是又累又渴的，看到卖水的，我问她喝水吗，她说要，因为是超市，我让她自己选想喝的。她去了，却只选了一瓶她最爱喝的，也没问我要不要，而且付了钱后，从头到尾都是她一个人喝，也不问我喝不喝。当然不是我想喝，而是她的行为让我觉得她的心里只有自己，没有想到别人。我还是没有说什么，只告诉了她爸爸。还有一次，我生病了躺在床上，早上她上学时明明看见了，可放学回到家，看我还躺在床上，就生气地把书包往床上一摔，冷冷地说："你真能睡啊！懒虫！还不快起来做饭！我都快饿扁了。"当时，我的心都碎了。这孩子怎么这么冷漠自私啊！有时家人一起聚餐，她这也不吃，那也不吃，一会儿要这，一会儿要那的，总是要让大家都围着她转。如果不搭理她，她就不高兴，发脾气。总之，搞得大家都很扫兴。这孩子的思想也有点早熟，有时让我觉得完全没有孩子该有的童真。我知道如果她这么自私下去，以后会很麻烦，但又不知道该怎么教育她，对这种既自私自尊心又超强的孩子到底该怎么办啊？请老师帮帮我！！！

反思与解决

　　首先，家庭是孩子养成感恩意识的第一个平台，父母是孩子感恩契约的启蒙老师。家庭又是孩子人生的第一站，最初的教育完全发生在家庭之中。

苏霍姆林斯基说："善良的情感是在童年时期形成的，如果童年蹉跎，失去的将永远无法弥补。越早对孩子进行感恩教育，在孩子心中播下感恩的种子，由此而形成的习惯也将伴随孩子一生。"

其次，家庭感恩教育效果明显，是由家庭特有的优势决定的。原因如下：

1）家庭教育具有随机性。父母与孩子长期、全方位地密切接触，可使感恩教育渗入生活，可随时抓住生活点滴对孩子进行感恩教育。

2）家庭教育具有亲缘性。父母为孩子提供帮助最多，是孩子最信赖的人；孩子对父母的情最深，意最切。感恩父母，往往是许多孩子养成感恩意识的起点。

最后，家庭是对孩子进行感恩教育的主要场所。瑞士教育家裴斯泰洛齐说："道德教育主要的场所是家庭。"家庭教育的重点是品德教育，就是培养孩子良好的道德品质和行为习惯，即教会孩子如何"做人"。

英国作家萨克雷说："生活就是一面镜子，你笑，它也笑；你哭，它也哭。"当我们感恩生命中的一切拥有时，生命中拥有的东西就会越来越多。感恩是一种处世哲学，是生活中的大智慧。懂得感恩是一个人最起码的道德品质，能知感恩也是懂得真善美分辨是非的最起码的觉悟要求。感恩来自于心理的满足，来自于对人对事的宽容和理解，来自于一种回报他人和社会的良好心态。感恩能够促进相互信任、相互理解、相互尊重，有利于良好的人际关系的建立，使人有积极的人生观和健康的心态。为了让孩子懂得感恩，并不断体验和感悟到在感恩中成长的快乐和收获，家长需要从以下几个方面努力：

（1）爱孩子要有所为有所不为，不要包揽所有的事情

年纪较小的孩子确实需要家长照料，但不能包办代替。如果父母对孩子的保护过多，那么孩子就会渐渐习惯父母的包办代替，就会认为这一切都是理所当然，就会习惯于坐享其成。久而久之，孩子就很难再去感恩父母对他们所做的一切了。解决的办法是，当你教会孩子一种劳务或能力时，你就应

该让他自己承担起这个责任。例如，五六岁的孩子学会了自己穿鞋子，父母就应尽量让他自己去穿，不要包办，有时甚至还要让孩子为你取鞋、取袜，做力所能及的劳务，逐渐培养孩子为父母服务的意识习惯。

（2）理性地满足孩子的要求

对孩子提出的要求，父母应先思考一下是否合理，如果不合理，则坚决拒绝，并且要告诉孩子为什么不合理，给孩子一些经受挫折的机会。千万不要孩子想要什么就给什么，应该让孩子自己去争取自己需要的东西。当孩子通过一些努力获得所需的时候，他才会知道在父母的爱和保护下是幸福的。同时，父母也不要预先对孩子承诺太多。有些父母总想为孩子提供最好的生活条件，生活中面面俱到，时间长了，孩子就会觉得这一切来得都很容易，甚至认为这些都是他本来就应该拥有的，于是也就不会去珍惜。

（3）让孩子学会分享

一开始孩子给家长分享东西，家长会说不要，孩子自己享用就可以了，久而久之，会让孩子觉得他吃好东西、拥有好东西是理所应当的。如果孩子习惯了被给予，只知道索取，便很难在以后的生活中考虑别人的感受。一个不懂得分享的人将来很难成为一个有爱心的人。每次给孩子吃东西时，应该当着孩子的面，自己也分一份吃，为的是让孩子明白一个道理：吃东西要先让父母吃，在他幼小的心灵中埋下"谦让"这颗文明品行的种子。

（4）让孩子从父母身上学习

如果家长在家庭中处于既是父母同时又是子女的位置，就更要注意在孩子面前的形象，要随时注意自己的一言一行，家长怎样对待孩子的爷爷奶奶，孩子是会模仿的。身教比言教的影响更大。如果家中有老人，有好吃的要先给老人吃，逢年过节给老人送礼物。如果老人住得较远，应该经常给老人打电话。要让孩子看到父母不仅对自己有爱，对长辈也有爱。

很多人都在电视上看到过这样一则公益广告：一位刚下班的年轻妈妈，忙完了家务，又端水给老人洗脚，老人对她说："孩子，歇会儿吧！别累坏了身子。"她笑笑说:"妈,不累。"年轻妈妈的言行举止被只有三四岁的儿子看到了,儿子一声不响地端来一盆水。年幼的儿子吃力地端着那盆水,摇摇晃晃地向妈妈走来。盆里的水溅了出来,溅了孩子一身,可孩子仍是一脸的灿烂。他把水放在母亲的脚下,为母亲洗起了脚。这就是身教的力量。

(5) 欣然接受孩子的"给予"

当孩子想要帮助你做事情的时候,父母一定不要说"不用你管,你把书读好就行了",这样会挫伤孩子的积极性。而且父母最大的责任不是让孩子学会读书,而是让他首先学习做人,这是他能好好读书、把书读好的基础。孩子只有懂得付出、懂得回报,才会懂得珍惜、懂得体谅。如果孩子送了你礼物,不管礼物多么粗拙,你都要欣然接受,并对孩子表示感谢,有时候还可以把孩子的礼物展示给亲戚朋友看,让孩子知道你收到他的礼物是多么欣慰。

(6) 常与孩子"叙旧"

随着时光的推移,孩子常把父母的养育辛劳忘得无影无踪,而父母只是默默地尽着义务,毫无怨言,很少计较报酬和指望报答,这样会导致孩子面对养育之恩"受之无愧"。在孩子懂事之后,父母可以以叙旧的形式,把家长为他们呕心沥血的一些往事讲给孩子听,潜移默化地烙在孩子的记忆中,这会使孩子慢慢增强对父母的感恩之情。但一定要注意千万不要把这些事当作"口头禅",这样会适得其反。

"感恩"不仅是一种情感,更是一种人生境界的体现。只有永怀感恩之心,才能从各个方面获得更大的情感回报。感恩契约是培养孩子责任感的重要基础。只有懂得感恩的人才会懂得付出;只有有了感恩之心,才会觉得自己有责任去回报社会,对自己所做的事负责。感恩意识不仅是回报父母的养育之恩,它更是一种责任意识、自立意识;感恩不但是美德,还是一个人之所以为人的基本条件!所以教会孩子认识自己的生命,善待自己的生命,用生命来表达真,表达善,表达美,表达爱,学会感知生命,对生命进行不断的反思和总结,这在家庭教育过程中非常重要。如果一个孩子内心深处对于生命本身没有一颗敬畏之心,没有感恩之情,那么这样的家庭教育,无论外在呈现出多少光鲜的东西,随时随地也都有可能出问题。为什么现在官二代、富二代、星二代的教育问题层出不穷?父母有资源,当然不是原罪。问题是孩子的内里是空虚的,你外在给他再多的光环有什么用?那样的世界不堪一击,随时都可能坍塌。

其实应该感恩的不仅是父母,还有对师长、亲朋、同学、社会等,都应该抱有感恩之心。让孩子树立感恩意识、自立意识,常怀感恩之心,更重要的是让孩子把爱作为动力之源,更加懂得回报父母、回报他人、回报社会,让感恩契约根植于每个孩子心间,他们的人生之路才会真正快乐。

生命本身就是一种缘分。我们中国人常常说缘、情、恩、爱、德。有缘才会产生情,有情才会有恩,有恩才会有爱。我们常说恩爱夫妻,而不说爱恩夫妻,可见教会孩子感恩有多重要。懂得感恩才是一个有德的人,厚德才可以载物。一个懂得感恩的孩子才会更有契约精神,同时,也更能够让自己的生命被幸福和快乐的能量充满。感恩契约会让孩子的生命充满能量而绽放华彩!

第四节

契约四:同理共情是亲子沟通的桥梁

(根据咨询家长口述整理)

我一直认为自己算是一个懂得和孩子交流的父亲。从我女儿上小学起,再忙,我都要挤出一些时间和女儿谈心,尤其是每次考试前后。那时,女儿会告诉我很多学校里的事情。我听后会经常指出女儿在学习、生活上犯的一些错误,教给她如何与老师、同学相处,如何解决和朋友之间的矛盾。当然,在孩子成绩不好或者发现其他问题时,我也会批评她几句,孩子也没什么意见。我一直以为和女儿这样的沟通不存在什么问题。但自从她上中学后，我发现，每次我像往常一样找女儿谈话，女儿不是心不在焉地应付我，就是找出各种理由推托。一会儿说她的作业多还没有做完，一会儿说她还要温习明天的功课，实在没有理由推托了，女儿就用上厕所、喝水等理由故意打断我的话，这让我很生气。有几次我发脾气了，命令她好好坐下来听我说话，她也是一副心不甘情不愿的样子，无论我说什么，她也只是无动于衷。但是，每次她的同学打电话给她，她倒是说笑起来没完没了的。我真的不明白，现在的孩子心里到底在想些什么啊！我自认为自己不是一个专制的家长，但是女儿为什么变得不愿意听我说话，更不肯和我交流了呢？我百思不得其解，实在是很苦恼、很困惑，请帮我分析分析。

案例2

（根据咨询家长口述整理）

我儿子今年9岁了，非常不听话，也不好好读书。无论我怎么说他、哄他都没有用，对于我的话，他是左耳进右耳出，完全就当耳边风。每天放学回家，他不是打开电脑玩游戏、看电视，就是一头倒在床上睡觉。有一次，我苦口婆心地劝他做作业要认真，不能马马虎虎，三心二意，学得好才会玩得安心。可他就像没听见我说话一样，还是一边做作业一边干别的。见他这样，对我又爱搭不理的，我非常生气，最后我越说越气，动手打了他，他哭着跑开了，我也没有耐心再管他了，结果孩子跑到奶奶家告状，一星期都没有回来。后来回家了，也不和我说话，还说以后他的事不要我管了。我好烦恼，现在孩子是更不听话了。我现在是打不得、骂不得，说他又不听。真不知道现在的孩子该怎么教才好。

案例3

（根据咨询孩子口述整理）

今天是星期五，我的同桌很高兴，她说她又可以和她的爸爸妈妈一起聊天、喝茶、看书、玩游戏了。她好让我羡慕啊！但是，我们家和她家不一样。我不喜欢和爸妈说话，更不愿意听他们说话。每次周末，我爸要是陪我，就会不停地给我讲学习有多重要，反反复复地告诉我学习不好上不了好大学，上不了好大学就没有好工作，没有好工作就没有好前途……听得我耳朵都发麻了，被他说得烦得要命，恨不得去撞墙。轮到妈妈陪我，她也从来不会和我好好聊天，了解我心里的想法。不是要我做卷子、写习题，就是和我爸爸说同样的话，搞得我不胜其烦。如果我表示不愿意听，他们就会说："爸妈说话，你要认真听，这些话是用钱都买不到的，人家的孩子都愿意爸爸妈妈陪着，你倒好，我们这么忙，都找时间陪你，跟你一起学习、做功课，你还不愿意！"然后，就是爸妈新的一轮教育和妈妈的唉声叹气。

有时候，我其实很想听听他们说说我想知道的事。有一天，我和好朋友吵架了，很郁闷，上课没好好听，把老师布置的作业给忘了。晚上回家，想问我妈如果她和同事闹矛盾了该怎么办。吃完晚饭，我用手机给同学发了条短信，问当天的作业，想写完作业后再问问我妈。平时我不当着他们的面发短信，没想到我妈看到我发短信很生气，说我发短信和同学聊天，让我把手机关了。然后，她又开始老生常谈。我把手机关了，也没问我妈和同事闹矛盾了该怎么办。不知道什么原因，就是不想问了。我多么希望他们能够和我说说心里话，不要只是他们在那里自说自话，像我同桌家一样大家天南地北地聊聊天，分享一下彼此的快乐和烦恼，不是更好吗？为什么他们总是对我说一些空洞无聊的大道理啊！

反思与解决

父母与孩子之间，多因彼此不了解而发生误会，多为沟通少而产生矛盾，多是没有平等交流而伤了两代人的关系。有些家长经常对我感叹，为什么现在的孩子越来越不听话了？有时候真的不知道孩子在想些什么；孩子有什么话为什么宁肯憋在心里，或者和同学说，也不愿意和我们讲呢？其实有两方面原因：其一，在孩子的眼里，有些家长高高在上，经常用自己的主观意愿去要求孩子，自己说的话都是金科玉律，孩子必须听从。其二，现代科技日益发达，网络时代已来临，孩子们掌握的知识信息越来越多，家长又不愿意屈尊向孩子讨教，孩子会觉得和家长没有什么共同语言，久而久之，家长和孩子之间就产生了严重的代沟。其实，只要父母放下身段，和孩子相互学习、共同探讨，学会与孩子做朋友，用"同理心"和孩子沟通，这些问题都会迎刃而解。

因此，虽说家教无定规，但纵观古今，成功的家庭教育都有一条共同的经验，那就是家长应尽可能地与孩子平等交流。应该说有效的沟通和交流是家庭教育的基础和前提，要想做到和孩子平等交流、有效沟通，如下几点建议可供家长参考：

（1）对孩子讲话的内容表示出真正的兴趣

家长不仅要对孩子说的内容表示出真正的兴趣，同时还应该对孩子的讲话做出积极的回应。遗憾的是，忙碌紧张的生活往往挤掉了父母和孩子谈话的时间，他们从早上开始，脑袋就被工作占满了，有的家长甚至说："我自己都累得话都不想说了，哪儿还有精力管孩子说什么呀。"其结果很明显，家长常常是应付地回应孩子的讲话，长此以往，家长给孩子留下的印象就是他们没什么有价值的东西可以和孩子交流。

孩子和父母看待生活的态度有很大的不同，父母和孩子的兴趣当然也会有很大的差别。当父母对孩子说的事表现得没有兴趣时，在孩子看来，父母对自己的事情漠不关心。一旦让孩子有了这种感觉，他们就很难视父母为值得信赖的，并可以与之沟通的人。

如果你希望孩子能全身心地投入和你的谈话中，而且接受你的观点，那么你必须首先了解、关注、参与到那些令你的孩子感兴趣的事情中去。不管你如何看待一件事情，如果你的孩子为之津津乐道，那说明他一定很感兴趣。

尤其在孩子小的时候，如果你能和他谈论彼此感兴趣的任何事情，你会更容易与他谈论青春期遇到的许多复杂问题。

(2) 和孩子谈话要积极鼓励

父母在谈论问题时经常喜欢一针见血，难免对孩子表现出消极的期望，有时甚至会打击孩子的信心。要知道，孩子的信念是强有力的动力来源，而且很容易受到外界的影响。当你告诉一个孩子"你怎么什么都做不好"时，那他很快就会把事情弄糟。当你说你的孩子"真懒，一点儿也不爱整洁"时，这一"评价"很快就会在他的房间里体现出来。因此，父母不妨用一些正面的语言来鼓励和表扬孩子的优点，表达出相信他们能够成功地处理问题。

(3) 给孩子的建议要明确、具体、有用

我们做父母的，几乎都喜欢按照自己的思想不假思索地给孩子提建议。遗憾的是，当我们提建议时，常常不考虑孩子的实际问题和理解力。因此，家长想要和孩子清楚明白地交谈，就要知道孩子期望你帮他解决什么样的问题。不要讲一些似是而非空洞无物的大道理。如"要相信你自己""再努力一把""你没有问题的""没有什么了不起的"，等等。这种模糊的语言虽然听上去的确是正面和积极的，但对孩子起不到任何建设性的作用。你应该站在孩子的角度，动脑筋为孩子出谋划策，告诉他解决问题时你认为的最好办法和建议。比如，孩子成绩下滑了，你应该先分析一下原因，然后再有针对性地和孩子交谈，让他明白你的忧心与关心，而不是责骂和训斥。如果孩子是"小霸王"，可以让他试着和别的小朋友交换玩具、零食，他一旦感受到友谊和分享可以换来更多的东西和快乐，自然会改掉这个陋习。对于一些不适合直接向孩子当面说的话题，可采取留纸条、写信，向孩子推荐一篇文章、一本好书等方式进行沟通。记住，孩子需要得到的建议往往是：针对某件事，他们应如何采取具体行动。

(4) 掌握和孩子沟通的几点秘诀

1) 把自己也变成孩子，走进他的世界，参考他的视角。

2) 和孩子密切相处，从他的语言及行为中了解他的想法、喜好和内在需要。

3）注意孩子的反应与态度。在和孩子说话时，仔细地把他的话听完，及时了解他的想法及立场。

4）体会孩子的感受。当孩子表现出焦虑不安和气恼时，无论家长对此有什么看法，都必须接受孩子此刻的感受。切记不要说出一些打击孩子情绪或者伤害孩子的话；也不要只是一味地告诉他"没关系，坚强一点""这没什么好难过的"，这都只会让孩子觉得家长一点儿都不能体会他的感受。若家长能以同情心和理解的态度对待孩子，适时地给予亲情慰藉，就会有截然不同的效果。

5）了解孩子的发展，不要尽说些他无法理解的话，或提出他达不到的要求，让他觉得压力很大。

6）认真回答孩子的问话。孩子提出问题时，应先了解其真正含意，并针对孩子的需要做出回答。例如孩子问："妈妈，你要不要去买菜？"这个问题的真正含意可能是，"妈妈，我想跟您一起去买菜"。假如你知道孩子的真正目的，就可以说："要啊！你要不要一起去？"孩子听了必定会很高兴。

7）批评孩子时不要使用攻击性语言。当孩子犯错时，不要用攻击性的语言和孩子谈话。即使孩子知道自己做错了，但感觉受到攻击时，他们的第一反应就是保护自己，同时有可能迅速找借口来指责其他人，或者和父母辩论。有效的沟通是不可能在这种自我防卫的状态下进行的。因此，父母要避免用"我命令你……""我警告你……""你最好赶快……""你真傻""你太让我失望了"等带有指挥、命令、警告、责备、拒绝等负面意义的语气说话。这对孩子不会产生任何效果，只会伤害孩子的自尊心。

8）经常变换新鲜的话题，引起孩子的兴趣。例如："我猜猜看你今天发生什么事了？""如果有一天，太空人真的来到地球……"等话题，相信会比"今天过得好不好？""快乐不快乐？"更吸引孩子。

9）充实孩子的生活经验。亲子对话的内容，往往来自生活，家长可以带领孩子观察身边的各种事物，如一花一草一木，路上汽车的颜色、造型、品牌，街上行人的穿着打扮、说话内容、百货橱窗、社会新闻……都可以成为谈话的素材。

对于父母来说，具备和儿女有效沟通的能力是最艰难的挑战之一。你面临工作的压力，你的时间有限，你心里抑郁烦闷，你不时地想发脾气，还有，你总想插手帮孩子，有着强烈的控制孩子的欲望，等等，这些都有可能成为你和孩子进行良好沟通的障碍。

请记住，当孩子能够对我们完全敞开心扉，和我们成为真正的无话不谈、彼此信赖的朋友时，任何问题都能迎刃而解。因此，和你的孩子成为"忘年交"吧！在和他们的朝夕相处中，享受自己的第二个童年、少年、青年；珍惜和孩子一起的时光吧！和孩子相互学习，共同成长。孩子和我们在一起的时光是短暂的，但在他们成长的过程中，我们与他们建立的那份世间独一无二的友谊，却是伴随我们和他们一生的。记住，同理契约是解决亲子沟通问题的利器。

第五节

契约五：遵守规则让孩子学会为自我负责

（根据咨询家长口述整理）

女儿今年快8岁了，上二年级。小时候很可爱，很听话，那时候，她很少挨打、挨骂。可是自从她上小学开始，孩子就变得很不听话，做事拖沓，写作业也不专心，有时还撒谎。总之让我很烦心。因此，我就开始打骂孩子，而且出手非常厉害，经常把她推出门外，甚至扇耳光。起因都是一些很小的事情，比如字写得不好看，写作业速度慢，等等。每次打完她，我很后悔很心疼，可还是忍不住要去打，几乎每天都打。

我本人脾气非常暴躁而且倔强，我小时候经常挨打，长大了都还在挨打。小时候我的学习成绩很好，特别是小学，几乎没下过班级前两名。我爸爸是个军人，妈妈是工人，在我8岁前，他们是两地分居的，我妈妈一个人带我和妹妹，很累很辛苦，她的教育方式也很简单粗暴，一般就是打骂唠叨，我也就经常受批评、责备。

我老公原本是个脾气相当好的人，但是他不做家务，不管孩子。开始我和他都去上班，后来我就辞职在家带孩子了。平时孩子做作业时我打孩子，他一般都看不到，因为那会儿他还没下班回来。如果被他看到，他也就两种态度，一种就是置之不理，自己把门一关，任由我自便；一种就是和我大吵大闹，甚至有时我们大打出手，为了孩子，我们不知道打过多少次架。

当然，这不能全怪他；说真的都是我不好。每次打了孩子，我自己都会偷偷地哭，我就是管不住自己。不知道为什么，我只要看到她做得有一点点不符合我的要求，我就特别生气。如果她不识相再跟我顶嘴，那我马上就爆发了。偏偏这孩子又特别不识相，老跟我顶嘴。有时候我一边打她一边心里说，别打别打，一边想着别打，一边又狠狠地打。她越哭我越气，打得也就越厉害。现在楼上楼下都知道我们家整天鸡犬不宁，每次出门，我总在想人家是不是在我背后指指点点，心里很惭愧。

孩子现在的状况是，学习成绩一般。以前因为练钢琴老挨打，因此她非常反感练琴，还曾经停课两个月，现在好一些了，是我主动要求钢琴老师减少作业，放慢进度，她的压力也小一点了。至于学习，我认为她最大的问题是注意力不集中，上课总是不能集中精力听讲，学习效率特别低。不止一个老师反映过这个问题，说她上课听讲不认真，所以我很着急。

我这人特别没耐心，对她说的最多的话就是："快点，快点！""你烦不烦啊？"平时辅导她作业的时候，觉得这么简单的东西，怎么可能不会呢？一想到老师说她上课不好好听讲，我就开始生气，嗓门越来越高，然后悲剧就重演了，差不多每天都是这么开始，这么结束的。平心而论，我对孩子的学习成绩并不是特别注重，但是当看到她考得不好时，还是免不了大发雷霆，想着我天天都不能上班,就围着你一个人转,你还搞成这样子!有时候我觉得孩子还是不错的,比跟我同龄的时候,会的东西多多了,可是一看别人家孩子,马上又觉得她差得很远。现在班级也不通报分数,我对她在班里的学习水平也不太清楚。

像这样下去,家里早晚要出事的,今天我又打了她。她写日记,我让她按我的指导方法写,她没有达到我的要求,我让她修改,她就开始发脾气,捶桌子、跺脚、扔东西、撕扯自己的头发,搞得我火冒三丈,我像个疯子一样打了她一顿,又使劲扇自己耳光,因为我觉得是自己没用,我不配当妈妈,然后我俩抱头痛哭……

有什么办法能让我控制自己的脾气呢?是不是我家房子太大了,让我非得扯着嗓门说话?是我对孩子要求太高吗?还是我不懂孩子的心理?或者是我心理有病?

我很爱女儿,我总想着她上小学之前的可爱模样,那时候多幸福,爸爸妈妈连一指头都舍不得动她,上学以后却天天挨打。教育孩子的书我也看过一些,道理都是那些道理,我也知道哪些是对的哪些是错的,但我就是管不住自己。

您说像我这样的情况,孩子是不是更适合离开我?送她到寄宿学校,每星期回来一次好不好?我真的怕孩子以后变得和我一样。或者再生一个,减少对她的注意力?或者请公公婆婆来同住,监督我一下?我到底该如何做呢?请您帮忙给点建议。

案例2

(根据咨询孩子口述整理)

我今年14岁了,小时候,我是一个很听话的孩子,爸爸妈妈也很关心和疼爱我。但自从我上了初中后,我结交了几个不听话的同学在外面混日子,父母无从知道我究竟干了些什么。于是,我上课听讲很不认真,有时甚至还和老师对着干,好像自己很了不起。在学校越是跟老师作对,我就越觉得在同学面前很有面子，很厉害。很多同学都怕我，我就更来劲了，我们几个经常找人打架，直到有一天我把一位同学的头打出血来，我心里才害怕起来，知道自己犯大事了。

果不其然，学校通知了家长，我爸帮我赔了7000多块钱。回家后他狠狠地揍了我一顿。从此以后，我的好日子算到头了，只要我犯了一点点小错误，我妈就会这样骂我："你这个败家子，为了你，花了那么多钱，还这么不懂事，等会儿小心你爸回来揍你。"我爸呢，有时心情不好，就会打我。现在，我对他们真的很反感，有时我恨不得和我爸打一架。我也不是不想学好，但他们这样对我，动不动就用打骂刺激我，让我感受不到一点家庭的温暖。妈妈还觉得我有心理问题，但她一点儿都不知道这一切都是他们引起的。我感到我的人生很灰暗，看不到什么希望。好想大哭一场，更想早点离开这个家。

反思与解决

在这两个案例中，我们分别看到了父母在教育过程中的痛苦和孩子在成长过程中的困惑。无论是父母的痛苦还是孩子的困惑，在我们的家庭教育中都是很常见的。产生这种痛苦和困惑的原因虽然有传统的教育思想的影响，比如"不打不成器""棍棒底下出孝子"；也有父母和孩子缺乏自我情绪管理和调整能力等因素的存在。但我认为最根本的原因还是我们的家庭在很多时候处于一种无序的状态，缺乏规则。

如果父母懂得用规则契约来管理孩子的生活和学习，那么就能够让孩子沿着正常的成长轨迹发展。如果孩子懂得做自己生命的第一责任人，他就能学会自我成长，而懂得自我成长便是一个生命独立的开始。

契约有一个非常明显的特征——它是基于两个平等主体之间的合作而成立的。既然是合作，就必然会产生权利、责任、义务的划分。这种划分要靠一个统一的次序规范来完成，而家庭本身就是一个共同体，家庭成员除了生物学上的血缘关系和情感联结外,在日常生活中应该是一种合作关系。良好的合作是需要用规则来约束的。如果我们把家庭作为一个系统来研究,自然是需要建立一套适合自己家庭发展的系统规则和次序。一个缺少规则的家庭,会导致无序、混乱,而且让人没有安全感。因为这个世界上的一切都需要按照一定的规则和次序运行,唯有如此,才能保证我们的生活安宁。火车要受轨道的约束,飞机要受航线的管制。虽然渴望自由是每个人的天性,很多时候规则在我们眼中是一种限制,但其实这是一个误区。规则表面上看起来的确是一种约束,但实际上它才是自由的保障。就像交通信号灯,似乎是一种约束,它存在的更重要的意义却是保障车辆的自由通行。如果一个家庭缺少规则,没有约束,不仅孩子会觉得不安全,父母同样也会觉得不安全。就像我们走在高楼之间的天桥上,两边若无栏杆,你会感到不安全一样。栏杆似乎是一种限制,其实给予我们更多的是自由和安全感。因此,规则意识是契约精神的载体。建立规则是让孩子学会自我管理,学会尊重他人,学会遵纪守法,进而学会对自己的生命负责的最好途径。我们每个人都应该成为秩序的维护者和执行者,一个人的规则意识和契约精神,可以说决定着现代社会生存的根本。我们的孩子是社会的未来,这是毋庸置疑的。就像钢铁必须经过淬炼才能铸成宝剑,军人必经过军纪调教才能担起保家卫国的重任一样,孩子必须接受规则意识和契约精神的教育,才能形成美好品德的习惯,将来成为对社会有用的人。

　　记得有一次,我和孩子开车去购物,因为和孩子说话没有注意,把车子停在了两个车位线的中间。当时旁边车位很空。我发现这是一个很好的教育孩子的机会,我让孩子坐好别下车,把车子倒了出来重新把车停好,然后我问儿子:"想没想过妈妈为什么要重新停车?""不知道。"儿子回答。"车位线就是规则线,如果大家都随意而为不按既定的规则,整个车场就会乱套,同时也是对他人的不尊重,也意味着有的人要走很远的路才能停车。对社会规则的尊重就是对他人的尊重。"停车这件小事为孩子非常具体地定义了什么叫遵守规则，什么叫尊重他人。可以说，生活处处有规则，只要抓住教育机会，任何一个生活中的细节都可以成为教导孩子健康成长的契机。

"国有国法，家有家规。"这句古今皆宜的智慧名言提醒父母要明白规则契约的重要性。

首先，规则契约的重要性在于它包含的是父母对孩子的关爱和要求。父母要让孩子清楚地知道自己对他们的期望。比如，要求孩子不能晚归的同时，父母更应该让孩子知道规则背后的动机是出于爱和担心他们的安全，避免因夜归而遭遇危险。当然也要告诉孩子，立规则不仅是自己为孩子着想，也希望孩子为爸妈着想，如果孩子迟迟没有回家，爸爸妈妈又如何睡得心安？这样，当孩子的行事为人有规则可以遵循时，就会让家庭生活和谐而有次序。订立合理的规则，父母可以教导孩子信任自己，特别是当孩子违规的时候，比如夜归而闯祸，孩子就会知道违反规则不仅会让父母烦恼，更可能因为没有赶上公交车末班车，在路上遇到危险。孩子也会因为这些经历感受到父母定规则是为他们好，是有意义的。等到他们长大了就会领会规则契约的好处和父母的良苦用心，因为契约规则会让他们成长为诚实正直，对社会、对家庭、对自己有担当的人。

其次，契约规则建立的是父母和孩子的安全感。有一个乡村学校的学生，平常下课后喜欢在校园的草坪上追赶嬉戏，感到非常快乐。后来乡村里的人越来越多，于是就在学校旁边修了一条公路，学校附近每天车水马龙，来往车辆络绎不绝。以前学生可以在草地上逍遥自在地玩耍，但公路修起来后学校怕孩子们不知道危险，在玩的时候跑到公路上去，于是就嘱咐学生不要在接近公路的地方玩。孩子们很听话，只集中在靠近学校的这边活动。直到有一天，学校在草坪外围了一道围栏，把学校和公路明显隔开，学生可以在围栏内任何地方自由自在地玩耍。加上围栏后，学生知道哪里是安全的地方，活动的范围反而变大了。其实，一个家庭订立的规则就相当于上面这个故事中的围栏。很多时候父母认为孩子不服管教，但是当清晰画出规则底线时，孩子们在安全范围便可以自由发挥了。所以，规则契约会为父母和孩子带来安全感。

因此，在一个家庭里推行契约规则是契约式教育中一个非常重要的法则。值得引起注意的是，一个好的规则契约需要具备三个条件：

1) 约定要清楚，切不可含糊，否则会让孩子钻空子，玩文字游戏，轻视规则。有这样一个故事：一个小孩骑单车前，为了安全，妈妈要他戴上头盔，孩子满口答应。回家时，妈妈问他是否遵守了约定，他回答说是。后来，妈妈问了和孩子一起骑车的玩伴，才知道孩子并没有戴头盔。妈妈再问儿子，这个孩子振振有词地说："你是叫我带安全帽，我确实带了，但你并没有说一定要戴在头上啊！"从此以后，这位妈妈指明他要把帽子戴在头上，才可以骑单车。

2) 规则要合乎情理。父母是执法者，孩子是守法者。执法者要以身作则。父母首先要遵守规则契约。比如，为孩子订立上网守则，叫孩子不可因为看手机玩电脑游戏而影响生活学习，父母本身先要遵守。切记不要做规则的破坏者，一方面不许孩子玩电脑游戏，而另一方面自己却沉迷于此。或者叫孩子诚实，自己却说谎。若为人父母者以身试法，如何服众？有一个父亲曾经对我说了他的经历：一次去公园，他让刚年满13岁的儿子购儿童票，还告诉儿子，如果有人问，就谎称自己只有11岁。事后，这位爸爸很后悔，为了区区一点钱，让孩子心目中的父亲形象大打折扣，何等不智！

3) 规则要切实执行。规则契约一旦订立，就要坚决执行。我的孩子从读小学三年级开始家里就给他分配家务，最开始规定每天早上上学前要把家里的垃圾带出去扔掉。有一天，他忘了这件事，直接去上学了。当时我发现后，向单位请了假，赶到孩子学校，带着他一起向老师请了假，让他回家把垃圾扔掉。这件事对孩子一生影响深远，让他知道了什么叫"言出必行"，什么叫"一诺千金"，教会了他要对自己应做的事负责。

总之，如果父母懂得利用订立家规的机会和孩子建立更好更深入的关系，孩子就可以从父母的观点看事情，这可以帮助孩子成长。但是要记住，无论是父母还是孩子，达成共识后，大家必须尊重已经立下的规矩。如果能够做到这些，规则契约就会让我们的家庭变得井然有序，生活就会和谐而美满。

第六节
契约六：善于自律让孩子懂得自我约束

所有的父母都知道孩子自律性的培养很重要，但是教育起来却很难。

先来说说网瘾这个问题。这是一个让很多父母头疼的难题。对于这个问题，我想我是有发言权的，因为我也是一位母亲。我有个 27 岁的儿子，叫张天一。可能有的读者听说过这个名字。张天一，湖南常德人，2012 年以全国研究生统考第一名的成绩考入了北京大学法学院。2014 年 4 月，北大硕士毕业而且拿到了司法考试资格证的张天一颠覆了传统教育的价值观，在北京开了一家名为伏牛堂的米粉店，专卖湖南常德的牛肉米粉，从而引爆了互联网。随后张天一创办的伏牛堂，因一碗米粉半年估值上亿而引发了社会广泛讨论和关注。2015 年 5 月，张天一作为"90 后"创业典范受到了李克强总理的接见。2017 年作为全球 30 名杰出青年企业家入选了"福布斯亚洲人物"。我们的常德米粉也被他带到了世界各地。很多父母和媒体对张天一的成长环境很关注，希望我谈一些成功的经验。其实我想说的是，一个生命的成长是与不断出现的问题相伴相生的。任何一个孩子，以及我们成年人，在生命成长的任何阶段都有可能出问题。所以，我们不必去关注那些被外界定义为所谓的成功，我们需要关注的是一个生命在成长过程中可能会出现哪些问题，而我们又如何来避免这些问题。然后参考其他的父母是如何解决这些问题的。这才是值得我们去研究、去学习的。张天一在他成长的过程中，同样出现过今天很多父母都会遇到的问题。他有过网瘾，而且很严重。在他读初三的时候，为了打游戏，曾经离家出走三天三夜，吃在网吧，住在网吧，也不和我说。出现了这样的情况，可以想见，作为一个母亲是多么地揪心、多么地焦虑。

但是冷静下来认真思考后，我想我不能像大部分遇到这种情况的父母一样，用苦口婆心的说教，甚至放大自己愤怒的情绪去说他、去骂他，甚至去打他来制止他玩游戏。因为无数个戒网瘾的事实告诉我，那样做是没有用的。孩子在那样的一个年龄，十三四岁，在他的眼里，父母说的大部分话都是没有意义的。在他的世界里，他才永远是对的。你对他的教导，他常常用一句"你又OUT了吧"来回击你，意思是说你落伍了。如何能够和这样的一个孩子，以一种自上而下的态度去和他对话，去解决他生命中发生的问题呢？何况他已经完全沉浸在游戏的世界里了。也就是说游戏在和你抢夺你的孩子，这是一种博弈，而不是你单方面就可以去改变的一种局面。

当一个人面临生活中的难题时，我的体会是首先要修炼自己，学会冷静和忍耐，一定不要冲动。冲动是魔鬼，要学会控制情绪，接受难题的挑战，把所有的心思放在接下来我应该怎么做、我拥有哪些资源可以来解决这个问题上。

当时，经过冷静思考后，我发现自己很被动，对于电脑，我除了会打字看新闻，其他功能一无所知，更不知道游戏是怎么一回事，也就是说，我根本就不了解孩子的世界，但是我想去改变这个世界。有可能吗？当然不可能。如果我贸然行事，不仅于事无补，只会让整个家庭陷入无休无止的亲子冲突之中。

我决定暂时放下这个问题，先装备自己。我花了一个月的时间去学习电脑，了解各种游戏。所谓知己知彼，才能战胜对手。有时候真的要感谢孩子给你出了难题，因为那会让你得到历练。我的电脑操作水平就是在那个时候突飞猛进的。拥有解决问题的资源后，我开始确定我的谈判策略。我挑了一个阳光很好的下午。那天，孩子放学回家，写完作业，像往常一样，坐在电脑前开始玩游戏。我走过去拍了他一下，说："天一，老妈想和你说几句话。""啥事啊？快说快说。"孩子盯着电脑，连头都没有回，口气十分不耐烦。我拼命做深呼吸，控制情绪，没有再说话，就一直站在他身后看他玩游戏，足足站了将近有半个小时，孩子可能感觉不对劲了，说："妈，你真有大事找我啊？"

我说："不急，等你玩完再说。"见我这个态度，他有点儿不好意思了，打完一局，把电脑关了，说："妈，有啥大事？你说吧！"

"我们不在家说，我请你喝咖啡吧！"为什么不在家说呢？因为守着电脑，孩子能和你聊心事吗？

我们去了家附近的咖啡馆，找了一个靠窗的座位，一人要了一杯咖啡。我说："天一啊，你为什么那么爱玩游戏啊？"他一听我要找他聊这个事，马上就反感了，不想和我聊了，"怎么了，你又OUT了吧！现在网路时代，谁不玩游戏啊！老妈你找我说这事，我可没空陪你。"一见孩子反感，我立即放平了语调，"不是，不是，你不要误会，我看你玩得那么有意思，好奇而已。我知道你玩的是魔兽世界，我也想玩，但我不会玩呀，你能不能教我呢？"

听我这样说，孩子立即瞪大双眼，惊讶得下巴都要掉下来了，用一种十分怀疑的语气说："老妈，别吓我，你不会是开玩笑吧？""当然不是开玩笑了，我是说真的。"看我很认真，他马上兴奋起来，眉飞色舞地说他的游戏，怎么选英雄啊，怎么选爱意射手啊，不死族和精灵族有什么区别啊……我假装听不懂，表现得非常认真。这招就叫"共情"。改变的前提就是先要建立美好的关系。那天我们聊得非常开心，说实话，自从孩子进入青春期以后，我们很久没有这种亲密无间的谈话了。

回到家后，我拿出我的笔记本电脑，他用他的台式电脑，开始教我玩游戏，教得很认真。开始，他级高我级低，慢慢地我也会玩一点儿了。就这样在大约一个月的时间里，我耐着性子，孩子每周五从学校回来，我们就一起玩，沉浸在游戏的世界里，疯狂地玩，我甚至玩得比他还疯。

直到有个周五的晚上，大约快9点了，当天就我和孩子在家玩游戏。

孩子说："妈，我肚子饿了，你去帮我整点吃的吧。"

我假装没有听见，没有理他。孩子也没再吱声。

隔了一会儿，可能他实在是饿得有点难受了，大声说："妈，我肚子饿了，你还做不做饭啊？"好，眼看我的目的快要达到了，我故意用一种不耐烦的语气说："赶紧啊，还吃什么呀，快杀、快杀啊！"孩子啪的一声把电脑关了，怒气冲冲地站到我面前说："没见过你这么玩游戏的，怎么比我还疯啊？玩得饭都不做了，你这叫作玩物丧志耽误事！"

"好，你说得太好了。"我拍了一下手，把电脑关了。

我回过头对孩子说："你觉得妈妈不给你做饭是耽误事，那你成天痴迷游戏、敷衍学习，是不是也是耽误事呢？"他没有作声。我接着又说："你认为我给你做饭是天经地义，是我的责任，我没有考虑你的感受，让你饿肚子，你觉得很委屈，很生气。这些我都能理解，那你有没有想过，我希望你能够懂得健康地生活、正常地学习，懂得节制，是不是也是天经地义呢？你现在这样毫无节制地玩游戏，你让我的希望落空了，你想过我的担忧和伤心没有？你考虑过我的感受没有？"

说完后，我就不再多说一个字，做饭去了。当天那顿饭吃得非常沉闷，我和孩子都没有说话，吃完我就回房间了。

第二天一大早，孩子主动来找我，他说："妈，昨晚我想了很久，我确实没有想那么多，没有想到玩游戏这事让你这么难受，也影响到了我自己。但是，不玩游戏，我想我一时半会儿可能做不到，好多同学都在玩这种游戏。你说我该怎么办？"

一听这话，我感觉这孩子开始由不合作到合作，愿意和我共同来探讨这个问题了，这就好办了。

我说："我并没有说不让你玩游戏，只不过凡事要有节制。这是你的生活出现了问题，怎么去平衡，怎么去解决，都是你自己要去思考的。如果你需要我给你建议，我可以帮你。"这个时候，我没有把他当成一个孩子，完全是两个平等生命之间的对话。经过一番协商，我们达成了共识：每周五晚上7~9点两个小时是孩子玩游戏的时间，任何人不得干涉。我负责放一个闹钟在电脑旁边。闹钟一响，他就要关机。如果延时，对不起，我不会说他，也不会骂他，直接拉电闸。如果他遵守规则，在学习和其他事情保质保量完成的前提下，可以奖励1~2小时玩游戏的时间。如果违反，则减掉他玩游戏的时间。我把这些用协议的方式写了下来，贴在书房、卧室、客厅他能看到的地方。就这样，不到一个月的时间，孩子再也没有沉迷在游戏的世界里，完全遵守协议的约定。三个月后无须我监督，他已经形成了习惯。当然，我也一样。中考前的一星期，在规定的时间内让他照样玩，无论我心里多着急，也没有说他。从此以后，他做任何事情都非常有节制，而且很守信用。

这件事的意义已经远远超越戒网瘾这个事情本身。生命是在不断地解决问题的过程中延续的。家庭教育是一门充满智慧的艺术。孩子成长的过程就是父母和孩子一起不断攻克和解决难题的过程。

经历了这件事，孩子不仅懂得了自律，而且学会了使用解决人生问题的很重要的两个工具：遵守规则和自我约束。最重要的是这样的处理方式，让他从那个以自我为中心的世界中跳了出来，懂得从别人的角度去考虑问题，学会了去理解他人的感受。

作为父母，在面对孩子问题的过程中，我意识到保持一个稳定的情绪和心态非常重要，同时还要有勇气承认自己的无知。人只有自知无知才会永远求知，人只有自知无知才不会被旧有的生命经验束缚。而一个永远求知的人生、一个不断思考的人生则是智慧的人生。

因此，在家庭生活中植入契约精神很重要。当契约规则确定后，无论是孩子还是父母都要坚决执行。这会让孩子懂得诚信自律不仅是一种高贵的品德，而且也会让自己的生活变得可控和有序。

通过这个事情，后来我总结出解决家庭问题的一个方法，我把它叫作顺势矛盾法。我国有句成语叫顺势而为，我在思考的过程中做了一点变通。青春期的孩子，我们不要逆势而为，这样只能造成情绪的对立，无法解决问题，甚至还会激发矛盾。但顺势也不一定可为。所以我在顺势的过程中制造了一个矛盾，然后把这个矛盾抛给了问题的制造者，让他进行反思，最后由他自己化解矛盾，解决问题。

第七节
契约七：拥有自信让孩子心理健康不自卑

（根据咨询家长口述整理）

我女儿玲玲今年7岁了，长得比较矮小，但不难看，就是额头上有个小小的胎记，她非常在意，觉得难看，常常用刘海遮住它，并仰起小脸问我："妈咪，别人能看到吗？"

我摸着她的额头安慰道："宝贝，没关系的，看不见的，我们大家都觉得你很漂亮啊！"可她还是整天忧心忡忡，闷闷不乐，很害怕同学笑话她，不喜欢她。

有一次，学校搞家校联欢文艺表演活动，女儿要表演一个节目，那个节目里有一些道白。孩子的积极性很高，台词早就背得滚瓜烂熟了，还在家里给我们预演了好几次。我们都觉得这次她一定能出彩。所以，表演节目那天，我和她爸爸特地盛装出席，去给女儿助威喝彩。

女儿开始表演得不错，我们在台下高兴地为她鼓掌。可女儿演着演着声音却越来越小，还屡屡出错，不是忘词，就是做错动作，老师在台下提醒她也不管用，孩子完全就不在状态了。我们在台下干着急，可她在最后犯了一个更大的错误，她干脆不演了，在台上哭了起来。

后来她对我说,她在台上一直想着别人会不会看见她额头上的胎记,刘海是不是把它盖住了,台下同学们的家长会不会对她议论纷纷……

只不过是一块小小的无伤大雅的胎记,女儿却看得如此严重,紧张到了这种程度,本来我没有把这当回事,但现在看到女儿这样在意,我也很着急,我该怎么办呢?这样子会不会影响到她的成长和身心健康啊?

反思与解决

自卑是自信的天敌,是孩子成长路上的绊脚石。在成年人看来,孩子是最无忧无虑的。事实上,孩子也有自己的忧愁和痛苦,自卑就是其中一种。对于孩子的自卑,一些家长可能根本没有注意到,或者无法理解,以至未能尽早发现,及时补救,最后导致自卑心理伴随孩子从童年步入成年,给他们带来更大的痛苦和折磨。尤其是那些生性敏感的孩子,在成长的过程中往往会遭遇自卑,他们往往退缩在自我的世界里,深感痛苦不安。自卑感宛如心灵上的一把锁,锁住了人的信心和勇敢,还锁住了人的智慧,让人变得畏缩无能,裹足不前,不愿面对挑战。源于儿童时期的自卑感会对一个人的一生产生影响,阻止人形成开朗乐观的性格,进而发展成为一种性格缺陷。它就像一个心魔,如影随形,让你在人前人后惶恐不安,从而影响到你人生的方方面面。

原因剖析:

(1)社会价值观的影响

现代社会,人的价值只保留给符合某些严格标准的人,如漂亮的人天生就拥有娇宠,聪明的人也很容易得到赞赏,明星球员更是深受大众的追捧和尊重,但却没有一个人仅仅因为他是"他自己",是独一无二的生命而被认为有价值。社会吝于认可人本身作为一个独立的生命个体的价值。一个年仅5岁的孩子就能在这种观念的影响下"感受"到自己是没有价值的。大多数孩子从很小的时候就观察到哪些人被重视,哪些人不被重视。即使是对生长在同一个家庭的兄弟姐妹,父母也总是有所偏爱的。我们做父母的,很多时候在无意间就将这个观念灌输给了孩子，从婴儿时期起，就不断地给他们打分数，衡量他们的价值，结果导致普遍存在于个人身上的自卑感和无力感。

（2）父母是完美主义者

有"完美主义"情结的父母总是求好心切，对什么事都要求严格，期望尽善尽美。他们不明白生活本身就是不完美的，总是要求孩子样样做到十全十美，孩子很难达到他们心中的高标准。于是，孩子常常受到家长的挑剔和指责，久而久之，孩子难免会丧失信心，对自己的能力产生怀疑，从而感到自卑。在这种情况下，如果孩子没有得到父母的鼓励和支持，得到的却都是指责与批评，就很容易形成消极的自我评价，给自己贴上"无能"的标签。

（3）父母喜欢事事代劳

有些家长过度溺爱孩子，舍不得让孩子做任何事，处处代劳，事事包办，使孩子失去了处理问题、锻炼能力的机会，在面对困难和挫折时束手无策，畏缩不前，因为信心不足而不愿意尝试和挑战困难。

（4）家庭缺陷

有些孩子，由于父母离婚，家庭破裂，缺少父母的关爱，与其他孩子相比，有一种缺陷感，所以感到自卑。

还有些家长性格专横粗暴，对孩子非打即骂，孩子由于感受不到家庭的温暖，心灵受到伤害而感到自卑。

（5）生理缺陷

孩子生理上的某些不足引起消极的自我暗示。由于先天或后天的原因，一些青少年常因个子矮、过胖、五官不正、身体有残疾或缺陷等抑制了自己天性的发挥，同时，因为对别人的看法非常在意，高度敏感，导致信心不足，性格忧郁。于是感到精神压力重重，常怀疑或担心自己的缺陷被人耻笑，不敢主动与人交往或接受友谊。如此种种，令其产生严重的自卑心理。

应对策略：

（1）改变形象法

心理自卑的孩子，通常说话吞吞吐吐，走路畏缩。从说话的音量、走路的姿态入手，便可改变他们的心态。昂首阔步的举止及整洁大方的打扮也能提高自己的信心。对有自卑心理的孩子应特别注意教育他们改变自己的形象：穿着整洁大方的服装，讲话爽快，走路昂首阔步等。

（2）语言暗示法

积极的语言能使人产生积极的情绪，改变消极的心态，因而家长可以有意识地用"你聪明""你一定行"之类的语言为孩子打气，或是在此基础上，让孩子根据自己的实际情况，每天上学之前都念上几遍，在语言暗示之后再满怀信心地去上学。

（3）预演胜利法

每当孩子遇到困难，不敢接受挑战时，就让他们先在头脑中想象完成任务时的胜利情景。这种白日梦式的预演胜利法，对于帮助孩子战胜恐惧心理，愉快地接受富有挑战性的任务，具有立竿见影的效果。

（4）发挥长处法

"尺有所短，寸有所长"。每一个人都有自己的长处和优势，同时也有自己的短处和劣势。如果用其所短，舍其所长，就连天才也会丧失信心，自暴自弃；相反，一个人若能扬长避短，强化自己的长处，就能充满信心，享受成功的喜悦。因此，消除孩子的自卑心理，要善于发现他们的长处和优势，并为他们提供发挥长处的机会和条件，这也是帮助孩子克服自卑心理的关键。

（5）储蓄成功法

自信是成功的保证，也是建立在成功的经验之上的。科学家研究表明，每经历一次成功，人的大脑便有一种刻画的痕迹——动作模式的电路纹，当人重新忆起往日的成功模式时，又可重新获得成功的喜悦。在帮助消除孩子自卑心理时，为了能让他生活在成功的体验之中，行之有效的方法就是指导他建立成功档案，将每一次哪怕是非常小的成功与进步都记录下来，积少成多，每隔一段时间就拿出来看看，经常重温成功的喜悦，这样能促使他信心百倍地去克服困难。

（6）洗刷阴影法

失败的阴影是产生自卑的温床。有自卑心理的孩子遇到的挫折与失败比一般孩子要多得多，及时洗刷失败的阴影是克服自卑、保持自信的重要手段。洗刷失败的阴影的方法有很多，较为常见的有两种：一是家长要帮助孩子将失败当作学习的机遇，认真分析失败的原因，从失败中学习和吸取教训，总结经验；二是彻底遗忘，家长要帮助孩子有意将那些不愉快的、痛苦的事彻底地忘记，或是用成功的经历去抵消失败的阴影。

（7）逆向比较法

没有比较就没有鉴别，要想认识自己，就得拿别人来做比较。我们通常不提倡逆向比较，即用自己的长处去比别人的短处，但对于"羡人之长，羞己之短"的孩子来说，采用逆向比较，选择别人的短处作为比较的对象，对于消除自卑心理、达到心理平衡能收到意想不到的效果。

（8）降低追求法

对于自卑、后进的孩子来说，与其空谈立志，还不如让这些孩子适当降低追求，把大的目标分解成若干个小目标，做到一学期、一个月，甚至一个星期都有目标可寻。目标变得小而具体，就易于实现，这样一来孩子会经常拥有成功感，可以更快地进步。

第八节

契约八：能够忍耐培养孩子延迟满足的能力

耐心是高尚的秉性，坚韧是伟大的气质。无论何人，若是失去耐心，便失去了灵魂。

因此，父母应该教孩子懂得延迟满足。所谓延迟满足，其实就是培养孩子的自我约束和自我忍耐的能力。说到底，它是一种克服当前的困难情境而力求获得长远利益的能力。这种能力对一个人一生的成长非常重要。很多教育问题的产生都是因为孩子延迟满足能力不足引起的。如果延迟满足能力发展不足，如边做作业边看电视、上课时东张西望做小动作、放学后贪玩不回家等，就容易性格急躁、缺乏耐心，进入青春期后，在社交中容易羞怯固执，遇到挫折容易心烦意乱，遇到压力就退缩不前或不知所措。

作为父母，应该让孩子从小就明白和逐渐认识到人生是艰难的，任何人无论是在哪个阶层，处于哪种境遇，其人生成长历程都是痛苦和快乐二者共生的过程。只有明白了这一点，孩子才会懂得延迟满足，才会明白自我约束的能力对一个人的成长是多么的重要。如果孩子要什么有什么，他就永远不会有耐心，更学不会延迟满足；如果孩子事事顺心，他就学不会合作；除非孩子感觉到痛苦和失去，否则他就无法学会同情和尊重；除非孩子身处逆境，否则他就学不会勇敢和乐观。

有一个学设计的女大学生，毕业后去了一家服装公司做设计，工作很不顺利，因为她有严重的拖延症。尽管她比别人努力，花的时间也比别人多，常常加班到深夜，但老板交代的任务她却总是不能按时完成。来咨询的时候，我问了她一个问题："你爱吃蛋糕吗？"她说"爱吃"。我又问："你更喜欢先吃蛋糕的哪一部分？上半部分呢，还是下半部分？"她不假思索地回答："当然是上半部分啦！"于是，我从她吃蛋糕的习惯谈起，转入分析她在工作中的习惯。不出我所料，我发现，她总是在上班时间的头一个小时里做那些她喜欢做的工作，而在剩余的7个小时里应付她感到头疼的其他工作。我建议她不妨强迫自己在头一个小时里干完那些让她讨厌的工作。这样，她就可以快乐地享受接下来的7个小时。我说："经历一个小时的痛苦后，享受7小时的快乐，应该比一个小时的快乐后再受7个小时的罪更合算吧。"这个女生其实是一个很有毅力的人，也愿意战胜自己，所以她接受了我的建议，改变了时间安排，后来战胜了拖延症。我们有时候要学会先苦后甜，才会甜上加甜。

延迟满足意味着要学会把生活中的痛苦和快乐做如此的分配：先苦后甜，甜上加甜。这是唯一可以避免你的人生充满焦虑和烦恼的方式。其实，有些孩子很早就学会使用这个方法了。比如，一个5岁的孩子在和同伴玩游戏时，常常会建议让同伴先玩，这样他就可以在后面慢慢享受了。从6岁起，孩子也许就开始知道把蛋糕最喜欢吃的部分留在最后了。整个小学期间，这种延迟满足能力是可以天天有机会得到训练的，特别是通过完成家庭作业。到了12岁，一些孩子已经能在没有父母的督促下，一个人坐下来做功课，做完功课再看电视。如果父母平常注意这方面的训练，一个十五六的孩子理应能做到这一点，并且觉得这是一件很平常的事。

但是，我们现在有相当多的父母没能很好地认识到这一点，从而导致很多孩子几乎没有发展这方面的能力，有些孩子甚至完全缺乏这方面的能力。于是，这些孩子成了有问题的学生，尽管他们的智力正常，有的或许还高于常人，却因为不用功，所以成绩差。他们不懂得控制和忍耐自己的欲望，不愿意约束自己的行为，完全凭自己的兴致逃课或者逃学。他们做事要么拖拖拉拉，要么凭一时的冲动行事，由于对自己的行为不加控制，很容易染上打架甚至吸毒等恶习，同时还会出现各种各样的心理问题。先甜后苦是他们的座右铭，所以家长们最后只好替他们向心理专家求助。可是大部分时候似乎为时太晚了。这些孩子会对那些干预他们那种自发的生活方式的人表示出强烈的不满，甚至当医生以满腔的热情和理解的态度打消他们的不满后，他们依旧积习难改。他们避而不谈所有重要和令他们痛苦的问题，只会逃避。所有试图使他们得到改善的努力常常是收效甚微，往往以失败而告终。

为什么会这样呢？大多数的案例很清楚地表明，家庭教育的质量起了决定性的作用。

客观地说，并不是这些缺乏自我约束力的孩子从小没有人管教。相反，他们从小就被父母时时刻刻地教导，有的孩子还常常遭到父母严厉的惩罚甚至打骂。但是这种约束毫无意义，因为它常常是无约束的约束。

为何说这种约束是毫无意义的呢？原因之一就是这些孩子的父母本身缺乏自我约束，因此给他们的孩子做了不讲约束的坏榜样。我们常说"父母是孩子的一面镜子"就是这个道理。这些父母对孩子所谓的教导是"照我说的去做"，而不是"照我做的去做"。他们也许常常在孩子面前喝得烂醉如泥；在孩子面前毫无顾忌，不讲尊严，不讲道理地吵架；他们不修边幅，信口开河，不守承诺；他们经常打麻将彻夜不归……总之，他们自己的生活常常显得杂乱无章，却试图要求孩子的生活有条有理。这对孩子来说是不合理的。如果父母经常当着孩子的面争吵打架，当孩子因为在外面和人打架而挨父母的揍时，他又怎么会服气呢？此时你对孩子说，应该学会忍耐，不要动不动就发火，你觉得这种教导有用吗？如果孩子眼中的父母是举止端庄、严于律己的，那么在他的心灵深处会感悟到人就应该这样生活。如果孩子看到父母在日常生活中毫无自我约束的精神，不能严于律己，那么他也会从心灵深处感到生活就该那样。

良好的约束需要时间。当我们拿不出时间给孩子或因为怕麻烦不愿意在孩子身上花时间时，即使他流露出需要我们帮助、需要我们树立约束的榜样时，我们也许根本不会察觉到这种需要，也许即使察觉到了也故意忽略，视而不见，认为任其发展可以让自己更轻松一些。"我今天实在太忙了，没有精力来管孩子。""现在的孩子怎么这么难教啊！我们小时候谁管过我们啊？一想到孩子的问题，我都头疼死了。"很多家长都会这样说。直到孩子出现了严重的问题，父母被他的不良行为惹火了，不得不采取行动时，父母往往既不分析原因找出症结所在，也不理智地想对策，更没有花时间考虑哪种惩罚才最对症下药。仅仅只是为了发泄怒气，常常是不问青红皂白地就把惩罚强加在孩子身上。结果是什么问题都没有得到解决，孩子的行为有时还会变本加厚。

只有在孩子还没有越轨行为时就在他身上花时间花心思的那些父母才能明察秋毫，他们可以及时地用温和的催促或责备或指导或表扬来细致周到地满足孩子对纪律的要求。他们观察孩子的生活习惯、学习习惯，由于他们对孩子什么时候开始撒谎、什么时候会逃避困难诸如此类的问题了如指掌，因此他们会花时间进行及时的纠正和调整，认真倾听孩子的讲话，做出适当的反应，这儿收紧一点，那儿放松一些，给他讲道理和小故事，拥抱一下或者拍拍他的肩膀，给他几点忠告，帮助他解决一些困惑，等等。父母的关注和及时给予的矫正是培养孩子自我约束力的开端。

父母在孩子身上花费多少时间和心血，实际上是向孩子表明了他受父母重视程度的深浅。有些父母为了掩盖自己对孩子缺乏关怀，常常向孩子表白他们的爱，不断地向孩子重复说他们有多么多么重视孩子，但却并没有把必要的时间奉献给孩子，从行动上真正做到尽心尽力。久而久之，他们的孩子甚至开始怀疑这些空洞的话。孩子有时候可能会下意识地紧紧抓住这些话，相信自己被父母爱着，可潜意识里他明白父母言不符实。而那些真正受到父母关怀的孩子自会从中认识到自己的价值，能够认识到"我是一个有价值的人"——这对孩子的成长影响巨大，这是父母之爱的产物，同时也是自我约束的一块基石。因为只有当一个人觉得自己有价值时，他才会采取必要的措施从各个方面关怀自己。自我约束就是自我关怀。如果感到自己有价值，就会珍惜自己的时间，就会充分利用自己的时间。

总之，要使孩子获得和发展延迟满足的能力，离不开父母的爱和鼓励，以及自我价值感的肯定，这些都可以从父母的自我约束和其不变的真正关怀中获得，也是父母传给孩子的最好的礼物。而一个延迟满足能力强的孩子，未来更容易发展出较强的社会竞争力、较高的工作和学习效率；具有较强的自信心，能更好地应付生活中的挫折、压力和困难；在追求自己的目标时，更能抵制住即刻满足的诱惑，从而实现长远的、更有价值的目标。因此，父母如果不想让教育孩子变得十分困难,一定要培养孩子延迟满足的能力。而这种能力的获得恰恰需要忍耐契约。

第九节

契约九:讲究诚信让孩子为人真诚不撒谎

（根据咨询家长口述整理）

我的儿子李宏上初二了,成绩中等,平时也还算听话,对人也很有礼貌,但就是有个非常不好的毛病——爱撒谎爱骗人。用他奶奶的话来形容,那就是这孩子10句话里面最多有1句真话,他的话信不得。他撒谎已经成了习惯,而且说得像真的一样。经常骗他奶奶说学校有事,结果是去网吧玩,如果戳穿了他的谎话,他又编另一个谎话来圆话。可以说是经常谎话连篇。有一次,为了鼓励他好好学习,我向他许诺,如果期中考试各科都考及格了,我就奖给他一部摄像机,因为孩子特别喜欢摄影。期中考试后,有一天,儿子兴高采烈地把成绩单拿给我看,每科都在85分以上,就连平时很少及格的英语这次竟然也考了87分,真是大大出乎我的意料,我突然有种不真实的感觉——考得实在是太好了,好得让我难以置信。孩子在一旁死命地催我马上带他去买摄像机。我晕晕乎乎地正准备答应他时,突然我觉得成绩单的分数上有个"8"字有点奇怪,我不禁产生了怀疑,成绩肯定是不真实的,是孩子改动过的。他还动心思地故意表现得特别兴奋,激动地抱住我又蹦又跳的,想用夸张的表演来蒙骗我。当时,我心里那个气呀,恨不得马上揍他一顿。我好不容易强压住心中的怒火,才没有当场发作。

晚上我去找了班主任核实成绩,别的科目成绩都属实,就是英语考了57分,很显然,儿子把57改成了87。我既生气又无奈,从成绩上看,除了英语,其他科目都考得不错,数学在班级还考了第二名,如此看来,这次孩子确实是花了功夫，尽了很大的努力学习了，进步很大。如果我戳穿他不给他奖励，那肯定会打击他的积极性，在学习上就会泄气；但如果我不教训他，他养成了如此严重的撒谎恶习，又让我感到特别揪心，我好矛盾，好痛苦，我该如何处理啊？

反思与解决

大部分人在成长的过程中，有时为了所谓的面子，有时为了不伤害别人，会说一些善意的谎言。直到有一天，发现自己要面对一个谎话连篇的孩子，父母总是会被孩子的欺骗行为气得不知所措，不知如何引导孩子走上正途。尤其一些看起来天真可爱、聪明活泼的孩子，往往会把谎话编得天衣无缝，让父母和老师信以为真。如果父母和学校缺乏及时沟通，他的撒谎行为就很难被发现。久而久之，孩子就会变成一个"撒谎专家"，诚实的美德离孩子越来越远。

原因剖析：

（1）家长期望过高，对孩子太过严厉

在生活中，有些家长把孩子的分数看得非常重要，对孩子各个方面都要求很高，尤其那些达不到家长的要求就要遭到"惩罚"的孩子，面对把分数视为命根子的父母，让他不撒谎都很难了，为了避免挨批挨骂甚至挨打，孩子把撒谎当作逃避惩罚的护身符。而且有时候，撒谎还能让孩子尝到甜头。时间长了，撒谎就自然成为一种习惯。

值得注意的是，有一些平时在父母眼中懂事听话的孩子也会撒谎，由于家长对他通常期望过高，无形中给孩子很大的压力，他为了保持自己在父母心中"好孩子"的形象，不让父母失望，有时也会撒谎。

（2）为了某种利益或者心理满足的需要

以上案例中，李宏就是为了能得到一台摄像机而篡改了成绩单。还有的孩子为了证明自己的能力，也会蓄意说谎话，比如"老师今天在班上念我的作文了""我此次测验考了全班第一"等之类的话。

（3）为了中伤他人

有些孩子因为别的孩子得罪了他，就会编造一些谣言来中伤别人，这类谎言不易识破，并且对他人有伤害力、破坏力，问题比较严重。一旦发现孩子有此种行为，必须及时教育制止。

孩子撒谎的原因有很多种，我们应该对症下药，纠正孩子撒谎的坏习惯。

应对策略：

（1）先检讨。对于第一种原因，家长先要检讨一下自己，平时对孩子是否严厉过头，对孩子的要求和惩罚是否不近人情，使得孩子不敢讲真话。要容许孩子犯错误，更要鼓励他勇于承认错误，让他懂得敢于说真话、勇于承认错误是一种对自己、对别人负责的好品质。而撒谎是一种逃避责任的表现，别人会认为你是一个懦弱胆小的人。毕竟，诚实涉及一个人的道德品质，任何父母都不希望培养出道德品质有问题的孩子，这样的孩子即使学习成绩再好，也仍然是问题孩子。

（2）冷处理。如果有时候孩子仅仅是为了引起父母的关注或者满足自己虚荣心的需要，对父母说"老师今天又念我写的作文了"之类的话时，父母不要采取过激的方式，可以平静地对孩子说："我不认为事实是这样的。"或者若无其事地回答说："是吗？原来老师又念你的作文了啊！"然后置之不理，采取冷处理的方式。事后再给孩子讲明你知道他在撒谎，并告诉孩子对人讲谎话会让人感觉很不舒服，撒谎有很多的害处。

（3）降低奖励标准。在上述案例中，李宏为了得到心仪的摄像机而撒谎，面对孩子撒谎的习惯，父母很矛盾，不给他买吧，怕挫伤他的学习积极性；给他买吧，等于助长了孩子撒谎的恶习。应该怎么办呢？我给家长的建议是：首先表扬孩子最近学习努力，此次考试有很大进步，大家都对他充满了信心，鼓励他保持这种状态，继续努力，相信下次一定可以名列前茅。按理说是应该兑现承诺，满足他的心愿，给予奖励。但同时因为他犯了一个极其愚蠢的严重错误，他必须要为自己的错误买单。那就只能降低奖励的标准了，给他其他小小的鼓励，比如看场电影。总之，让他明白撒谎的结果就是搬起石头砸自己的脚，得不偿失。

（4）表明立场，及时纠正。如果孩子说谎是因为怨恨而恶意中伤别人，家长就必须坚决表明立场，对孩子进行严肃的教育，让孩子觉得这是一件十分严重的事情。因为这种情况如果不给予及时纠正，以后会引发孩子很多的心理问题。

（5）一定要给孩子树立诚实的榜样。所谓"身教重于言教"，比如有人找你，你却让孩子接电话告诉对方你不在，这无疑是给孩子做了一个不好的示范。要明白，父母是电视台，孩子是观众，你就是孩子效仿的对象。

（6）行动比唠叨更有效。对于孩子撒谎，家长切记不要唠唠叨叨，更不要穷追不舍，不要和孩子争辩真假，也不要恳求他坦白，只需告诉他你已经知道事情的真相，并坚决表明你的态度。比如孩子谎称功课做完要求玩电脑时，你可以严肃地说："我知道你没有完成，你今天必须认真完成，完成后才能开电脑，这是原则。耍花招耽误的只是你自己的时间。"或者你也可以惩罚他做家务，让他知道撒谎就要受罚。这比你生气地指责他、唠叨他更能让他明白道理，也更能解决问题。

第十节

契约十：热爱生活，有助于孩子养成好习惯

古语云："积行成习，积习成性，积性成命。"思想决定行为，行为决定习惯，习惯决定性格，性格决定命运。培养孩子好的习惯会让孩子终生受益。

✓ 好习惯 1：吃得香

民以食为天。好身体是吃出来的。孩子吃得好才能健康地成长。但在家庭教养过程中，孩子吃饭却是让很多父母头疼的事情，特别是孩子小的时候，有的孩子狼吞虎咽，有的孩子不爱吃饭，有的孩子吃得太慢，这就需要做父母的帮助他们。

狼吞虎咽型的孩子，脾气一定很急躁，要教他慢慢地咀嚼。比如跟他说，一口饭要嚼 30 下，身体就会非常健康，让他试试看。

至于那些不爱吃饭的小孩，大部分原因是他的心思花在别的事上了。他不但吃饭不专心，很多时候做其他事情也不专心，他的注意力持续时间很短。对于这类孩子，父母在训练他吃饭的时候，就把他一顿要吃的饭分成好几份，一次让他专心吃一份，一份吃完以后给他庆祝一下，他就比较容易专心地吃了。

对于吃得很慢的孩子，父母不要太过心急。其实吃得慢是很好的事情，只是做父母的有时会受不了，所以只能用爱心、忍耐和宽容，鼓励他稍微吃快一点。

每个人的饮食习惯都是从小培养的。有些味道很奇怪的食物，却是很多小孩从小被训练而爱吃的食物。胃口是训练出来的，不要说你的孩子不吃这个不吃那个，他不吃是因为你没有训练他吃，没有一样东西是他不喜欢吃的。如果你训练得对，他的胃口就会改变。

父母一定要给孩子吃需要的东西，而不是给他爱吃的东西，要让他知道需要吃的是什么。孩子小的时候是由父母来决定吃什么，什么时候吃，如何吃，不是孩子来决定。这些从婴儿时就可以训练，不要等到他长大以后才开始。

有一件事很重要，就是要训练孩子不浪费食物，夹到碗里就一定要吃完。有一次，一位家长问我，他的孩子不吃饭怎么办。我说："饿他几顿，看他吃不吃！"这是要训练的。你在两餐之间不要给他吃零食，让他多运动，他饿得要命，怎么会不吃呢？人饿的时候，什么东西都好吃。我们常常会抱怨学校的食物不好吃，你知道为什么吗？因为没有运动，不感觉饿。假如饿上两三天，你说这些食物好吃不好吃呢？

还有一件不可忽略的事，就是千万不要给孩子一个很难面对的挑战——超重。有些孩子小时候胖，父母很得意，但是等孩子长出脂肪肥肉时，麻烦就来了，你的孩子不应该一辈子心里面背负那么大的重担。如果你在他小的时候，管好他吃的问题，不该吃的不要吃，使他养成好的饮食习惯，就不会有这个难题。

很多父母会说垃圾食品太多，要孩子面对那些垃圾食品而不吃不喝，很难做到。最好的方法是家里面根本没有垃圾食品，不要买！如果买了，然后不准他吃，他又偷吃，这实在很伤感情。就像孩子不应该吃冰激凌，但孩子偏偏就爱吃，然后父母买来了却告诉孩子不准吃，等父母外出后孩子肯定会偷着吃。但是，如果你根本就不买呢？孩子当然也就不可能吃了。所以，不该买的东西，就尽量不要买。肥胖对自尊心有很大的影响，对健康也有很大的影响。所以，父母在这方面一定要注意，不要让孩子一辈子为肥胖而愁苦。

如果希望孩子吃的都是健康食品，不健康的不吃，那么首先就要管好自己。不能自己一边大口吃着冰激凌，一边告诉孩子不准吃。我们要保养顾惜自己的身体，如果我们自己不好好保养，我们的孩子会懂得保养自己的身体吗？

在家里，孩子很容易饿，你可以预备一些水果或蔬菜，洗好放在那里，他饿了就会去吃。我从小训练孩子吃大量蔬菜，我就在他们面前吃很多蔬菜，吃的时候就说这真是美味呀！真是脆呀！全世界没有比这个更好的东西啦！所以他们现在喜欢吃芹菜、胡萝卜等很多蔬菜。

超重不只是吃的问题，也是品格问题，因为自我控制出了问题。当父母发现孩子太胖的时候再来改变其饮食就难了,所以要尽早培养他健康的饮食习惯。一个肥胖的孩子容易自卑、发脾气,会有内疚感,会很痛苦。

贪吃不运动,长时间坐在电视机前,都是导致肥胖的原因。要让孩子从小就习惯吃没有糖、少淀粉的食物,他一旦习惯了这些食物,就会喜欢吃这样的食物,身体里就会减少肥胖的因子了。

✓ 好习惯2:睡得甜

孩子小的时候,父母就盼望他睡觉,只要他一睡觉,父母就会开心得不得了,"终于睡了!"孩子到了十二三岁,睡觉问题更是父母的心头大事,经常挂在嘴边的话就是,"功课也不做,晚上搞到半夜,早上起不来"。节假日时,日上三竿还不起床,父母更生气:"就知道睡!星期六睡,星期天也睡。"但你晓不晓得,充足、高质量的睡眠是孩子健康成长的保障。怎样才能让孩子睡得甜呢?

(1) 固定的睡眠环境

5岁以前的孩子,每天晚上不超过8点就要上床睡觉。父母要给孩子一个适合睡觉的环境,如果孩子怕黑,你就给他一盏夜灯;如果有不安全的感觉,你就给他一个固定的小毯子,或是他的小玩具陪他。一种固定的环境对孩子的睡眠很重要。

(2) 睡觉仪式

孩子5岁以后,就要让孩子学习看时钟。这时候要训练他和你一起来看时钟:离睡觉的时间还有多久?时间到了,你就要带孩子上床睡觉。当然不是说睡觉就睡觉,每个孩子每天晚上睡觉之前要有一个睡觉仪式。我儿子从小就非常享受这个睡觉仪式,所以,到了时间,他就要等我去了。这个睡觉仪式差不多要半个钟头。在这个仪式中都做些什么事呢?你可以抱抱他,跟他讲讲话,读一段书给他听,最后可以亲吻他道晚安,帮他盖好被子,关灯后再离去。每天晚上有这个睡觉仪式,孩子对睡觉就不会厌烦,他还会很期待那个时刻的到来。如果没有这个仪式，你会发现每次要他睡觉都是一场战争，他会跟你吵个不停，闹个没完。

(3) 起床仪式

有睡觉仪式当然就有起床仪式。早晨，到了该起床的时候，我就来到儿子的房间，宣布起床仪式开始：跟他讲一些事情，亲亲他。很奇怪，起床仪式后，所有的事情都很顺畅，他自己会去刷牙洗脸，一切事情都变成一种习惯了。在我学会这个方法之前，早晨起床的时候，闹钟一响我就去催呀！叫呀！推呀！后来我发觉效果不好，搞得大家早饭还没有吃就开始生气。等我们学会了起床仪式以后，情况就大为改观了。孩子有了充足的睡眠，早晨起来开开心心地迎接新的一天，孩子、父母都会感觉很幸福。

孩子虽然很小，但是得让他知道，生活有了仪式感才会显出很多事情的重要性。

✓ 好习惯3：不磨蹭

（根据咨询家长口述整理）

我有一个7岁的儿子，上小学一年级了，他看上去很活泼、很可爱，但却是一个让人心急的"小磨蹭"，他做任何事都是慢吞吞的，无论是走路、穿衣、吃饭，还是写字、画画、做游戏，都慢得出奇。就拿早上刷牙这事来说，他从取口杯到接水就用了5分钟时间！我在旁边看着他，他一个人还乐滋滋的，把杯子放在一边，站在那里，一边拍手，一边嘴里不知哼着什么小调。看他兴致那么高，我压住气，一再提醒他："快点，时间不多了。"反复提醒了几遍后，他还是磨磨蹭蹭的。最后还是被我训斥了之后才开始刷牙。唉！每次都是这样，在他眼里完全没有时间的概念。因为磨蹭，孩子的学习更是让我操碎了心。因为他写作业时总是东看西看，磨磨蹭蹭，一会儿玩橡皮，一会儿玩铅笔，要么咬手指，而且写一会儿就起来溜达一圈，到处摸摸看看。这样的写法怎么能快起来？有一天，我特意观察了一下，发现他写半小时作业站起来5次，上了3次厕所，还一会儿开冰箱拿瓶奶喝，一会儿打开电视看看动画片开始没有。常常是一个小时的作业两三个小时都写不完，所以每天总是很晚才能睡觉。有时和他讲道理他好像也懂，还表示改正，可就是管不住自己。唉，真让人头疼！

反思与解决

孩子做事拖拖拉拉、学习磨磨蹭蹭的习惯，的确是让许多父母头疼的问题。父母都急坏了，可孩子就是改不了，让父母十分犯愁。实际上，磨蹭只是一种坏习惯，并不是性格缺陷，它也是一个人的个性特征，就是俗称的"慢性子"。所以我们必须树立一个观念，并让孩子知道：磨蹭是一个可以改变的习惯。值得提醒的是，爱磨蹭不是因为脑袋笨、智力低下造成的，磨蹭的孩子的智商并不比同龄人低。智力因素并不是直接导致孩子磨蹭的原因。

原因剖析：

（1）缺少时间概念

孩子做事爱拖拉，通常是因为他们不像成人一样具有时间的紧迫感，他们理解的时间概念比较模糊。一般而言，孩子并不知道如果他把一件事尽快做完之后会有什么更好的结果，他也不认为自己慢有什么不好的。

比如吃饭，成人都会知道，不快点吃饭，饭就会凉，吃完饭还有其他的事要做，而孩子不会明白这么多，当然也就不知道吃得慢一些究竟有什么不好。

再如，大人们知道，自己上班和孩子上幼儿园都不能迟到，而孩子则不然，爸爸妈妈上班和自己去幼儿园晚了，对他来讲都是无所谓的，他想的只是眼前的事情，这些都是由孩子的生理和心理特征决定的。

（2）天生的慢性子

有一些幼儿明显地比其他孩子动作慢，无论在什么情形下、做什么事情都慢，即便有强烈的外界刺激，他仍然行动迟缓，慢条斯理，紧张不起来。这类孩子的神经类型往往属于相对安静而缓慢型，这是孩子一生都不太可能改变的先天气质。父母首先必须接受这样的现实，然后再想办法慢慢改变。

（3）注意力易转移

孩子的注意力很容易受到周围环境的影响，旁边有什么好玩的事，就会让他忘记正在做的事。正在吃饭时，窗前有小鸟飞过，孩子就会放下饭碗去看个究竟；本来要去刷牙，可是走到浴室发现有一池水，孩子就开始玩起来，刷牙当然就放在一边了；正画画的时候，忽然听到电视里的声音，孩子就会丢下画了一半的画，跑去看电视。于是，孩子在做一件事时，就出现了边干边玩、慢慢吞吞的样子。

（4）不感兴趣

做喜欢的事动作很快，做不喜欢的事就慢吞吞的，这是很多孩子的毛病。孩子想到室外去玩，可妈妈非让他把玩具收拾整齐，孩子心里不高兴但又不得不干，自然就会磨起洋工来；吃饭的时间到了，可孩子在饭前喝了许多饮料、吃了许多零食，他一点饥饿感都没有，对吃饭不感兴趣，当然就会磨蹭了；孩子的学习积极性不高，学习兴趣低落，每天都是硬着头皮在应付家长，你让他读书、写作业，他肯定是疲疲沓沓、能拖就拖。

（5）动作不熟练

有时孩子磨蹭不是孩子故意的，而是因为他对所做的某件事动作不熟练、缺少操作技巧。孩子就是孩子，他的思维能力和身体协调能力尚处在发育之中，在做事时可能不知道如何安排做事的先后顺序，如何以较少的时间来做更多的事情；也可能没有掌握好穿衣、洗漱等基本技巧，比较"手笨"；还可能在做作业时对知识掌握得不牢，许多题目做起来很困难。

（6）缺乏安全感

有的孩子胆子比较小，与生人在一起相处会有一种不安全的感觉，因此这类孩子总是希望与自己的亲人，尤其是爸爸妈妈多待一些时间。为了达到这个目的，孩子也会慢吞吞的。比如，有的孩子不愿与学校或幼儿园的老师和同学相处，而希望和爸爸妈妈更多地待在一起，在上学的路上，他的动作就会变得特别慢，以此来延长与爸爸妈妈在一起的时间。

(7) 缺乏自信心

有的孩子在做事时缺乏足够的自信心，总是担心自己做不好，怕自己出错，所以做起事情来也是瞻前顾后、畏畏缩缩的，速度自然就快不了，然而越是担心、越是害怕，孩子的动作也就越慢。如果大人这时候再在一旁不断地责备、催促，孩子的自信心又会受到影响，他的动作不仅快不起来，反而会更慢了。

(8) 父母没有做好榜样

家长的行为对孩子的影响是巨大的，有的父母自己做起事情来经常拖拖拉拉、不讲效率，本来可以很快做完的事情，非要拖很长的时间，本来应当提前做完的事情，也要拖到最后一刻。父母这种做事慢吞吞的行为会潜移默化地影响孩子。时间长了，孩子也会养成办事拖沓、磨磨蹭蹭的不良习惯。

(9) 家长包办

一些家长对孩子包办代替，也造就了孩子的"磨蹭"：嫌孩子吃饭慢，妈妈就把饭碗拿过来喂孩子；嫌孩子洗脸耽误时间，妈妈就帮孩子洗；嫌孩子整理书包的时间太长，妈妈就天天帮孩子整理。殊不知，这样时间长了以后，孩子会渐渐养成更加磨蹭的习惯，他的惰性和依赖性也会越来越强，因为孩子知道，吃饭、穿衣、洗漱、整理等事情，自己无论怎么做都可以，反正爸爸妈妈会来帮他的。

(10) 与家长消极对抗

现在有些父母望子成龙心切，很少给孩子空闲的、可以自由支配的时间。孩子把一件任务完成了，家长另一件任务又布置出来了，家庭作业做完了还有额外的作业，额外的作业做完了还要练琴、画画，反正不能闲、不能玩。于是孩子便想出了磨蹭的招数，做事情还不如慢点好，反正做得越快任务也就越多。

应对策略：

（1）帮助孩子树立时间观念

要想让孩子改变磨蹭的习惯，不能靠大嗓门，更不能打骂。家长可以通过讲故事等方法帮助孩子认识时间，树立时间观念，让他们认识到时间是世界上最宝贵的财富。家长还可以给孩子讲一些因为珍惜时间取得成功的故事来激励孩子，还可以在墙上贴上名言警句提醒孩子。总之，通过各种途径让孩子认识到时间的价值，让孩子明白磨蹭会白白浪费许多时间。

（2）让磨蹭付出代价

孩子早晨起床磨蹭，家长急得不得了，又是嚷嚷，又是亲自给孩子系纽扣，可孩子却一点也不急。最后，家长还得赶紧把孩子送到学校。其实，家长的这种做法正是促成孩子磨蹭的原因之一。孩子会觉得，磨蹭一点没关系，反正迟到不了，有爸爸妈妈呢。正确的做法应该是，当孩子磨蹭的时候，家长不要急，等着让孩子自己急。如果孩子迟到了，老师肯定会问他迟到的原因。孩子挨批评后，就会认识到磨蹭给自己带来的害处，第二天自然就会加快速度。

（3）增加计时性活动

孩子磨蹭，不光在学习中表现出来，也反映在生活的各个方面，如做作业磨蹭，穿衣、吃饭磨蹭。从孩子的实际表现出发，增加计时性活动是一种可行的方法。做某件事情，需要多长时间，事先设定，然后以最快速度保质保量地完成。孩子做事，家长为他计时，告诉并夸奖他今天比昨天又快了几分钟。这样，孩子就会有很高的积极性。对于低龄的孩子来说，如果家长跟孩子一起进行计时阅读、计时记忆、计时答题、计时劳动的小竞赛，会有更好的效果。

（4）改善评价角度，少说"慢"

长期被说"慢"，孩子会认为自己每次的学习时间都很漫长，自然而然地出现更多的"小插曲"：发呆、玩橡皮、上厕所、喝水等。在家里，家长要有意识地表扬孩子，并告诉他可以"快"起来，只要在学习的时候不做其他事情就可以了。如果孩子爱磨蹭是"手笨"造成的，父母就要想办法锻炼他的动手能力，帮助孩子提高动作的熟练和敏捷程度。父母可以与孩子玩一些小的竞技游戏，如比赛看谁穿衣服快，看谁洗澡快等。通过这些比赛，父母可以随时教给孩子穿衣、洗漱、收拾玩具等自我服务的技巧，教给孩子如何利用做事的先后顺序来提高效率、安排时间等。

（5）利用"速度测定法"，感受"快得值得"

比如记录单位时间里（如5分钟）能写多少个字，能做几道题，然后算一算按这样的速度，做完所有的作业需要多长时间，结果肯定会使孩子惊讶："我能这么快完成呀！"并且让他认识到"快得值得"。很快完成了学习任务，多出来的时间如何安排？许多父母会利用这些时间让孩子全面发展：增加练琴时间或者额外增加作业，反正不能闲、不能玩。孩子就会觉得，还不如慢点好，反正越快任务越多。所以，你得让孩子感到"快得值得"，他才会去"快"。

（6）任务适度，留有空闲

孩子希望完成任务后就马上去玩，但许多父母却让他们接下来做其他练习，让他们看不到玩的曙光，所以孩子们就想出了磨蹭的招数。父母应该做到，任务适度，保证孩子会加快速度；多激励，少催促。有些孩子做作业的确慢，但可能是作业的难度大，或者孩子已经养成了磨蹭的习惯。如果出于这些情况，父母越催，孩子越会惊慌失措，反而更慢了。如果父母说："你如果再快一点儿就更出色了。""如果考试时你更快一点儿，你可能就会有更多的时间去检查。"孩子受到正面的激励，就会在下次有意识地提醒自己快一点儿。

总之，对于做事动作慢、爱磨蹭的孩子，父母应帮助孩子找出真因并对症下药。不能听之任之，更不能想当然地将孩子评价为接受能力差或智力跟不上。大部分孩子都是由于从小养成的坏习惯导致做事磨蹭,而好习惯应从小就要开始培养并长期坚持下去。

✔ 好习惯4:专心学习

（根据咨询家长口述整理）

我家儿子洋洋上小学5年级,从他迈进学校大门的第一天起,就没有让我们省心过,非常调皮,老师天天往家里打电话,反映洋洋在校破坏纪律的问题。孩子总是管不住自己,不能集中注意力听课,经常坐不住,搞小动作,找前后桌的同学讲话,有时还趁老师在黑板上书写时离开座位拿同学的东西。下课就追赶打闹,总之就没有安静的时候。挨老师的批评自然是家常便饭了,可一点儿用也没有。后来实在没有办法,我们就吓唬他,如果再在学校捣乱,不爱学习,就不让他上学了,叫学校开除他。这样他才稍稍有所收敛,没再干扰其他同学,但也没有认真听课,而是玩文具盒、咬铅笔、叠飞机,实在没有什么好玩的就啃指甲。老师对我们说他有多动症,让我们带着孩子上医院,我们带孩子去医院看医生,可经过检查,医生说没有什么问题,很正常。

其实,洋洋的脑袋瓜非常灵活,反应灵敏,记忆力、理解力都很强。他2岁时就能背下好多首唐诗,4岁就会画画、下棋、拼音,做算术题。我们以前是把他当神童培养的。实在没有想到,读书后他会变成现在这个样子。他在家做作业也是极为拖拉,边写边玩,我们陪着他,看着他学习,他总是找借口离开座位,一会儿要喝水,一会儿要上厕所,很难专心地进入学习状态,有时写一个小时的作业,他要上好几趟厕所,很少的作业也要拖到11点多钟。不过,如果是他感兴趣的事情,他会非常专心致志。比如下象棋,下两三个小时他都可以做到不走神,看漫画书也很专心,就是不能专心对待学习。

反思与解决

能专心致志地学习是学生的好品质、好习惯之一。洋洋的父母都是高级知识分子，从小就很注重对孩子的培养，但事与愿违，孩子出现这种状况，父母担心是必然的。洋洋的问题在于从小父母就没有对他的学习习惯进行管理，只注重教给他知识。其实，在孩子幼儿时期，对他的行为习惯进行有效的管理比教给他知识更重要。一般来说，孩子注意力不集中，通常表现为两种情况：一种是注意力漂浮不定，专注的目标经常转移；第二种是情绪不稳定，老走神，经常沉浸于白日梦而忘记眼前的事情。第二种情况，孩子只是把需要注意的目标放错了，只要家长给予耐心的纠正和帮助，使他们的心思转移到重要的事情上去，这种孩子往往有可能会取得很大的成就。

原因剖析：

（1）生理方面

由于孩子大脑发育不完善，神经系统兴奋和抑制过程发展不平衡，故而自制能力差。这是正常的，只要教养得法，随着年龄的增长，绝大多数孩子都能做到注意力集中。

（2）对所学的课程不感兴趣

如果课程比较枯燥，孩子就会提不起兴趣，或者孩子能力超常，觉得课程太简单，对自己没有挑战性。也可能因为孩子在气质上天生属于多血质和胆汁质型的，活动量比较大，注意力容易分散，所以做任何事都不能持久。

（3）家庭教养因素

家庭教养态度是否一致？家长对孩子教养态度不一致的情况常使孩子无所适从，没有定性。

是否太宠爱孩子，缺少行为规范？过度的宠爱会导致对孩子的纵容，往往使孩子随心所欲，爱做什么就做什么，没有忍耐、克制情绪、克服困难的观念，做事自然难以静下心来进行到底。被宠爱呵护过度的孩子一般都缺乏意志力，自然也难培养出长久的注意力。

孩子是否有情绪上的压力？如孩子觉得自己达不到父母的期望，等等，这些压力会使孩子看起来魂不守舍。

是否过多地批评、数落孩子？过多的数落可能形成对孩子不良的暗示，使他产生"反正自己怎么也干不好"的想法，从而做事时不肯专心完成。

（4）饮食与环境方面

糖果、含咖啡因的饮料或掺有人工色素、添加剂、防腐剂的食物，会刺激孩子的情绪，影响专注度。此外，环境污染造成血液中铅含量过高，也会对孩子产生影响。

应对策略：

（1）提供安静的环境

孩子生活中虽需要团体生活的机会，但也有个人活动的时候。在安静的环境中，使心灵逐渐沉静，发掘学习的兴趣，以增进专注度。此外，在孩子专注于学习时，父母不宜随便打搅，应在学习告一段落时，再提出要求。

（2）陪伴孩子需有技巧

若是孩子无法专心独立完成学习，父母可在旁陪伴、协助，但切忌给予过多指导。

（3）建立秩序感

为孩子提供一个属于自己的角落，从学习物归原处、整理个人物品的过程中，逐渐建立秩序感。在日常生活作息上也要有规律，生活规范也要建立。在执行过程中，父母要做到严格而不严厉。

（4）和孩子一起读报

每天抽出20分钟时间，让孩子给父母读报纸，并容许孩子发表自己的意见。一方面增强家庭温馨的气氛，另一方面增加孩子的知识面和在家庭中的价值感，可以达到提高孩子注意力的效果。

（5）加强孩子的意志锻炼，培养其形成有始有终做好每一件事的良好习惯

让孩子做些力所能及的事，在做事之前，父母应让孩子懂得做事的目的，并引起做事的兴趣；在做事过程中，孩子遇到困难，父母要帮助提高孩子克服困难的能力，使孩子具有一定的责任感，这样孩子在做事的时候注意力就会集中，去克服一些小的困难。久而久之，就能养成善始善终做完每一件事的良好习惯。完成一件事的时候，要及时进行鼓励评价，孩子就会产生一种满足感、快乐感。

（6）父母要成为孩子的榜样

父母应当以身作则，做任何事时都要专心、坚持和有耐心，为孩子树立好的榜样。对孩子专心的表现，要及时给予鼓励和赞扬，切不可一味地说教，要懂得身教重于言教。

第四章
用契约式教育做好孩子的心理建设

契约式教育

第一节
孩子的心理问题是家庭教养方式的投射

曾有个 15 个月的孩子，异常安静，从不吵闹，也不和别人交流，对什么都没有反应，也没有正常孩子应该有的好奇心。家人以为这个孩子有自闭症，于是带孩子来我们减压室咨询。通过了解，我们发现，孩子大哭大闹的时候，或者有所吃惊的时候，都不想让自己的妈妈抱，也不想依靠妈妈。这个妈妈对孩子的反应也很迟钝，甚至毫无反应，总是一副事不关己的样子，很少对孩子的情绪做出相应的回应，比如去安慰或者去哄哄孩子。就算有这种表现，也是心不在焉。有时孩子哭得特别厉害，但妈妈却只是望着远处发呆。

原来，这个妈妈是在一个患有严重焦虑症的母亲身边长大的，从小她的母亲对孩子几乎是置之不理，这个妈妈在成长过程中也没有受到家人的关注。所以现在在对待自己孩子的时候，她也像自己的母亲对待自己那样对孩子不管不顾。

或许你会认为这是一个极端的案例，但我想说的是，这只是在外显形式和程度上的差异，其实每个人也是要和自己订有心灵契约的。如果没有心灵契约，你是不会懂得对自己的心理进行分析和建设的，自然也不会对孩子的心理进行建设。而健康的心理才是一个生命的根，关系到孩子将来的生存和发展。可以说，大部分人都会以自己小时候被自己父母对待的方式去对待自己的孩子，比如，在情绪变化无常的父母身边长大的人，也会用变幻莫测的方式对待自己的孩子。这是因为，今天的你是由过去生命中所积累的经验塑造而成的。当我们自己做了父母之后，自幼和父母的关系会在你的潜意识里作为经验延续到现在，在教养孩子的过程中就会在不知不觉中拿来参考。比如，小时候有被大人打的经历，那么，自己成为父母后，当孩子不听话或者让你生气时，极有可能打孩子，因为你会和你的父母一样，认为孩子是在挑战自己的权威，因此感到烦恼和痛苦。这个时候，自己过去没有释然的痛苦经历在我们的心理上得以复活。

如果你不具备这样的意识或者不去反思儿时的经历，不去分析与父母的关系对自己现在性格的形成和对家庭生活产生的影响的话，就有可能在不知不觉中将自己从父母那里感受到的怨恨和痛苦发泄到孩子身上。很多人以为是孩子的问题才产生的压力，实质上自己生命中早就存在这一难题，而不能一味地认为是孩子造成的，将所有的责任归咎于孩子身上。

我们一起来看看这样一个案例。

有一天，一个12岁的女孩给自己的父母写了一封信。父母被孩子的这封信给气坏了。

这封信的大致内容是：妈妈，你就是一个"傻白甜"，你不仅"很傻很天真"，而且还让我感到特别的"假"。你每次都假惺惺地说我们要像好朋友一样，相互尊重各自的观点，平等地讨论，但最终还不是由着你和爸爸的性子，一切都依照你们的意愿去办？爸爸，你特别没有眼力，还自以为是，总认为自己是对的。爸爸妈妈，你们作为父母，有为我提供心理安宁的义务。

这个孩子的父母在平时的教养方式上属于"西化"了的父母，主张开放、民主、平等、自由。所以，当他们一起读了这封信后，不仅火冒三丈，而且大吃一惊。他们觉得，"我们对孩子那么平等，但孩子却如此大逆不道地指责我们，实在是让人伤心。"一直在为不知道该放任女儿到何种程度而纠结的妈妈在看到这封信的那一刻，觉得自己应该管教一下孩子了。

我让这个母亲认真地思考一下，为什么自己还没有了解孩子写这样一封信的真正原因就发火。在我看来，孩子只是单纯地对父母发出对某件事带有不满情绪的信号而已，而妈妈却因为这个信号就大动肝火。我认为，这种愤怒真正的根源并非来自孩子，而来自母亲自身的过去。

其实让这位妈妈最不舒服的一句话是："你们作为父母，有为我提供心理安宁的义务。"这位妈妈是家里兄弟姐妹中的老大。父母都没有稳定的职业，而且夫妻关系不好，经常吵架。后来，她自己在家里要经常干活和照顾弟弟。所以，她的童年充满了艰辛。她从来没有从自己的父母那里体会过什么"心理上的安宁"，更谈不上父母的呵护和悉心照顾，反而要照顾自己的父母。为了减轻父母的压力，从中学开始，她就要去打暑期工，靠做家教挣学费和生活费，凭借自己的力量生存下来。与自己相比，自己的孩子可以说是获得了父母所有的支持和照顾，可她不仅不懂得感恩，反而心怀不满，一想到这里，她就感到特别伤心和痛苦。

通过对这位妈妈的疏导，我发现在这个妈妈内心深处其实充满了对不能为自己提供心理安宁的父母的怨恨，所以在不经意间对已拥有了自己不曾拥有过的一切的女儿忌妒起来。所以，我们在培养孩子的过程中，要经常回忆和反省自己和父母的点点滴滴。特别是那些痛苦的、让人不舒服的记忆，尤其那些让自己感情受到伤害的经历等，必须认真思考、深入思考。否则，在自己养育孩子的过程中就有可能会重蹈覆辙，就会在不经意间把自己经历过的不愉快加到孩子身上。

第二节

了解自己的父母才能正确地培养孩子

在大部分人的头脑里，父母是家长，是养育人，但很少有人会去认真地了解自己的父母。所谓了解父母，不是去挖掘父母的个人琐事，而是要对父母的性格特点或者说人格特质进行分析和思考，想想自己和父母之间发生过什么样的事情。换句话说，就是要回想和父母在一起的经历，思考一下这些经历对现在的自己产生了哪些影响，我们将从中得到的启示当作培养教育自己孩子的出发点。当然，这项工作并非想象中那么简单。建议找个专门的时间说一说自己和父母的过去，这需要你找心理专家，或者找一个值得交流的朋友来共同完成。

第一步：试着思考一些问题，如"父亲是怎么培养我的？""我对他们的教养方式满意吗？""我现在对父亲的感情如何？"要回答这些问题，就要回忆和父母之间发生过哪些具体的事情，并将这些具体的事件进行细分，如：与父亲玩得愉快的时候，觉得父亲很可靠的时候，讨厌和害怕父亲时的情形等。与母亲的经历也用同样的方法进行思考，还要考虑一下自己与父母中谁的关系更亲密，以及为什么会这样。

第二步：开始分析和父母在一起的经历对现在自己的性格产生了哪些影响，其中哪些经历对自己性格的发展产生了不好的影响，哪些经历让自己从中受益。然后分析整理出在这些经历中，哪些是想传递给孩子的，而哪些是不想传递给孩子的。

在思考自身经历时要注意，有价值的经历应该是出生后3岁、学龄期前后（6~7岁），以及12~13岁期间，必须考察自己在这个时期与父母或者其他主要抚养人之间的关系。

我们对自己5岁前的记忆印象不会很深。5岁前的经历在我们的记忆中就像是一张照片，真正对人际交往产生影响的有意义的记忆，至少都是在5岁以后形成的。但是，大部分人能够回忆起来的最早记忆是上小学的时候。也就是说，一般的人对6岁前发生的事的记忆不是很清晰。

如果你在尝试回忆过去的时候，很少有和父母在一起快乐地玩游戏、开心玩闹的情形，也没有尽情地对着父母撒娇的回忆，那么当你自己有了孩子后，你和孩子玩游戏或者嬉闹的可能性就会很小。通过这些分析思考，你会发现自己不怎么喜欢和孩子玩闹，也不知道以什么样的方式带着孩子尽兴地玩一场。

回想不起来的5岁之前那段经历，可以通过现在与他人交往时自己的想法和行为推测出来。平时与他人交往时，你是充满期待、阳光积极、开心快乐的类型吗？还是觉得别人会让你很累很烦呢？你有过想主动和他人交往，走近他人，却因为不知道怎么做而放弃的经历吗？通过这些问题，你就可以推测出来。

那些不愿意和人交往，感到自己独处更自在的人，在成长过程中遭到父母的拒绝或者忽视的可能性较大，和父母的关系也比较平淡。而时常感到孤独，想和他人接近却总是无法靠近，总是犹犹豫豫的人，一般来讲，小时候没有得到父母足够的情绪安慰的可能性比较大。也许是因为父母对孩子的要求过于严格，导致孩子不敢和父母接近，或者因为很难达到父母的期望而变得很不安。

探索童年的回忆并进行整理是一项非常辛苦的工作。然而，回忆的东西越细致、越具体，自己从中得到的想法就越会有条理，会清晰明了地延续下来，也就会越懂得用正确的方式培养孩子。因此，父母应该学会不断地进行尝试和整理。

即使没有专家的帮助，通过对个人过去经历回顾的过程，唤起孩提时代和父母在一起的经历中那些让你伤心痛苦的具体回忆，并认真思考一下，就能知道怎样才不会让自己的孩子重复自己儿时的痛苦。例如，如果小时候父亲从来都不尊重你的意见，并且当你和他的意见不一致而反驳他时，他就会大发雷霆，从而让你心里受伤，感到恐惧或者愤怒，那么当你的孩子说出自己想法的时候，你也会觉得孩子是在驳斥你。遇到这种情况时，首先要平复自己的心态，努力倾听并认可孩子的话，再据此确定你的行为策略。

回想儿时和父母的经历，如果小的时候你觉得没有得到爸爸妈妈的重视，在你的记忆里没有鼓励只有苛责，或者你的父母太过忙碌而无暇顾及你的感受，那么我们可以先假定你的父母的性格是冷漠的。如果是这样，那你就要想一想，自己和别人在一起的时候是不是会觉得不知所措，感觉很烦很累。

即使你是在一个不受父母重视的环境下成长起来的，但你如果很享受现在教养孩子的过程，就不会有太大的问题。但是，如果你对教养孩子这件事情感到力不从心、厌烦甚至疲惫，因而不喜欢孩子打搅你的话，那么在你小时候父母忽视你，对你发出的信号没有正确回应的可能性比较大。

如果你在为如何更好地和孩子相处而感到困惑和苦恼，我的建议是，先要有意识地去思考和孩子在一起应该干些什么，然后制订好计划，努力抽出时间来陪孩子完成这些计划。只要你这样做了，你就不必担心他将来会和你一样对人际关系不知所措。但是，在日常生活中，你必须了解孩子喜欢吃什么，喜欢玩什么，和朋友的关系如何，关心孩子周围的环境，找出能和孩子讨论的话题。同时还要确立行为方针，确定好谈话的时间并努力实践，根据实际情况不断调整等。

从父母身上遗传下来的缺点是很难在短时间内改掉的，所以必须有很强的改正意识，而且要提醒自己坚持。如果总是三天打鱼两天晒网，不能长期坚持，那就以三天为周期不断地重复，时间长了一定能够改掉。改掉之后，就能够自然而然地和孩子交流对话，更加愉快地和孩子在一起，共度亲子美好时光。

第三节
家庭教育中的误区

家庭教育是使孩子形成独立人格、培养孩子对生活各个层面负责的能力、养成良好的行为习惯和思想品德及健康的心理素质和独立解决问题能力的重要途径，是一个生命成长的培养基，是整个人生教育的基础和起点。孩子的健康成长离不开家庭教育。然而，尽管现在的父母在孩子身上花的时间、精力和金钱无疑比过去多很多，也比上一辈更讲民主，但大部分家长都认为现在的孩子比过去难管了。从实践中看，现阶段的家庭教育普遍存在着以下几大误区。

1. 爱不得法

近20年来，孩子在家庭中的地位越来越高。一些家长对孩子百依百顺，有求必应，认为爱孩子就应该满足孩子的所有要求，忽视了孩子和父母作为两个完全独立的生命个体是有界限的。父母作为教导者，对孩子具有规范其行为的职责。可悲的是，家庭越是以孩子为中心，孩子就越以自我为中心，将来越难以适应社会。这类家长爱孩子的观念是错误的，爱孩子不仅仅是奉献和给予，更重要的是教给孩子学习的方法和生存的能力。从小被溺爱、娇生惯养的孩子步入社会后，一旦遇到社会现实的冲击，在生活中被困难挫折打击，就会一败涂地，其生存状态将会受到严重的挑战。因此，过分的溺爱看似伟大，却会使孩子遭到毁灭。所以，爱要得法。

纠正这种误区的简单做法，就是学会把夫妻关系摆到正当的位置。因为在一个家庭里，只要夫妻感情融洽，对孩子自然充满爱心，孩子就会有一个好的环境来发展身心。父母不妨告诉孩子："妈妈最爱的人是爸爸，爸爸最爱的人是妈妈，你虽然没有得到最爱，但你同时拥有双份爱。"也可以给孩子立下规矩，比如爸爸妈妈下班后半小时内，孩子不可以打扰爸爸妈妈。结果你会发现，以前越关注孩子，孩子要求就越多，越难管。现在把其位置摆对了，孩子反而变得礼貌和独立起来。不要给孩子留下他是家里的中心的印象，要教育孩子懂得关爱别人，懂得考虑别人的感受。

2. 粗暴简单，打骂孩子

有些家长坚持"棍棒出好子"的育儿"真理"，认为孩子是自己的，想怎么管就怎么管，不讲任何方法，孩子不听话，打骂孩子就是对孩子负责。

殊不知，粗暴对待孩子，不仅会削弱父母在孩子心中的威望，还有可能使孩子产生不良心理，比如憎恨父母、崇尚暴力或者产生胆怯自卑心理等，对孩子的身心健康发展十分不利。还有一个严重后果，就是这种教养方式有可能代际遗传。父母是一项很专业的"职务"。父母要学会心平气和地和孩子进行思想交流，对症下药，对孩子出现的问题进行理性的心理指导。

3. 对孩子期望过高

父母们望子成龙是情理之中的事，但要把握一个度，不能对孩子期望过高，要求过高。太高的期望和要求会让孩子生活在强大的心理压力之下，甚至产生心理疾病，不利于孩子的健康成长。著名教育家陶行知说过："教育孩子莫做人上人，莫做人外人，要做人中人。"所谓"做人中人"，就是要在平凡的生活中体验人生的价值，成为一个真正的人。我们可以想一想，如果父母们都只想让自己的孩子当大官，当大科学家、大明星、大老板等，孩子们肩负的是怎样的重担？当他们美好的梦想在现实面前破碎的时候，他们将要承受怎样的心理落差呢？因此，父母教导孩子，一定要想清楚三个问题：①你有什么；②你要什么；③你能放弃什么。即：你有什么，是评价自己的现状；要什么，是明确自己的目标；最难的是，自己能放弃什么，这点恰恰能决定自己想要实现的目标能否实现，没有人可以不放弃就能得到！遗憾的是，父母总把对竞争力的关注点放在能力、天赋、特长和努力的程度上，但是却忽略了，人的一生的关键是先认识自己，而且一个人对待生活、对待他人、对待自己的态度，以及一个人最大的竞争力，应该是他心中对生命的敬畏和内心深处对生命的那份感恩！时光无限，生命有期，认识自我，接受平凡，活出生命本身的光彩才是这辈子最不平凡的事。父母应该全面了解和衡量孩子的能力，给予适当的期望，并根据期望采取积极的引导方式，这样才有利于孩子的学习和身心的健康成长。

4. 独断专行

有些家长很喜欢把自己未曾实现的梦想寄托给孩子来实现，把自己曾经受到的打击交给孩子去还回，换句话说，就是喜欢把自身的意愿强加给自己的孩子。这些父母可曾想过孩子的感受？孩子虽然是你生的，但他并非是你的附属物，而是一个具有独立人格的人，他需要别人的尊重，有自己的梦想。独断专行培养出来的孩子，要么抵触心理特别严重，要么依赖心理过强，缺乏独立决断的能力，很容易在复杂的现实环境中迷失自己，受到伤害。因此，父母一定要学会尊重孩子，改正这种不好的教养方式。

5. 对孩子唠叨不停

很多家长，特别是妈妈，教育孩子时喜欢唠叨。可能孩子开始还会听几句，可说多了，孩子就很容易产生逆反心理，和父母产生对抗。"真烦，我偏不那样做！"其实，当孩子认为自己并不是被强迫地接受某种观点时，父母的意见反而容易被采纳。正如苏联教育家苏霍姆林斯基所说的："成功的教育应该使学生在没有意识到受教育的情况下，受到毕生难忘的教育。这种在潜移默化过程中受到的教育往往具有滴水穿石的作用。"喋喋不休的传经颂道只会使孩子厌烦，唯有春雨润物般的默化熏陶更有效果。如果你是爱唠叨的父母，不妨改变一下。

6. 不能以身作则

有些家长对孩子要求十分严格，要求孩子必须怎么做，必须考多少分，却从不注意自己的行为，不能以身作则。这样不仅教育不了孩子，还会让孩子深刻地认识和学习到虚伪的不良品质。这种环境下成长的孩子，性情多半会孤独、冷淡，学习和生活懒散，没有上进心和求知欲望。父母们改正的方法很简单，要求孩子做到的，自己也要尽量做到，你希望孩子成为什么样的人，你自己首先就要做什么样的人。否则就不要向孩子提太多的要求。

7. 对孩子太过民主

从前的父母教育孩子简单粗暴，而现在的家长则往往过于民主。有一些父母对孩子不溺爱，也不专制、粗暴，也不唠叨，让孩子自己随意发展，结果连必要的辅导和教育也放弃了。有些家长开始时对孩子期望太高，而孩子无法达到要求，于是父母感到十分失望，丧失了信心，反过来又给了孩子充分的民主和自由。孩子缺乏父母必要的引导和管教，很容易受社会不好风气的影响而迷失方向。

其实民主是为了了解孩子的想法，并鼓励孩子发表自己的意见，但绝不意味着放任自流、讨价还价。父母应该在规则内实施民主。要知道，当你以恳求、交易的方式去对待他的不合理要求时，其实就是在放任孩子。

8. 只批评不表扬

谦虚是中国人的传统美德，可有时候却用得不太妥当。在教育孩子的问题上，很多家长很谦虚，十分在意孩子身上的缺点和不足，有的家长还特别追求完美，总看不到孩子身上的亮点，还喜欢在别人面前讲自己的孩子这里不好那里不好。殊不知，这样的做法会打击孩子的自信心，容易使孩子陷入自卑的泥潭。适当的表扬对孩子的成长是很有利的。但是要注意表扬有度。

9. 只重视考试成绩，忽视礼貌教养、人品情操的培养

在应试教育的大潮中，很多家长把考试成绩当成了家庭教育的重心，只关心孩子的考试成绩，却忽视了对孩子生活能力与品德的培养。在无数的考试的压力下，孩子们的品德教育几近空白。不重视品德情操培养，只重视考试升学的教育，会使一些学生长期生活在压抑、焦虑的消极情绪中，很少能体会到成功和快乐，甚至导致性格的扭曲。考试成绩再好，但品德发展不良的人，又会有什么前途呢？情感丰富、品德高尚的人，容易建立良好的人际关系，学习和工作效率往往较高，成功的概率也较大，更重要的是，他的生活会很快乐、充实，心理会更健康。

10. 只重视分数，忽视能力的培养

高分低能的学生就是这种教育失误造就出来的。家长对孩子的要求大多是搞好学习，却忽视了对孩子能力的培养。长此以往，孩子的生活技能、学

习技能、思考问题和独立解决问题的能力、组织协调能力、交际能力等就会十分欠缺。这样的孩子步入社会后，很难有很好的发展。目前，教育部门大力提倡的素质教育就是针对这一教育误区的。家长们应该积极响应、跟上形势，对孩子进行家庭素质教育。

11. 误导孩子不负责任

我们常常可以看到这样的情形：孩子被板凳绊倒了，家长们会赶紧跑过去打板凳，安抚孩子。殊不知，这样会使孩子学会抱怨环境、抱怨他人，不负责任。对待这样的情形，不同的父母有不同的处理方式，而不同的方式又会造就孩子不同的性格特征。比如，你可以当作没有看见，不去干预，孩子学会的是自己爬起来，懂得自己处理问题，逐渐学会独立；你也可以提醒孩子走路观察环境，孩子学会的是寻找原因，承担责任。其实，当孩子遇到一些事情，家长是不必急于出面的，应该让孩子学会自己面对遇到的问题，懂得自己的事情自己做，自己的责任自己担。比如，把小伙伴的东西弄坏了，父母不必马上掏钱赔偿，而是让孩子用自己的零花钱去赔；玩具弄丢了，家长不要急着给他买，要让他学会承担丢三落四的后果。唯有家长懂得分清责任，孩子学会承担责任，孩子才会健康成长。

12. 不关注孩子心理，自以为孩子很幸福

很多父母认为现在的孩子吃得好穿得好，肯定感觉很幸福。但幸福不幸福，应该由孩子自己说了算。根据调查，孩子在下述三种情况下最不开心：父母吵架甚至离婚时，孩子会很惊恐，不知所措，没有安全感，担心被遗弃；没有人一起玩时，特别是搬新家后，父母爱惜新家，给孩子很多限制，墙上不许画，地板上不能拍球，卫生间不许玩水，不许和同伴疯玩，到最后，很多孩子都想回老房子去住；做自己不想做的事，如孩子被父母逼着或者哄着学画画、弹琴，上各种培训班。

要知道安全感、交往、自由都是儿童的基本心理需要。而且孩子也会有

自己的烦恼，父母应该在生活中注意观察孩子的情绪，关注孩子在成长过程中的心理变化。肯定、鼓励孩子表达情绪，帮助孩子调整情绪，让孩子真正从内心感到温暖和幸福。

13. 不让孩子干家务活

很多的父母，尤其是只有一个独生子女的父母们，舍不得让孩子干一点点的家务活，或者认为孩子没有必要干家务，于是，自己大包大揽或者全部交给保姆。现实中，有些孩子读到高中了，连自己的袜子和底裤都不会洗。其实，我们的家庭教育的最终目的就是帮助孩子脱离父母走向独立，能够独立构筑自己的生活。而家务活正是增强孩子的生活能力、自信、合作意识与责任感的有效途径。比如，当孩子3岁时，可以让他们摆板凳、递餐具；4~5岁的孩子可以叠衣服、打理床铺；6岁的孩子可以收拾桌子、打扫房间；10岁的孩子就能固定地承担大部分家务了，比如收拾饭桌、倒垃圾等。总之，孩子是家庭成员，就应该让他从小学会对家庭尽义务，尽责任。根据调查，目前儿童每日劳动的时间是：美国1.2小时、韩国0.7小时、法国0.6小时、英国1小时、日本0.5小时、中国0.2小时，而德国甚至将6岁以后让孩子参与家务劳动写进了法律。中国几乎是世界上儿童劳动时间最少的国家，而且，现实生活中把家务劳动作为家庭教育的一项课题的家长很少。亲爱的父母们，我们是否应该进行反思了？

14. 家长互相拆台

教育孩子的时候，常常会出现这样的场景：孩子犯了错误，父母要管教，而爷爷奶奶不让管；爸爸要追究到底，妈妈心软护犊；更有甚者，爸爸重罚孩子之后，妈妈悄悄带孩子去饭店吃美食或者去玩耍以示慰劳。教育孩子时父母互相拆台，会使教育功效事倍功半。所以，家长在教育孩子的问题上要预先协商，达成共识，切记不可当着孩子的面互相指责。另外，教育孩子时家长要保持情绪稳定，不可朝令夕改，反复无常，比如心情好时孩子犯再大的错误也能原谅,不高兴时孩子犯一点小错就不依不饶;或者这一段时间放任自流,那一段时间又十分苛刻。这样往往会让孩子不去关注父母教导的内容,而是花精力去揣摩父母的心思和情绪。这样的孩子又怎么能够健康成长呢?

第四节

婴儿的心理特点与教育

婴儿期是指人从出生到 1 岁的时期。婴儿出生后主要依靠皮层下中枢来实现非条件反射、防御反射及定向反射,以保证内部器官和外部条件的最初适应。婴儿期由于神经髓鞘不完善,兴奋特别容易扩散,故婴儿容易激动。出生后两周左右,随着脑的不断发育,新生儿出现明显的条件反射。出生两个月以后,婴儿的情绪开始发展:当吃饱、感觉舒服时,婴儿就露出微笑的表情;反之,婴儿就会哭闹。因此,这一时期父母应该经常和婴儿交流,多给予关心、照顾和抚爱,提供适当的玩具和安静舒适的生活环境,积极培养婴儿良好的情绪状态。出生 4 个月后,婴儿开始能够分辨成人的声音,并开始发出一些声音以回答成人,并会在听到妈妈说话的声音时就兴奋地咿呀起来;5~6 个月的婴儿由于条件反射的建立和发展,出现了短暂记忆的表现;7~8 个月起,婴儿逐渐能够将某些词的声音与相应的实物或者动作联系起来;10~11 个月起,婴儿开始懂得词的意义,对词的内容产生反应,模仿成人说话,所以,这个时期成人在与婴儿接触时应该尽可能不断给予婴儿语言刺激,尽快开发孩子的语言能力。

对婴儿最重要的人是母亲,没有人可以取代。婴儿出生前,母亲的子宫是一个完美的生活环境;出生后,新的外在环境使婴儿本能地意识到生存的挑战。新生儿没有独立生存的能力,完全依赖母亲的呵护。如果得不到妈妈的哺乳和及时的关爱,婴儿便会感觉到死亡的威胁。母亲的呵护是婴儿最基本的需要，如果此时得不到满足，婴儿的心理就会受到严重的伤害。所以，妈妈们应该尽可能地给予新生儿无微不至的关怀和照料。如果妈妈不能时刻陪伴孩子，请孩子的父亲、祖父母、外祖父母或者尽职尽责的保姆亲戚照料孩子，也可以减少对孩子的伤害。

妈妈们应该特别注意避免以下两个误区。

（1）不要对孩子忽冷忽热

有些妈妈工作繁忙，有时对孩子呵护有加，有时却又好几天见不着面；有些妈妈情绪不稳定，有时对孩子好，有时却嫌孩子烦；还有些妈妈过早训练孩子按时吃奶的习惯，即使孩子饿了，不到时间也坚持不喂奶。忽冷忽热的妈妈，往往在婴儿不断哭闹的情况下，才给予食物和呵护，没有给孩子充分的安全感。于是婴儿害怕被遗弃，总是想努力哭闹以引起妈妈的注意，并逐渐形成依恋心理。依恋儿成年结婚后，强烈的依恋倾向便会倾泻到配偶身上：占有欲极强，要求配偶时时刻刻关注自己，无休无止地需要亲密；对配偶爱恨并存，怨气冲天；总是埋怨对方辜负了自己的爱，试图用生气、吵闹和威胁来迫使对方关心自己；他们忌妒、猜疑，无论对方如何表白，就是不信任；不能忍受被忽视，害怕被遗弃。这样的夫妻生活是不会幸福的。

（2）不要对婴儿持续冷漠

有些可怜的孩子，是在妈妈不情愿的情况下降生的。因此出生之后就要面对妈妈的懊恼、失望和冷漠。这些妈妈往往把孩子看作自己不幸的根源。冷漠的妈妈对婴儿的心理健康发展很不利。如果不幸降生到冷漠妈妈身边，婴儿对享受妈妈呵护的渴望就会变成失望和痛苦，逐渐形成回避亲密接触的自我保护方式。他们不常哭闹，似乎很容易满足，给什么吃什么，没有更多的要求，不在乎别人是否关心。这样的婴儿看起来很独立，实际上是否定自我的需要。妈妈或许还会为孩子早早表现出的"独立性"而骄傲呢。可是，当孩子长大成人，这种独立性就会发展成孤独性人格。他们否认自己的情感甚至物质需要；性情冷漠甚至冷酷，没有情趣；恋爱的时候，刚开始可能表现出一些热情，但是亲密关系确立后，因为恐惧亲近，他们又会冷漠和退缩；他们较少有物质需要，富于独立和忍耐性，在事业上往往很成功，可是内心的孤独和痛苦始终挥之不去。

第五节

学龄前期儿童的心理特点与教育

学龄前期是指儿童从3岁到6至7岁这个年龄阶段。这一时期是儿童进入幼儿园接受教育的时期，也就是正式进入小学学习之前，为接受学校正规教育做准备的时期。学龄前期儿童在幼儿心理发展的基础上，独立意识增强，并初步形成参与社会实践活动的愿望和能力，比如，愿意并且已有能力帮助父母做些拿板凳、吃饭前拿碗筷等事情；独立生活能力有了明显的发展，比如可以自己穿衣、吃饭、收拾玩具、当值日生等。

学龄前期儿童进入幼儿园后，独立生活能力进一步提高，产生了新的心理需求，促进了其心理活动的进一步发展。

1）渴望独立生活的心理需求和从事独立活动的经验与水平不足之间产生了矛盾。这是学龄前期儿童心理上的主要矛盾。而游戏活动就是解决这一矛盾的主要活动形式。在游戏活动中，儿童心理的主要矛盾逐步得到解决，从而推动孩子的心理不断向前发展。另外，通过帮助教育，在不断提高其社会活动水平的过程中，促使了其心理向更高水平的发展。反过来，心理的发展又促使他们的活动能力不断提高。这是学龄前期儿童心理发展最具特征的规律。

2）随着心理的不断发展，学龄前期儿童初步具有了分析、综合与抽象概括能力，这使他们在游戏等活动中，初步学会运用逻辑思维。不过由于知识少，经验不足，尚不能有意地调节和控制自己的行动，也就是说心理的稳定性比较差。

3）学龄前期儿童的个性特征已开始形成。需要特别注意的是学龄前期儿童的安全问题。所谓安全感，既包括对生理安全的体验，也包括对心理安全的体验，涉及人身安全、活动安全、危险性、威胁、惩罚、尊重、依赖、信任等多方面。安全感是整个儿童期心理健康发展的重要基础，对学龄前期儿童尤为重要。安全感有利于学龄前期儿童形成积极的认知愿望；安全感是学龄前期儿童乐于交往、与他人建立积极情感关系的保证；安全感决定儿童对群体的归属感；安全感会影响儿童价值观的形成；安全感对解决成长过程中的心理社会危机起着决定性的作用。

那么，哪些做法会使儿童缺乏安全感呢？

1）过度保护孩子。如今的孩子大部分是独生子女，因而备受呵护。由于父母们或幼儿园的老师对孩子过度保护，过分夸大环境的不安全性，致使孩子在没有任何危险和威胁的情况下，也体验不到安全感，不敢面对任何困难，动不动就退缩或者逃避，甚至出现社会适应困难状况。

2）家庭冲突和暴力。家庭成员之间的关系，尤其是父母之间的关系，会对孩子的安全感产生直接的影响。夫妻之间相互尊重、和睦相处，有利于孩子保持平和的心境；而夫妻之间经常吵架甚至拳脚相加，则会把家变成孩子烦恼发生的根源，使他们经常处于惶恐不安之中，影响孩子以后的身心成长。

3）不能为孩子提供安全的居住和活动环境。由于对孩子安全感的认识和重视程度不同，以及家庭经济条件的差异等原因，不同儿童生存与活动环境也不一样。当儿童自身或其父母意识到所处环境的不安全性时，有的儿童就会产生不安全感和畏惧心理，时间久了，就会缩手缩脚。

4）动辄威胁和惩罚孩子。棍棒教育早已为人们所反对，但还是有许多家长和老师把它作为灵丹妙药来对付孩子，甚至对学龄前期儿童滥施威胁和惩罚。当家长和老师威胁和惩罚孩子时，会对孩子心理的发展产生不好的影响。

由此可以看出，孩子的不安全感是人为因素造成的。而儿童期的不安全感将会直接影响一个人成年后的心理健康。既然如此，我们就可以采取一些措施来增强孩子的安全感。

1）给予无条件的积极关注。孩子可能因为担心失去父母和老师的爱而产生焦虑和不安。因此，不论孩子的言行举止是否令人满意，家长和幼儿园老师都应该无条件地、积极地关注孩子。

2）提供安全舒适的成长环境。学龄前期儿童生活与学习的环境主要是家庭和幼儿园。因此，家长和幼儿园老师要负起责任，既要为儿童提供一个安全舒适的物质环境，也要为其发展创造和谐的心理氛围：安全舒适的物质环境包括稳定的住房、温馨舒适的房间设计布置和采光照明、美丽的校园环境、良好的饮食卫生条件、各种器具和设备安全等；和谐的心理气氛，包括家庭成员之间和睦相处、互相关心，夫妻之间恩恩爱爱，幼儿园老师的真诚关怀和良好的教育等。

3）鼓励探究行为。学龄前期儿童的认知动力强烈，好奇好问，乐于探究。在为他们创造安全的活动环境的基础上，家长和老师还应该允许和鼓励他们对一定危险情境进行探索，培养孩子一定的冒险精神，增强他们的安全感。如果仅仅是因为怕出危险而过多地限制儿童的探索行为，就会压抑儿童的探究倾向，导致其个性的不健全。

4）实施心理辅导。学龄前期儿童有不安全感是正常的和必要的，但是如果不安全感太强，对不该怕的也怕，就有必要通过心理辅导来增强孩子的安全感。这类儿童的父母或者老师应该积极向专业人士进行咨询，尽早帮助孩子纠正不良的心理倾向。

总之，安全感对于学龄前期儿童的心理发展至关重要。当儿童缺乏必要的安全感时，家长和幼儿园老师就要积极寻找原因，采取适当的措施，培养或者增强孩子的安全感，保证儿童的健康成长。

1. 培养孩子的自信心，克服其自卑感

对于学龄前期的孩子，主要是帮助其建立安全感。那么对于小学阶段的

孩子来说，培养自信心是非常重要的。自信心是孩子健康成长的翅膀，是积累社会阅历与经验的通行证，也是能让一个生命绽放华彩的金钥匙。拥有自信的孩子，能够客观地认识自身的优点与缺陷，并为自己的优点而自豪，为纠正缺陷而努力。父母作为孩子最忠实的呵护者，一定要引导孩子多接触积极的东西，培养孩子的自信心；帮助孩子克服消极情绪，消除自卑感。

如何培养孩子的自信心呢？父母首先要提升自身的自信心。孩子的自信心来自于后天的熏陶和培养。如果父母本身自信心不足，又如何能够熏陶和培养孩子呢？因此，父母要积极提升自己的自信心。如果你是一位自信心不足的父亲或者母亲，应该如何去做呢？回想一下你的父母曾经做过的帮助你树立自信心或者削弱自信心的事，学习父母好的做法，摒弃坏的做法。

（1）积极回应孩子的暗示或者要求

如果孩子给出一个暗示或者提出一个要求，比如因要吃东西或者不舒服而哭泣时，父母都能迅速地做出回应，孩子就会感到自己的力量和存在。"有人会听我的，会照顾我，我是有价值的。"在浓浓的爱中，孩子的自信心就会无形地树立起来。因此，父母应该积极主动地回应孩子的暗示或要求。这是树立孩子自信心和自我价值感的关键所在。但让孩子学习如何面对挫折也是非常重要的，不要将积极回应当成一味地姑息纵容，那样培养的不是孩子的自信心，而是自我中心意识。

（2）经常积极地评价孩子

给予孩子积极的评价，就是给孩子传递正能量，这对于树立孩子的自信心具有十分重要的意义。积极向上地评价孩子，他就会懂得积极向上地看待自己和对待别人。当孩子偶然犯错的时候，父母不要只是一味地烦恼无助、抱怨或者责骂，而是应该坚定严肃地告诉孩子错在哪里，不犯这种错误的好处在哪里，下次如何避免犯同样的错误。这种积极的教育态度和方式会触发孩子的自我意识，改变自己的错误行为。

(3) 培养孩子的责任心

一个人拥有责任感是对自己价值的认识与肯定，是自信的表现。培养孩子的责任心是树立其自信心的重要途径。平时父母应该多让孩子做一些力所能及的事，让孩子能够感到自身价值的存在。比如，可以将就餐前整理餐桌的任务交给3~4岁的孩子。当看着每个人面前整齐的碗筷和家人的笑脸的时候，孩子就会感到特别满足，特别自信。

(4) 鼓励孩子勇敢表达自己的情感

鼓励孩子勇敢地表达自己的情感，并不是纵容孩子随心所欲地发泄情绪，而是要鼓励和引导孩子在表达情感和控制情绪之间寻求平衡。当孩子想要表达情感的时候，父母应该高兴地给予孩子机会，接受他的情感，并和他积极交流。比如，孩子抱着已经破损的玩具走到你的面前，拽着你的衣角说："爸爸，你看看我的宝宝生病了。"此时，即使你再忙碌也不能不理孩子，要马上停止工作，抱着孩子说："是啊，真替你难过，你的宝宝真的生病了。爸爸一定帮你治好它。"父母如此真诚地对待孩子的情感，他的自尊心和自我意识就会提升。

(5) 发现并激发孩子的天赋

孩子如果拥有某种天赋或者一项特长，他的自信心就会比较足，而这种自信的力量也可以转移到他的工作、学习和游戏中。作为父母，要善于发现孩子的天赋和特长，挖掘孩子生命的潜能，并帮助孩子不断地巩固与提高，增强他的自信心。

(6) 和孩子一起玩游戏

父母要常和孩子一起玩游戏，并且要注意让孩子尽情发挥他的创造性。因为孩子在自发创造中游戏，会比在大人引导下游戏更加集中精力，更能有信心。在游戏的过程中，父母要把精力集中在孩子身上，让他感到快乐，否则孩子会很失望，觉得自己对你来讲并不重要。可以说，陪孩子游戏是一种神圣的职责，因为你正在培养一个人才。

(7) 帮助孩子交朋友

好的朋友对孩子的价值观与自我形象会产生良好的影响。因此，父母应该积极帮助孩子结交真正对其健康发展有积极作用的朋友。当孩子有找朋友的意识时，父母可以有意安排一些比较合适的集体活动，为孩子的好朋友敞开大门。通过这些集体活动，家长可以更好地了解孩子，观察孩子的社交能力，总体上了解孩子的个性。当孩子不慎交上不合适的小朋友的时候，父母最好给予适时的干预。

(8) 直呼孩子的名字

名字里蕴含着人的自我意识。直呼孩子的名字，而不是整天"宝宝""宝贝"地叫，会增强孩子的自我意识和信心。那些自信心很强的孩子往往会直呼朋友的姓名，甚至成年人的名字或者头衔。这是因为他们本身的自信心在鼓励他们更加直接地与他人交流。

(9) 不要轻易给孩子定性

儿童的个性是发展着的个性，并没有定型。因此，父母随意给孩子定性是不正确的，会伤害和误导孩子。比如因为孩子偶尔的一次胆小，有的父母就会经常提起，不知不觉就给孩子贴上了"胆小"的标签。久而久之，孩子也觉得自己天生胆小，常常拿它作为失败和退缩的借口。所以，父母要多为孩子创造机会，积极鼓励孩子，帮助孩子勇敢地尝试。当孩子有过几次成功的体验之后，就会恍然大悟：原来自己并不胆小。逐渐地，胆小的标签就会被揭去，而被自信、勇敢所取代。

2. 克服儿童"学校恐惧症"

案例1

小星活泼好动，很讨人喜欢，就是经常逃学。爸妈为此伤透了脑筋。训斥、哄骗，甚至打骂，都没有作用。一到上学时间，小星要么头疼，要么肚子疼，只要答应不送他上学，他的病马上就好。即使被强迫着去学校，他也经常逃学去玩耍。

> 案例2

小明刚入学时天真活泼，认真好学，一点儿都不让父母操心。后来，为了让孩子有个更好的学习环境，父母把他送到了一所重点小学，以为孩子会更加好学，成绩会更好。可结果恰恰相反，过去小明放学回家总是自觉地先完成作业，然后才会去玩，可自从换了学校后，常常望着作业发呆；以前，回到家里总是滔滔不绝地和爸妈讲同学、老师和学校的各种趣事，而现在变得沉默寡言，学习成绩逐渐下降，小明对上学的恐惧感也逐渐增强，于是经常逃学、生病，让家长十分苦恼。

上述两个案例中，孩子的问题就在于"学校恐惧症"。

学校恐惧症是儿童恐惧症中的一种，主要表现是：害怕上学，害怕参加考试。如果强迫恐惧症儿童去上学，他们会产生焦虑情绪和焦虑性身体不适，如面色苍白、心率加快、呼吸急促、腹痛呕吐、便急尿频等；如果暂时同意孩子在家休息，焦虑情绪和不适症状很快就会得到缓解。孩子怕上学，可又深知不上学不行，于是内心产生了解不开的矛盾，很容易出现各种不适症状。如果此时父母把孩子当成病人，会使孩子形成习惯性反应，同时会给孩子"有病"的消极心理暗示，逐渐形成虚弱的自我意识，容易让孩子失去自信，不利于他们心理的健康成长。

引起学校恐惧症的原因很多，既有内因也有外因。内因主要是孩子的性格缺陷，如胆小多疑、过于谨慎敏感等。外因有二：一是父母溺爱，致使孩子独立性差，难以适应学校生活；二是家长、老师对孩子期望过高，超出孩子心理承受能力而逐渐使其形成焦虑、自卑等心理问题，因而害怕学校，不想上学。

家长在确定孩子患学校恐惧症后，就应该帮助孩子重塑自信。让孩子确信自己没病，很健康，积极帮助孩子克服学校恐惧症，但不可操之过急，要循序渐进，可按照孩子的恐惧程度由轻到重实施以下步骤：

1）家长先陪孩子在教室学习，然后让孩子自己在教室学习，逐渐让孩子在教室和几个同伴一起学习。

2）让孩子在教室由老师单独辅导，或者在教室和几个同伴一起听老师辅导。

3）最后，让孩子在教室正常上课。

当然，具体纠正步骤还要根据孩子的实际情况做出相应的调整。

3. 纠正孩子的逆反心理

儿童的逆反心理是一种正常现象，是两代人之间某些不同观念碰撞的正常心理过程。一般来讲，孩子在成长过程中会有两个逆反期：第一个逆反期是在孩子三四岁的时候，此时，由于儿童自我意识和说话、运动及认知能力的发展，非常想自己尝试做一些小工作，可父母却不放心，常常是限制孩子的这种愿望，因此孩子会产生对抗心理；第二个逆反期是在青春期前后，此时孩子的逆反心理比第一次逆反期更为强烈。有逆反情绪的孩子通常表现为：频繁地发脾气，与父母过度争吵；故意对抗和拒绝父母的要求和原则；自己犯错或者行为不当，却责怪他人，频繁发怒和怨恨抱怨他人不合作，做出对抗与敌视的行为。孩子的逆反行为在家里和学校表现得尤其明显。

（1）父母的哪些行为会加重孩子的逆反心理

实践中，下述教育方法往往会加重孩子的逆反心理：

1）对孩子过于苛刻。某些父母相信"棍棒出好子，不打不成材"的教育思想，经常讽刺打击孩子，有些父母甚至动手打孩子，伤害孩子的自尊心。其导致的结果是要么孩子变得很怯懦，要么就十分叛逆。因此，家长应该多理解、尊重孩子，把他们当成一个开始有独立意识的生命个体，有事相互协商，平等对待、循循善诱、以理服人、以情动人。

2）对孩子有过高的期望。父母"望子成龙""望女成凤"的急切心情可以理解，但是不可盲目。很多父母为了自己的孩子将来能够出人头地，往往不顾孩子的喜好和能力，强迫孩子学东学西，硬让他们去做他们一时还难以做到的事情，结果给孩子背上了沉重的心理负担，让孩子觉得不堪重负。

这样就很容易引起孩子强烈的逆反心理，使其正常的才能也得不到发挥。所以，父母的要求与期望不可过高，应该比孩子的实际能力略高一点，让孩子垫垫脚可以达到。这样，孩子不仅不会感到有心理负担，而且能够享受到成功的喜悦，增强自信心。

3）教育孩子喋喋不休。有些父母教训孩子的时候喜欢唠唠叨叨地说个不停，唯恐孩子听不进他们说的话。结果，父母的唠叨促成了孩子的逆反，即使孩子知道父母说得有理，也极不愿意听，而且偏要对着干。因此，父母在教育孩子时，应该简单明了，要言不烦，态度坚决果断，还留下调整情绪和思考理解的时间，这样，孩子就会相对容易地接受父母的意见。

4）压抑孩子的好奇心。对于正在成长的孩子来说，世界充满了未知的神奇。但是有的父母不能理解孩子的好奇心理，认为孩子在胡闹，甚至通过打骂来压制孩子。于是，孩子的逆反情绪就会高涨起来。父母应该鼓励孩子去探索，认真对待孩子提出来的问题。这样不仅不会使孩子逆反，还会让孩子变得越来越聪明。

总之，不管是哪个年龄段的逆反，父母要做的首先就是理解孩子，从孩子的角度去考虑和帮助他们解决问题。一味地打压，把自己的意志或者观点强加给孩子是不对的，这种方式只能培养出两种类型的孩子：一种遇事唯唯诺诺，另一种执拗任性、胡作非为。

(2) 如何纠正孩子的逆反心理

1）确定合理的、与孩子年龄相适应的限制，并坚持下去。

2）与孩子发生冲突时要冷静，控制好情绪，不要使冲突加剧，可以暂停或者抽时间出去走走。

3）用体育锻炼或者其他减压方式来舒缓自己紧张和烦恼的情绪，避免向孩子发脾气。

4）一旦孩子表现出合作与变通，要给予正面的表扬和鼓励。

5）主动和孩子学校的老师沟通，寻求老师的合作和帮助。

6）必要时可以向专业人士咨询。

4. 如何应对孩子的"心理断乳期"

当孩子进入青春期后，你会发现，"变"成了其显著特点。随着孩子的成长，不仅生理上在变，心理上也是变化剧烈。父母会感到，不知从什么时候起，孩子不听话了，而且专门与父母对着干，像变了一个人似的。你让他这样，他偏要那样，家长多说几句，他要么不理睬，要么说父母烦。很多父母为此烦恼不已。其实，孩子的这种逆反心理是其进入了心理学上所谓"心理断乳期"的正常反应。

随着青春期的到来，尤其是第二性别特征的出现，以及社会活动的增多和知识面的扩大，孩子的心理活动也逐渐复杂起来，自我意识觉醒，想独立的愿望变得越来越强烈。但由于缺乏生活经验，他们不能正确理解自尊，只是强烈要求别人把他们看作成人。如果这时家长还把他们当孩子来看待，他们就觉得家长不尊重他们，就会产生厌烦和反抗心理，做出对立行为。虽然他们的自我意识和独立性会有所发展，但自我控制能力还比较差，因此常常会无意识地犯错误。他们喜欢怀疑别人，其实没有依据；喜欢批评别人，但很容易走极端；喜欢发表见解，却又条理不清；喜欢与人争论，却又论据不足。

"心理断乳"的真正意义是摆脱对父母的孩子式依恋，走上精神的成熟与独立，也是一个人的社会化过程。因此，父母在这一时期应该把爱孩子的重点放在帮助他们完成从孩子到成人的转变上。只满足于表面上了解孩子是不够的，家长必须学习一些心理学方面的知识，了解"心理断乳"的实质，帮助孩子顺利度过心理断乳期。

1）对于孩子消极的青春期逆反心理，家长应根据孩子的心理特点，从行为和心理上进行引导，教育的方式要多样化。应该采用平等对话的方式，让孩子把心里话说出来，然后家长把自己的观点、经历讲给他听，让孩子自己进行比较。

2）要理解信任孩子。家长要与孩子建立一种亲密、平等的合作关系，要相信孩子有独立处理事情的能力；尊重孩子的人格，充分利用孩子的"小大人"想法，针对家里的一些事情，征求、听取孩子的意见；要尽可能支持他们，尤其在他们遇到困难、失败的时候，帮助他们分析事情，区分是非，然后鼓励他们自己想办法去正确处理。

3）家长要以身作则。在孩子面临困难和问题的时候，应该多给予鼓励和安慰；孩子取得好成绩，要及时给予表扬；家长自己有缺点和错误，应该勇于承认，立刻改正，为孩子做出表率，使孩子从中得到启迪。

4）家长应该避免与孩子发生正面冲突。在孩子发火时，家长应该保持冷静。争论激烈时，家长应该学会转移话题或者采取冷处理方式，尽量不让孩子产生对抗的情绪，以免加重他的逆反心理，而让问题更不好解决。但是，家长也不能过于迁就孩子的不合理要求和不良行为，以防孩子以后动不动就用反抗的手段绑架父母，以达到自己的目的。孩子平静下来之后，在适当的时候，家长应该心平气和地指出孩子的错误和不当的地方，使孩子积极克服爱冲动的毛病。对于比较严重的反抗行为，家长可以采取奖励训练的方法，强化孩子的顺从行为。

5）鼓励孩子多参加有益于身心的集体活动。通过集体活动，孩子可以广交朋友，丰富、充实自己的精神生活，发展"自我"意识，正确、客观地评价自己，有利于培养活泼开朗的性格及真诚待人的品德，有利于顺利度过断乳期。

第六节

孩子的学习成绩与心理的关系

一、小学生的心理健康现状

小学的心理素质教育很关键，这个时期的心理教育对孩子的一生都起着至关重要的作用。著名的心理学家丹尼什把孩子的成长生动地比作一棵树的成长：心理就像树根一样，虽然看不见，但却非常重要，看不见的部分关系着一棵树的高大强壮，关系到一个人的生存发展。丹尼什指出，树根的成长期是5~15年，15年后才是树干和树叶的成长。一个孩子心理建设的成长期也是在人生的头15年。所以我们要在孩子的生命初期注重孩子的心理健康培养，这样才能够让孩子的一生充满阳光。

但是，随着当今信息时代的发展，小学生的思想也逐渐趋于复杂，虽然我国小学生的心理健康状况总体上是良好的，但是也有很大部分学生在心理上存在着一些问题。据《健康报》调查的数据：目前我国儿童青少年心理问题的检出率已经达到了12.97%，也就是说有3000万~6000万的儿童存在着不同程度的心理问题，如果不加以及时疏导和治疗，这些人群中的很大一部分会在他们成年以后成为精神疾病的后备军。最可怕的是，已经有超过35%的孩子患有不同程度的抑郁症，而其中的大部分人曾有过自杀的念头或者倾向。由于小学生普遍缺乏认知力、理解力和判断力，且易受到外部因素的影响，如果在这段时期没有得到正确的引导，很容易产生不健康心理，比如敏感、自卑、忌妒、厌学、叛逆、易冲动等。上述不健康的心理问题若不能得到及时解决，就会让学生在成长过程中产生不健全的人格，严重的甚至会误入歧途。因此如何加强对小学生心理健康的教育问题，是所有教育工作者面临的一大挑战。

学习焦虑是影响小学生心理健康的首要问题。据调查，有10.39%的小学生存在学习焦虑。所谓学习焦虑是指对学习过分担忧。学习焦虑因来自有关学习的各方面的压力引起。比如，学生学习负担过重，学习竞争加剧，同时学校、教师、家长又过分看重分数，把学生学习成绩的优劣作为评价学生的唯一标准，等等。

冲动倾向和恐怖倾向的发生率在小学生心理健康问题发生率中排第二位和第三位。这两者都是情绪方面的问题。冲动倾向是指无缘无故地想大声哭、大声叫，或者一看到想要的东西就一定要拿到手。这首先和家庭教育的不当有密切关系。如果家庭成员对孩子的要求过分满足，就易养成孩子任性、固执及情绪易变的特点。造成恐怖倾向的主要原因则是从小娇生惯养而形成了依赖性强、缺乏独立性的性格，往往表现为只要一个人待着就会焦虑，或者对于本来不需要恐惧的东西抱有一种恐惧心理，等等。其次，冲动倾向和恐怖倾向的形成，在很大程度上与父母只重视知识教育而忽视儿童人格和个性的培养有关。学生学习负担过重，又没能在家庭和学校里学习到对付挫折和困难的办法，就很容易情绪失控。

对人焦虑在小学生心理健康问题中排行第四，主要表现为在众人面前感到不安，对他人的评价总是很在意，在人际关系上容易产生焦虑。对人焦虑过强的学生往往没有魄力，缺乏组织能力，搞不好人际关系。这种倾向在当今小学生中日益严重，影响了孩子正常的人际交往与心理需求。对人焦虑的产生主要和孩子普遍较任性、固执、依赖性强有关，另外也与家庭教育重成绩而忽略对孩子人际交往技能的培养有关。

自责倾向在小学生心理健康问题中排行第五。自责倾向是指当发生不如意的事情时，经常怪罪于自己，对自己所做的事抱有恐惧心理。自责倾向的根源是对失去别人的爱的不安。当学生感到被父母、老师、朋友抛弃时，往往会形成自责倾向。比如，当父母、老师对孩子过分严厉、专制，甚至挫伤了孩子的自尊心时，孩子感觉不到来自权威人物的爱，从而出现自责心理；当对别人的爱的渴求过强时，一点儿小事就会使孩子感到自己不再被爱了。这样的孩子往往有很强的依赖心理。

另外，不同性别的学生在学习焦虑、对人焦虑、自责倾向、恐怖倾向和总量得分上存在着显著差异，女生的得分普遍高于男生。女生的焦虑问题更为严重。关于女生比男生更焦虑的原因，国内外曾有不少研究，如国外流行的社会角色期待理论认为，由于受传统思想的影响，社会对女生的要求更高，女生的一举一动要符合社会规范和社会道德，因此女生想得较多，焦虑水平也较高。相对来说，社会对男生的要求相对不太高。除了社会角色的期待作用外，女生比男生更为焦虑的原因应该和高年级女生的生理、心理发展特点有关。许多女生在小学高年级阶段进入青春期，但她们还不能完全自然地接受这一切，因此会引起焦虑、自责、恐惧等反应。女孩子虽然观察问题较细致、全面，但也容易斤斤计较，过分要求别人完善，并且比较注重别人对自己的评价；如果发现自己在某方面不如别人，就易产生自卑心理。另外，女孩子的依赖性较强，独立性不如男孩，从而使女生产生比男生更重的焦虑心理。

因此，影响小学生心理健康的主要因素来自社会、学校和家庭，其中最主要的是家庭教育。受中国传统意识的影响，也受社会、学校的片面人才观的影响，加上独生子女政策的实施，许多家庭存在着"重养育轻教育，重生理轻心理""智育中心论"等错误的家教观念。一方面对孩子过分溺爱，一味满足孩子的各种需要，对孩子过分保护，在许多事情上包办代替，养成孩子依赖性强、任性固执等性格，使之缺乏独立生活的能力；另一方面，又片面追求孩子智力发展，把聪明、有知识、学习成绩好作为孩子的唯一发展目标，为了实现这一目标不惜花费大量的时间、精力和金钱，而结果往往适得其反。

二、中学生的心理健康状况

很长时期内，我国的教育模式是应试教育。过于强调考试成绩与升学率，学校只重视发展学生的智力因素和考试技能，而忽视了学生心理素质的培养。另外，现在的中学生基本上都是独生子女，父母望子成龙、盼女成凤心切，孩子学业负担过重；中学生正步入青春期，对许多性问题好奇，容易产生迷惑，学校又没有给予及时、适当的性教育，等等。受以上诸多因素的影响，中学生面临着巨大的心理压力，心理健康状况堪忧。中学生的主要心理问题表现在躯体化、强迫症状、忧郁、焦虑和敌对五个方面。有调查表明，目前35%的中学生具有心理异常的表现。

1. 中学生的心理健康问题主要表现为三大类

（1）学习类问题

案例1

某中学有一初中女生，学习成绩不太好。老师经常找她谈话，要她努力提高成绩；父母也说她不够努力，时刻提醒她要抓紧一切时间学习，争取考上重点高中；她自己感觉同学们总是在嘲笑她笨。由于心理压力太大，她对学习彻底失去了兴趣，结果在新学期开学时，她带着父母给的1000多元学费离家出走，从此杳无音讯。

案例2

有一女生，初中时学习成绩很好，高分考入某重点高中。进入高中后，教师的教学方法不同于以前，竞争对手也发生了变化，使她感到很不适应，学习成绩逐渐下降，出现了厌学情绪。她来找我咨询时说："17年来我第一次感到自己的无能。每当看到父母期待的目光，我就非常难过，不知如何做才能达到父母的要求。如今，几乎每天都在苦闷、烦恼、忧愁、气愤中度过，看见书就又恨又怕，真想把它扔出去。"

学习是学生的首要任务，学习成绩是家长和学校最为看重的。强大的学习压力，是中学生产生心理问题的主要原因。

目前，厌学是中学生非常突出的心理问题。学习成绩不好的学生如此，即使成绩很好的同学也有这种倾向。除了上述案例中的厌学情况外，还有一些其他心理原因引起的厌学状况，如因反应较慢常被人嘲笑而不愿上课；因记忆、理解等能力稍差使成绩难以提高而对自己失去信心，等等。很多学生对学习表现出强烈的焦躁与无奈的情绪。虽然我们常常说"减负"，但学校的课业任务还是很繁重，竞争也依旧激烈。父母的期望如果没有真正降低，学生的心理压力就不会减轻。

除了厌学，考试焦虑也是一种学习类心理健康问题。很多学生平常学习不错，偶尔还可以给他人以指导，但一到考试就紧张，总怕自己考不好，他们拼命准备，夜不能寐，有的甚至在考前出现皮疹、头疼、恶心、发热等病症。考试焦虑会严重影响孩子的成绩和身心健康。

(2) 人际关系问题

人际关系问题也是困扰中学生的严重心理问题之一。中学生人际关系主要包括与父母的关系、与老师的关系及与同学的关系。

1) 与父母的关系问题。与父母的关系问题，主要是因为父母与子女之间缺乏相互理解和沟通，或者家庭关系不和谐，给孩子造成心灵伤害。例如，有一个初中女生，父母经常吵架甚至大打出手，因此她不愿回家，不愿见到父母，整天就想往外跑，心里烦闷极了。她甚至觉得活着很没有意思，产生了轻生的念头。还有一位学生，经常和妈妈闹矛盾，听到妈妈的骂声就心烦，有时候真想离家出走，永不回头。可看到妈妈有些发白的头发、疲倦的面容，又于心不忍。于是他每天生活在这种内心纠结与矛盾之中，心里很痛苦。

2) 与老师的关系问题。与老师的关系不和带来的心理困扰，主要是因为老师对学生不够理解而过多干涉学生的业余生活和正常交往，以及因学习压力而产生的对老师的反感所引起。例如，一位中学生在上课时偶尔向一位同学问问题，被老师发现，这位老师不仅严厉地指责批评了他，还把这件事当成一个很严重的问题，动不动就当众点一下这个同学，老师的做法严重地伤害了学生的自尊，致使这位学生对老师产生了反感。一旦有了对立情绪，进而就会影响对学习的兴趣。还有的中学生会认为老师处事不公、偏袒某些成绩好的同学，等等。

3) 与同学的关系问题。与同学关系不好，也是中学生存在心理健康问题的原因和表现之一。比如，曾有位同学的一位好朋友总是不信任他，认为他为同学的付出不够多，怀疑他的友谊，这使他很苦恼。有些学生因为从初中升到高中后朋友越来越少,因而怀疑世界上没有真正的友谊,也交不到真正的朋友,进而对校园生活感到厌倦。

(3) 情感类问题

中学生大多数处于青春期,生命的第二性征逐渐发育,性别意识也慢慢加强。此时,情绪较为敏感,而且不稳定、易冲动,对异性充满了好奇与向往,自然少不了许多情感的困惑,甚至造成心理困惑。

2. 心理素质与学习成绩

目前,关于考试成功取决于哪些心理素质,心理学上主要有三种理论,即智商论、情商论和心商论。

1) 智商论。该理论认为人的成功取决于智力因素。人的智商高低决定了成功与否。笔者认为智商论夸大了智商在考试中的作用。智商高,记忆力好,平时学到的知识就消化得好,记得牢,固然有助于取得好的考试成绩。应该说智商水平是决定考试成绩一个很重要的因素。虽然很重要,但不能因此说它是唯一的决定性因素。在现实中,也有很多既聪明又用功的学生,平时成绩也很好,但一遇到重要考试总是发挥不好,可见其他因素对于考试成绩也有举足轻重的影响。

2) 情商论。该理论认为情商的高低是成功的唯一决定因素,否认了智商论的观点。但情商论夸大了情商在成功中的作用,也是有失偏颇的。

3) 心商论。该理论是著名心理学家王极盛教授根据多年的心理学研究与经验提出的成功论。他从心理学的角度阐述了人的心理素质在成功中的地位和作用,认为成功是心理因素多类别、多要素、多品质的系统动态综合体。所谓多类别,是说心商论由四个相互联系、相互制约的系统组成,即成功的心理实现系统、成功的心理动力系统、成功的心理调控系统和成功的心理供给系统。多要素,是指四个系统中每个系统都包括多种要素,比如,心理实现系统的多要素包括观察力、记忆力、想象力、思维力、智力技巧和实践能力等。多品质,是指每个系统的每个要素包括多种品质,比如,实现系统的观察力要素，包括观察力的准确性、敏锐性和全面性。笔者认为，心商论应该是比较科学的成功理论。因为，人的一切活动都需要心理活动的指导。人的心理素质在一定程度上制约着人的活动水平。学生的学习和考试活动自然也不例外。

我们可以把学生的心理素质和学习成绩之间的关系从四个方面来看。

(1) 好的心理素质与学习成绩

心理素质影响平时的学习效率。学生的心理素质好，情绪稳定，和同学、老师相处融洽，会免去许多影响学习的麻烦，所以平常的学习效率就会高一些。

心理素质影响学生考试时的发挥。很多学生很聪明，记忆力又好，平时在课堂回答老师的问题也很活跃和积极，很多问题几乎可以脱口而出。但一到了考试就特别紧张，平时的聪明劲就没了，记的东西也跑得无影无踪，好多很简单的问题甚至都回答不出来，考试成绩自然不好。

一个学生的智商水平是比较稳定的，不会通过某种训练而在短期内有很大的变化。相对来说，学生的心理素质是比较容易改变的，尤其对于中学生来说，正处在快速发育时期，可塑性强，心理素质可以通过不断的有素训练来加强。所以，迅速而有效提高学生学习成绩的最根本的方法应该是提高学生的心理素质。

(2) 焦虑与学习成绩

焦虑是一种伴随某种不祥的事件即将发生的预感而产生的令人不快的情感体验，严重的焦虑会让人表现为恐惧不安。心理学家曾经做过这样一个实验：如果把健康的兔子放在老虎旁边，无论如何照料兔子，兔子在恐惧心理的影响下都会在不久后就死去。这种恐惧心理被心理学家称为"虎兔效应"。

很多中学生存在学习和考试焦虑心理，使其学习和健康成长受到严重的负面影响。就像上述的兔子一样，学生们的焦虑心理也是来自不祥预感而产生的不快的情感体验。学习焦虑情绪可以分为两种：

其一，性格性焦虑症，就是由于性格不良因素导致学生遇到任何事情都极易产生焦虑的情绪。

其二，情境性暂时焦虑，即学生认为很重要的事情即将发生时所出现的焦虑。如开学前的担心、作业检查前的不安、考试前的紧张等，都是学习焦虑的表现。情境性暂时焦虑是在特定的情境下产生的，会因条件的改变而形成或者消失。中学生的学习焦虑大多属于情境性焦虑。

学生如果存在学习焦虑心理，会出现不同程度的烦躁不安、心神不宁、心慌头疼等症状，有的甚至一看到书本、一进学校或者课堂就感到头疼心慌。学习焦虑是因为学习而产生，又反过来直接影响学习效率和学习成绩。焦虑的学生害怕和讨厌学习，遇到困难很容易放弃，因而在学习过程中对知识和方法的掌握水平低、不牢固，导致学习成绩逐步下降。不仅如此，学习焦虑还会影响学生原有水平的发挥，表现为考试焦虑。比如一些学生考试前异常紧张，吃不好、睡不着，考试时大脑一片空白，浑身冒汗，会做的题也做不下去，考试成绩自然一团糟。

据调查，有学习焦虑心理的学生大多数是中等生和少数优等生。对于中等生，一方面他们担心沦为差生被人瞧不起而有强烈的提高学习成绩的欲望，另一方面又因焦虑心理而无法克服学习困难，不能很好地完成学习任务。少数优等生总想学习领先，总是担心如果考不好，老师、同学及家长对自己就会有不好的看法，导致在学习中对考分患得患失，焦虑不已，结果越急就越学不好。

另外，学习焦虑会使学生产生心理障碍，直接影响到健康心理的形成。心理不健康的学生人际关系不好，心理耐挫力差，对文娱体育等活动也不易产生兴趣。总之，学习焦虑会严重影响学生的身心健康和全面发展。

焦虑心理产生的原因很多，除了心理素质这一决定性因素以外，不科学的学生评价体系、外在的学习压力、社会舆论的压力等也是造成学习焦虑心理的重要原因。

那么，应该如何防治学生的焦虑心理呢？焦虑心理的防治是一个复杂的过程，需要社会、学校和个人等多层次的共同努力。从社会层面上说，全面实施素质教育、减轻学生负担是非常有必要的；从学校方面看，加强学生的心理健康教育是关键。在目前实际教育状况下，各方应重点在以下几个方面加以努力：

1）帮助学生掌握正确的学习方法，提高其学习能力。学习成绩不理想是产生学习焦虑心理的直接原因。因此，培养学习能力、提高学习成绩是克服焦虑心理的直接手段。学习成绩不理想的原因有很多，大多数学生是因为没有掌握正确的学习方法。因此，要帮助孩子掌握正确的学习方法，提高学习效率，比如合理安排学习时间，使学习和工作有张有弛，不能拼命蛮干，等等。

2）注重培养学生良好的个性品质和心理素质。个人的性格和心理素质是学生产生焦虑心理的内在原因。学校必须注重培养学生的良好个性品质、心理素质和行为习惯；要加强学生的耐挫教育，引导学生正确对待困难，通过集体活动和各种途径帮助学生发挥自己的长处，克服自卑感，树立自信心；要教育学生从小事做起，点点滴滴地去培养良好的行为习惯。例如，对于考试焦虑，可让学生做考前简单活动，引导孩子考前放松，建议孩子考试后不要和别人对答案，试卷下发后只看错在什么地方等来减轻孩子的焦虑。

3）帮助学生克服自卑，树立自信。这是防治学生学习焦虑最重要的手段。有学习焦虑心理的学生往往因为成绩差而产生自卑感，并且总担心成绩不如别人，被别人瞧不起，从而产生心理压力。据调查，在中学阶段，同学之间互相瞧不起的情况只是少数。因此，这种心理压力多数是因自己的疑心造成的。父母要正确引导孩子正确对待考试和作业中的失误，引导学习焦虑的孩子学会自我评价，享受自我超越的喜悦，不要过多地和他人比较，更不要过多地考虑他人的评价。

4）使学生学会调节自己的情绪。学生的情绪对学习成绩有很大的影响。

学习焦虑会使学生情绪不稳定，进而又会加重焦虑。学会调节自己的情绪，使自己经常处于愉快、恬静、欢乐的心境中，是克服焦虑的良方。调节情绪的简单方法有音乐调节法、活动调节法和睡眠调节法等。

(3) 抑郁与学习成绩

案例1

有一位中学生，在新的学期开学时，因为有几百元压岁钱而遭到几个高年级同学的抢劫，并在厕所里被打了一顿。虽然伤得不重，但他从此对学习产生了恐惧心理，经常逃课上网，然后一发不可收拾。不久，他患上了抑郁症，经常坐在家中发呆，一天说不了几句话，吃得也很少。他本来学习成绩还不错，可是最后连高中也没有考上，父母为此伤透了心。

案例2

小琴今年13岁，是一个漂亮的姑娘。她平时学习成绩很好，经常被学校评为三好学生。但小学毕业考试时，由于失误，她的成绩十分不理想。于是，她认为自己是一个没有用的孩子，很沮丧。可是她又无法向家人倾诉心里的感受，因为她的妈妈早年因病去世，爸爸再婚，继母与她的关系一直不好。长期压抑之下，她逐渐出现闷闷不乐、精神不振、沉默寡言、睡眠不好的症状，患上了严重的抑郁症。

抑郁是一种较为持久的、忧伤的情感体验，并伴有躯体不适和睡眠障碍等问题。青少年的抑郁情绪主要表现为：因为在学校发生过一些矛盾，深感环境的压力；经常心烦意乱、郁郁寡欢；经常逃学或者要求家长为自己换学校；情绪低落，对一些原来喜欢的东西失去了兴趣，对生活或者学习提不起精神；不整理自己的东西，不关注自己的仪表；对于某次考试成绩提高也没有喜悦之情，甚至会感到忧伤和痛苦；有厌学情绪，学习时注意力不集中，容易疲劳，成绩明显下降；失眠、头晕、胸闷、身体感觉异常，特别注意自己的身体；女生敏感异常脆弱，常常会无缘无故地哭哭啼啼；男生会异常警觉，认为有人在监视或者谩骂自己的家人；不与家人交流，无论父母说什么，对与否，都是默默抵触或者发脾气；情况严重时，会出现自杀念头和行为。

目前，中小学生抑郁障碍（抑郁症或者抑郁性神经症）患者明显增多。这类学生在发病初期，往往被老师和父母简单地认为是厌学或者身体不适。于是，老师通常会单独给这些学生做思想工作，学习上给他们开"小灶"。父母则会强化督导，为孩子购买一些健脑安神的补品或者药品。这些方法多是没有效果的。随着病情的不断发展，有些学生不得不含泪退学。可是，我们的父母们还是没有醒悟，有的继续做孩子的工作，有的去求神拜佛，有的干脆把孩子送到精神病院。另外，需要注意的是，有些学生已经意识到自己得了抑郁症，想求助于心理专家，可是有很多家长不相信孩子有心理疾病，并且认为心理咨询是丢脸的事，因而加以阻拦，耽误了孩子的治疗时机。有些孩子甚至因此走上了轻生之路，如花一样的生命就此凋谢了。

青少年的抑郁心理是如何造成的呢？原因复杂多样，如学习压力过大、被同伴孤立、家庭不和睦、有抑郁家人等。对于高中生患抑郁症，原因主要有两个方面：一是心理发育不良，这是患病的内因。心理发育不良有多种类型和表现。如有些学生一味透支脑力读书，不会休整，无其他兴趣爱好；有些学生不能容忍别人超过自己，忌妒心强；有些学生不容自己出错，事事追求完美；有些学生不善于交流，性格内向；有些学生依赖性强，总想得到他人的同情和理解，不能自强自立；有些学生很在意别人的看法和评价，太过敏感，等等。二是家长、老师对学生期望过高而引起的心理压力，这是患病的外因。例如，有些父母为了孩子的学习包揽其他一切事务，动不动就表达对孩子的期望，使孩子觉得考不上大学对不起父母，心理包袱沉重；亲戚、邻里之间经常对孩子们进行关心和相互比较，使孩子觉得考不好就是丢了父母的脸面；而学校反复进行考试排名，甚至以成绩优劣来安排座位的前后，对那些有望考上大学的孩子重点辅导，使另外一些学生的自尊心受到打击。内因和外因的综合作用，让学生心理难以承受而失衡，从而导致抑郁。

那么，如何帮助孩子克服抑郁心理呢？应该注意以下几点：

1）老师和家长应该与青少年建立良好的信任关系，成为孩子的合作伙伴，然后引导他们从不良情绪中走出来。

2）老师和家长要给孩子们机会和勇气，让他们可以直截了当地表达自己的想法和感情，缓解其心理压力。

3）老师和家长要注意减轻青少年过重的心理负担，调整师生关系和亲子关系，鼓励他们放下心理包袱，鼓起必胜的信心和勇气。

4）学生个人应该在平时加强体育锻炼，还可以有目的地选择一些能使人产生希望、使心情畅快和增强自信的音乐，对缓解自己的抑郁情绪很有效果。

抑郁症不是思想品行问题，不是神经衰弱和大脑缺乏营养，不是脑子里"长了东西"，更不是精神病，正确的诊断治疗应该来自临床心理（精神）专业的医生，家长自己不要乱下结论，以免耽误治疗时机。家长和学生个人都要积极配合医生的治疗。

(4) 躯体化症状与学习成绩

案例1

有名女生叫小芝，8岁，读小学2年级。快要开学时，小芝却莫名其妙地全身上下都不舒服。家长以为她生病了，送到医院诊治，医生却建议小芝去看心理专家。通过对孩子的仔细询问，我们解开了谜团。原来孩子是因为上学期期末考试考得不好，担心开学后被老师批评、同学们笑话，因此害怕开学去学校，慢慢引发了情绪障碍，进而产生了浑身上下不舒服的躯体化症状。

案例2

有个读小学3年级的学生，一进课堂就心慌气短，经常晕倒，不得不断断续续地请假。家长心急如焚，以为孩子得了什么脑病，于是带孩子去就医。可医生经过仔细的检查，并没有发现身体任何异常。后来家长找我们咨询，通过诊断，孩子得了"学校恐惧症"。这种孩子一谈到学校、课本、老师，一面对课堂、同学，就会心生恐惧，进而产生躯体化症状，导致出现头晕、恶心、呕吐或者昏厥等生理反应，甚至行为反常。

所谓躯体化症状，就是说人们心理上的失调反映在了身体上。除了上述案例的情况外，学生的躯体化症状还多会出现在考试前。比如，很多学生平时身体很好，可一到考试就拉肚子，吃什么药也不管用，等考试完了，什么事都没有了；有的学生在考试前不停地上厕所，尿频尿急；还有的同学每次到考前就吃不下饭，甚至胃疼，等等。心理问题躯体化会严重影响学生的学习成绩，损害学生的身体健康，必须认真对待。

对于躯体化症状，很多家长和学生都不了解来由。他们通常以为只是简单的身体不舒服，不知道是深层心理问题的躯体化表现，因此，往往只是头疼医头脚疼医脚。很显然，这样只会暂时缓解症状，不可能根治。对于家长，正确的做法应该是在调节孩子的心理状态上下功夫，把孩子从心理不平衡调节到心理平衡，从过度紧张调节到适度紧张，帮助孩子克服厌学和学习恐惧情绪，那么躯体化症状就会逐渐消失。上面提到的"学校恐惧症"是导致身体不适的主要原因。对这样的孩子如果不及时进行疏导治疗，耽误孩子的学习不说，还会渐渐使孩子形成自信心不足、遇到困难就逃避、对人对事过于敏感、人际交往中总是防御戒备等具有明显缺陷的性格特点。治疗"学校恐惧症"主要有四种方法：

1）家庭治疗法。父母要改变过于溺爱孩子的教育方式，与孩子进行更多的情感交流。如果家长本身存在心理问题，则要首先治疗自己。

2）支持性心理疗法。对这类孩子加以疏导、鼓励，耐心询问孩子的担心与焦虑，向孩子作出解释和指导，设法改变环境条件。

3）系统脱敏疗法。家长和学校积极配合，有计划地使孩子减轻对学校的恐惧心理。刚开始的时候可以让孩子在学校的时间短一些，以后逐渐延长。

对于出现躯体化症状的学生来说，首先要正确认识问题的来由和严重性，要认真对待，但不要过于紧张。学生平时要注意自己的心理卫生，要像对待身体健康一样对待心理健康，要主动寻求家长和老师的帮助，研究导致躯体化问题的原因，找出应对的方法，逐渐解决问题。有必要时，要及时找专业的机构治疗。只有身心健康，学习成绩才有可能提高。

3. 重视考试时的心理状态

我们经常会遇到这样的例子：某考生平时虽然学习努力，但成绩总是徘徊在年级十几名，但高考成绩却名列前茅，师生都会惊讶其"超常发挥"；而某考生平时考试成绩总是数一数二，可高考却考得一塌糊涂，甚至落榜，师生会说他"发挥失常"。

考试是一场智力竞赛，也是考生心理素质的博弈和测试。考前心理状态将直接影响能力的发挥，从而影响考试成绩。良好的心理状态是考试取得优良成绩的必要条件。"超常发挥"与"失常发挥"的现象，看似偶然，实则必然。"超常发挥"的学生平时学习努力，基础牢固，又没有来自父母和老师过高期望所带来的心理压力，因此能够以自信、轻松、愉悦的心理状态上阵，所以会考出"超常成绩"。而"失常发挥"的学生基础知识也扎实，可平时学习好，大家对他们期望高，心理压力大，大考前心理过于紧张，影响了正常的思维运转，成绩必然受到影响。

那么什么样的心态才是良好的考前心理状态呢？根据长期的心理辅导实践和研究，笔者认为有利于临场考试的心理状态可表现为：自信、轻松、愉悦或适度的激动、注意力集中、精力充沛等。在良好的心理状态之下，平日知识的积累、思维的灵活性和敏捷性等都能得以充分利用和发挥，必然会取得好成绩。

如何消除考前紧张、焦虑情绪，调整至良好的心理状态呢？

1）首先要正确认识考前焦虑。日常生活中，当一个人面对较为重要的事件（如关键性的考试、应聘、演讲等）时，感到焦虑和紧张是很普遍也很正常的。其实，根据心理学研究，适度的焦虑和紧张对集中注意力、发挥技能、提高效率有一定的积极作用。但是，焦虑和紧张过度就不好了，那会导致一系列的生理反应和情绪反应，如手心冒汗、心跳加快、呼吸急促，以及心烦气躁、情绪不稳等。考前过度焦虑还会出现注意力分散、记忆力减退、思维迟钝乃至大脑一片空白等现象。出现过度紧张和焦虑的根源，在于自己对即将发生事件的结果的不详预期或者假设。这种预期或者假设往往以语言、图像的形式在内心快速呈现，本人一般很难觉察，而只能体验到假设或预期造成的紧张、焦虑、自信心不足等应激反应。

显而易见，从根本上说，一个人的心理状态是自己造成的。积极乐观的思维会对你产生积极的暗示，进而产生有利的情绪；消极悲观的思维会对你产生消极的暗示，进而产生不利的情绪。因此，改善思维模式可以优化情绪，帮助调整心理状态。

2）注意正确的复习方法。平时一定要努力学习，随着考期临近而减慢学习速度，让自己从身体到精神都放松一下。有意识地养精蓄锐，保持旺盛的精力准备参加考试。

3）考前注意饮食和作息时间。考试前要保持好的饮食习惯，宜清淡，不要吃得太饱。考前几天就应逐步把生物钟调节为早睡早起，以保证考试期间精力充沛、头脑清晰、潜能得以发挥。不要早睡，也不要开夜车，保持日常节奏和一份平常心，以良好的心态去迎接考试。

4）坦然面对考试，保持良好的情绪。保持良好的情绪状态是形成良好心理状态的重要方法。良好愉快的心境，有助于形成积极乐观的态度，克服困难，提高答题效率。相反，紧张、消沉、倦怠等不良心境会使大脑神经通路处于抑制状态，使回忆、思维发生障碍，阻碍答题进程。考前的学习情况、学校及家庭等各方面的压力，都会直接影响考生的情绪。考生要尽量不为外部环境所左右，乐观坦然地面对考试，多想好的结果，努力稳定自己，树立自信，保持良好的情绪，稳定考前心理状态。应试时，不去设想考试结果，保持平静的心态，把精力用到分析题目和开拓思路上去，而不是盘算得多少分。凡事要注重过程，结果必然是过程努力后的水到渠成。

5）战略上藐视，战术上重视，要有信心。一分耕耘一分收获，这是永远的真理。要为成功找方法，不要为失败找借口。平时积累的知识、能力的训练达到了什么程度，考试的结果就会达到什么程度。考前抱有"尽我所能"的心态，不要把时间和注意力放在忧郁和恐惧上。考试时细心有序，避免因慌乱而出错；做题时要合理安排时间，先把简单、熟悉的题做完，稳定自己的心绪，然后再以平静的心态去解决难题。必胜的正念是良好的心理状态的重要组成部分，从某种意义上说，信心就是力量，信心就是胜利。应该相信自己，鼓足信心，确信自己已做好充分的准备，一定能取得优良的成绩。

6）进行一些考场身心放松活动。身心放松活动有多种。比如，想象放松法，想象自己心灵深处有一汪湖泊，湖泊十分平静，没有波澜、涟漪，湖畔有鲜花、树木，这样可使神智更加清醒；调整呼吸法，微闭双目，深深呼吸，使自己心平气和；三调并重法，调身、调心、调息可同时进行，加之以动作，用双手轻轻挤压合谷穴，有利于考生快速放松。

第七节
关注孩子的成绩，更关心孩子的心理健康

案例1

某小学生学习不用功，爸爸妈妈为此费尽心思。说好的孩子不听，动手打吧，开始一两次管用，后来打也不行了，甚至导致孩子的激烈抵触，学习更

不上心。无奈之下，孩子的妈妈四处寻求心理医生的帮助。她先到了当地一些咨询机构，感觉不满意，然后到了北京一所有名的医院，结果医生听完她的介绍后出语惊人："你这孩子，没别的方法，只有打！"孩子的妈妈立即语塞。

许多年来，她和丈夫为了孩子的学习不知费了多少心思，孩子总是不用功，成绩始终没有长进，她甚至感到绝望了。

案例2

有一个初中生，本来在某市区重点中学读书，可最近却被妈妈送到了郊区一所农村中学去读书。为什么呢？原来，孩子在市区读书的时候迷恋电脑，又聊天又打游戏，每天一放学回家就坐在电脑前动也不动，不看书也不做作业。妈妈很着急，为此说破了嘴皮，儿子就是不听，有时候还顶嘴。孩子马上要读初三了，妈妈怕这样下去最终连普通高中都考不上，就想出了以上办法，认为把孩子送到没有条件玩电脑的地方，孩子就会安心学习，而且在其他方面也可以得到锻炼。结果，没想到孩子吃不了那个苦，第二天就背着行李跑回了家，怎么赶也不去了。这招也不好使，妈妈愁坏了。

案例3

有个14岁的男生，在某重点中学数学实验班学习，马上读初三了。这个实验班的学生学习成绩都很好，数学成绩尤其好。而且经过测试，他们的心理素质水平也很高。既然这位妈妈的儿子能进入实验班，说明各方面素质也是不错的。可这位妈妈还是不放心，怕孩子考不上重点大学。为了做到万无一失，她找到我们，要求给孩子进行心理健康检测。我告诫这位妈妈不要过于紧张，因为孩子很好，不要过于干扰他。可这位妈妈对我说："胡老师，您不知道，为了让孩子能够考上重点高中、重点大学，我的心理压力很大。现在考得好，不代表以后考得好，特别是最后关键一场考不好怎么办？我睡不好吃不香，不敢有一点点放松，就怕孩子将来考不上好的大学。"这位妈妈为此异常焦虑。

案例4

一位女士的儿子很聪明，就是特别贪玩，学习不用功。家长催他，他总说："没关系，我考前突击一下就能考出好成绩。"快中考了，他还是没有认真复习，父母很着急，不停地催他好好学习，他仍然还是那句话："没事，考前一个月临时突击一下就能拿到好成绩。"结果可想而知，他中考没考好，没有考上重点中学。父母想把孩子送到重点中学去，但是要花很多钱，以他们的经济能力又做不到。这位妈妈愁坏了，心想借钱也要把孩子送到重点高中，但又怕儿子进去后心理素质不行，仍然学习不好，那结果不是赔了夫人又折兵吗？为此她纠结不安，得了严重的焦虑症。这位妈妈对我说："当初我母亲生了我们兄弟姐妹好几个，我们学习都很好，都考上了大学，妈妈也没有这么操心。现在倒好，我们就一个孩子，却永远都有操不完的心……"

案例5

某校一名初一的女生喜欢上了邻班的男生，便给他写了一封情书，从此两人谈起了恋爱。可不巧有一次，两人的情书被老师截获，并通知了双方的家长。于是，老师不停地找两个孩子谈话，要求他们停止恋爱；父母更是施以重压，禁止他们来往。可女生却很不满地说："我知道现在谈恋爱有些早，可是我也不是小孩子了，对待感情我自己会处理好的。你们这样做，是干涉我的自由，侵犯我的隐私！"虽然他们拒绝断绝关系，但迫于压力，恋情转入地下，反而更恋得痴迷，学习成绩越来越差。两个孩子的父母获悉此状况，气得不行，于是分别暴扁各自的孩子。这下孩子急了，两人竟相约离家出走。为了孩子的早恋问题，两家的父母简直愁白了头。

可怜天下父母心。我们的父母，尤其是妈妈，为了孩子不知操了多少心，付出了多少心血。可他们的心思大多耗在了孩子的学习和考试问题上，最为关心的是孩子的成绩问题。就像上面的例子，有的孩子学习不好，母亲就想方设法地让孩子提高学习成绩；有的孩子学习不错，母亲也绞尽脑汁想让孩子更上一层楼；有的孩子已存在严重的心理健康问题，父母却很少问津。结果呢，很多情况下，父母的努力要么付诸东流、毫无成效，要么使孩子的发展偏离正轨，从小就遗留下种种影响一生的心理问题。所以，父母真的应该多关注孩子的心理健康问题。

我们已经说过，学生的心理素质和心理健康水平与学习成绩有必然的联系。一般来说，心理素质越好、心理健康水平越高的学生，成绩就比较好。因此，不能只从提高孩子学习成绩角度考虑，父母一定要注重孩子的心理健康问题。

很多的父母很在乎孩子是否吃得好、穿得好，过于重视孩子的学习成绩，而忽视了孩子的心理需求和心理成长。另外，父母还往往把孩子的心理问题误以为是智力问题或者行为问题，教育失当。当认识到孩子的心理出现问题的时候，又不会对孩子进行积极的心理调适，常常束手无策。

那么，父母应该如何来关心孩子的心理健康问题呢？下面几点建议，希望有所帮助。

1. 父母首先要懂得孩子应该具备什么样的心理素质

新的时代、新的形势对孩子的心理要求应该是：懂得理解他人，有付出精神、强烈的社会责任感、优良的意志品质、坚强的自信心和健全统一的人格；善于协调人际关系，对人理解、尊重、宽容；具有健康的竞争心理、耐受挫折的良好心理素质；对环境有机敏、灵活的应变、应激能力；对周围世界具有强烈的求知欲，具备独立、自觉获取信息和知识的能力，有敏锐、深刻的认识能力。

父母们应根据这样的要求，积极在孩子的心理素质培养上下功夫，使孩子具备在将来自我立足的素质。

2. 父母要学会适度地爱孩子

父母爱孩子要注意防止几点误区：过度的纵容，会使孩子对人无情；过度的保护，会使孩子做事无胆；过度的溺爱，会使孩子对人无爱；过度的挑剔，会使孩子无路可走；过度的期望，会使孩子精神崩溃；过度的包办，会使孩子事事无能；过度的强势，会使孩子被动无志。父母一定要警惕和重视这些爱的误区，否则会误了孩子的一生。

3. 注意观察、学会判断孩子的心理变化

父母要时刻注意观察孩子的心理变化，及时判断孩子的心理问题。孩子的心理异常主要表现在三个方面：

1）情绪表现。心理异常的孩子会有不良的情绪表现，如易怒、恐惧、焦虑、抑郁等。如果孩子有不愿上学、对学习没有兴趣、容易生气、与父母难以沟通甚至轻生的表现，则可能是得了抑郁症；如果孩子出现一上学就紧张、害怕、出汗、心慌，经常回避有人的场合，上课不敢抬头看黑板，不敢看老师，不敢看同学，则可能得了学校恐惧症；如果孩子一见人就紧张、害怕、出汗、心慌，经常回避有人的场合，则有可能得了社交恐惧症。

2）行为表现。心理异常的孩子往往有学习困难、注意力不集中、多动、厌学、自伤乃至自杀、沉默少语、离群独处、过分活跃、有暴力倾向、喜欢偷东西等行为表现，还可能有反复洗手等强迫行为。

3）生理表现。心理异常常会导致躯体化症状的出现，比如头疼腹疼、恶心呕吐、厌食、贪食、失眠、耳鸣、尿频甚至全身不适等，但躯体检查又往往查不出问题。另外，心理异常的孩子还可能表现为过分关心外表，要么认为自己长得丑，想去整容，要么认为自己太胖，整天减肥。

观察孩子可以通过横向和纵向两个角度，横向观察是指将孩子和同年龄的孩子相比；纵向观察是将孩子的现在和以前做对比。

4. 做孩子的榜样

父母是孩子的一面镜子。孩子会在潜移默化中模仿自己的父母。父母应

该以身作则，做孩子的榜样。不用父母费口舌，孩子就能受到深刻的教育和影响。

5. 多和孩子进行深入的交流和沟通，说话要言简意赅

父母应该多倾听孩子的心声，多和孩子进行良好的沟通，不必企图改变或者强行塑造孩子，应该本着交流协商、顺其自然的原则。另外，教导孩子时说话要果断简明，"含金量"要高，使孩子心服口服，切记不要唠唠叨叨没完没了，那样就容易让孩子产生逆反心理。

6. 理解和尊重孩子，培养孩子的独立人格和自主精神

父母应该给予孩子理解和尊重，爱护孩子的特性，尊重孩子的个性，培养孩子独立自主的精神，而不是和孩子互相捆绑，成为孩子生命成长路上的绊脚石。

第八节

加强心理建设，帮助孩子应对学习压力

案例1

某市有3名中学生因不堪学习压力，结伴逃学，上网吧包夜，并离家出走。

一天，其中一名家长来到火车站向民警求助，称其女儿已经失踪一个星期了，随后民警与家长一起对火车站售票大厅、候车厅、进出站口进行搜寻。半小时后，1男2女拖着行李疲惫不堪地走进了候车厅。民警与家长立即上前，发现正是离家出走的3名学生。提起离家出走的原因，14岁的女生张玉哭着说，他们就读于某重点中学，学习压力太大，每天早上五点半就要起床，中午只有半小时的休息时间，"堆积如山"的作业要做到晚上12点

钟，如果完成不了还要受老师的严厉批评，甚至还会通知父母到学校。为了摆脱这种痛苦，他们3人在一周前放学后出走，到网吧包夜寻找刺激。当他们发现父母、老师及警方都在网上寻找自己时，3人商议决定外出打工。

案例2

14岁男孩因感到学习压力大而产生了轻生的念头，将自己反锁在家中，打开液化气罐，企图自杀。幸亏消防官兵火速赶到现场施救，才挽救了一个年轻的生命。

某天晚上7时许，某市消防支队接到报警调度：某小区住宅楼3楼一户人家中，有一个男孩把门窗反锁，家中的液化气罐被打开，情况非常危险。接警后的消防官火速赶到现场。现场消防官兵从男孩父亲那里了解到，最近孩子总觉得学习压力大，几次说自己不想活了。刚才他发现家中门被反锁，并闻到液化气的味道，感觉到事情不妙，随即报了警。对现场情况分析后，官兵们马上展开了救援，最终将已经昏迷的男孩抬到楼下。呼吸到新鲜空气的男孩虽然睁开了眼睛，可目光呆滞，浑身冒汗，而且讲不出话来。看到这种情况，消防官兵将该男孩抬上消防车送往医院。经抢救，该男孩脱离了生命危险。

案例3

广东某市一名初三学生在中考来临之前，因不堪学习压力，竟从12楼跳下，自杀身亡。事情发生在清晨6时左右，有小区居民听到"扑通"一声，感觉有什么东西掉在楼下，于是打开窗户查看，发现楼下院子里竟然躺着一个人。他们赶紧下楼查看，原来是个男孩，于是报警。为了尽快确认男孩身份，警方请许多小区居民确认，却无人认识。8点多钟，两名穿校服的男生来到现场，经辨认跳楼的男生是他们的同班同学，今年17岁。20分钟左右后，孩子的父母才闻听噩耗后赶到现场。

据孩子父母讲，孩子学习不好，去年没有考上高中，在这所学校复读。

眼看中考临近，但孩子看不进书，经常打游戏，很焦虑。有一天，孩子没有去上学，父母回来知道后很严厉地批评了他。没想到，第二天一大早，孩子竟然做出了跳楼这种傻事，把无尽的悲痛留给了这个家庭，留给了父母。据同学和老师反应，该生平时活泼好动，见人很有礼貌，哪料到花季年龄竟选择了不归路，如此凋零太可惜了。

从上面几个例子可以看出，过重的学习压力对孩子伤害很大。有调查发现，小学一年级开始就有一部分学生感到学习压力大，并且有此感受的学生随着年级的升高而增多。

所谓学习压力，是指学生在学习的过程中所承受的来自周围环境的各种紧张刺激，以及刺激所引起的学生在生理、心理和社会行为上可评估的异常反应。可见，学习压力包括三个基本构成因素：

1）压力源。即来自学习环境的紧张刺激，比如社会舆论的渲染、老师和家长的期望与督促、同学间的竞争等。

2）压力体验。即学生个体的内部紧张状态，如焦虑、紧张、挫折、强烈的情绪体验，以及生理上的唤醒等。

3）压力反应。如学生身体不适等躯体反应和逃学等各种行为反应。

学生学习压力过重，会直接导致学生的心理问题，使学生的心理疾病发病率居高不下。学生不健康的心理如果长期得不到矫治，轻则导致学生"恐学症""恐考症"不断发生，重则使学生犯罪、自残甚至自杀，使学校、家庭事端丛生。所以，学生、家长、老师包括我们全社会都应该学会应对学习压力，保持心理健康。

对于过重的学习压力，首先学生本身要学会自我减压。那么，学生要如何自我应对过重的学习压力呢？

（1）正确看待学习成绩

过分在意学习的结果，难免造成过大的心理压力。不妨把考试看成是对自己前段学习质量的测验和改进的手段，这样不仅可以减轻自己的焦虑和压力,而且真正体现了考试自身的意义。其实,大部分的老师和家长最看重的还是学生学习的过程。只要努力了,父母和老师都不会真心责备。其实,人很多时候的害怕、担心等心理都是杞人忧天。与其如此,不如付诸行动,只要行动就有收获,只有行动才有收获。

(2) 要有明确的学习目标,树立积极、正确的学习态度

要将学习看作是成为社会栋梁之材、报效国家和父母、全面发展个人、获取个人幸福的必经之路。积极正确的学习态度可使学生对学习产生积极的评价和体验,从而使学生乐于学习、勇于学习,不至于把学习看作是一种沉重的负担和痛苦。

(3) 要学会自我解嘲

人的一生会碰到很多不如意的事,其实很多时候并非自己的过错,只是自己的力量有限,或者是客观条件不容许,又或者是"运气不佳",甚至属于天灾人祸,不可抗力。如果考试没有考好,要客观分析原因,不要一味责备自己;要学会面对现实,调整心态,"提得起,放得下,想得开",学会自我解嘲,不要让自己陷入苦闷、烦恼、消沉的泥潭。

(4) 科学用脑,有张有弛,提高学习效率

学习方法正确、效率高,取得好成绩的可能性就大;成绩好了,体验到成功的乐趣,自然就不会感觉到很大的学习压力。学习需要努力,但也不是一味埋头苦读,要有张有弛。比如学习累了就放下书本,到外面呼吸新鲜空气,或者听听音乐来调节身心,等等。还可以发挥创造性,自创有效的放松方法。有一个女中学生就以写武侠小说的方式来缓解学习压力,5年时间写成了一部58万字的长篇小说。这位女生说:"从上初一开始,学习生活就很累,我感觉心理压力特别大。那时候我很喜欢看武侠小说,所以我就开始尝试着把生活中自己和同学在重压之下心理的种种非正常状态,用武侠人物之间的情感冲突表现出来。这样既能把压抑的情绪发泄出来,又能满足我对写作的热爱。"这位女生的行为就是化压力为动力的很好的一个例子。

(5) 要注意自己的心理卫生

要经常保持一种愉快、和谐、宁静和相对稳定的积极情绪，这是有效学习的保障。要经常和老师、家人沟通感情、交流思想，或找同学倾诉心中的想法，这样可以有效缓解压力。另外，如果发觉自己心理有异常倾向，且无法克服时，应该及时寻求父母、老师或者心理专家、医生的帮助。

作为父母，我们应该如何帮助孩子缓解学习压力呢？

(1) 父母首先要改变教育思维

父母不要一味地只关注孩子的考试分数，而不去注重孩子的个性、心理和其他方面能力的发展。这种有失偏颇的教育思想，不仅会给孩子造成了沉重的心理负担，而且还会束缚孩子的天性、独立自主能力和心理的发展。因此，父母必须转变思想，不要再盯住分数不放，而应该关注孩子身心健康的全面成长。这样孩子的学习压力会减轻很多，而作为一个个体生命的意识会强很多。

(2) 父母要学习一些心理常识和一定的家教技能，帮助孩子树立正确的学习动机，培养孩子的学习兴趣

学习兴趣和正确的动机是学习的持久动力。有了动力，才不会感到莫大的压力。帮助孩子树立正确的学习动机，需要家长以身作则，潜移默化地影响孩子。培养孩子的学习兴趣，需要从孩子的爱好入手。比如，孩子喜欢玩电脑，讨厌数学，家长不妨从电脑中的数学知识入手，讲解有趣的数学故事，激发孩子对数学的学习兴趣。

(3) 父母要了解孩子的学习特长和爱好，帮助孩子认识自己的优缺点，寻找适合孩子的学习方法

和孩子一起制定合理的学习目标，使孩子通过努力即能达成。实现了目标，孩子不仅在学习上有了进步，而且还能够体验到成功的快乐，就会增强学习的信心，减轻学习的压力。不要不切实际地给予孩子过高期望，那样会

使孩子承受很大的心理压力。

（4）正确对待孩子的考试失利

孩子考试成绩不理想，不要只一味地说教或者训斥，应该和孩子一起总结，认真分析不理想的原因，总结经验教训，并给予孩子安慰和鼓励。

（5）给孩子找个好的学习伙伴

独生子女在家学习往往会感到孤独、枯燥、有压力。父母可以在住所周围或者亲朋好友中，为孩子找一个同年级或者相邻年级的孩子，邀请其与孩子一起学习。有了学习伙伴，孩子会感到踏实、有趣，学习起来也会轻松很多。

（6）与孩子的老师保持良好的沟通

和老师沟通，可以更深入地了解孩子在学校的学习和各方面表现，及时发现存在的问题，有的放矢地和老师一同解决孩子的问题，缓解孩子的学习压力，帮助孩子提高学习成绩。

（7）为孩子提供良好的学习和成长环境

家庭环境的优劣会在很大程度上影响孩子的学习和健康成长。良好的家庭环境，包括适当的空间、合理的时间与和睦的家庭氛围。空间上，应该有利于孩子保持愉快的情绪、放松的精神和旺盛的精力。比如，在孩子学习的区域，应尽量布置得宽敞、明亮、温馨，颜色以绿色和浅蓝色为佳。时间上，要安排合理，使孩子张弛有度。另外，父母不要在孩子面前闹矛盾，这样会加重孩子的心理压力。

第五章
用契约式教育应对孩子成长中的心理危机

契约式教育

第一节

用契约式教育应对孩子的"懒癌症"

很多父母对我说自己的孩子很聪明,但就是不愿花心思花工夫学习做事,我给出的总结就是一个字"懒"。对于孩子的"懒癌症",最好的办法就是教会孩子懂得自我负责和学会与人合作。我们常说,好的家庭一定是一个共同学习、共同合作、共同成长的团队。团队不仅是生活利益共同体,更是契约共同体。所谓团队,就是由成员和管理者组成的一个共同体,每个成员都必须用自己的知识和能力去协同工作、解决问题、承担责任。所谓责任,就是对任务的一种负责和承担,而责任感体现的是一个人良好的合作意识和合作精神。孩子是家庭这个团队中的一员,所以,从小培养孩子的责任意识和合作精神非常重要,而让孩子参与家务劳动和家事管理是培养孩子合作精神的不二法门。

案例1

(根据咨询家长口述整理)

我儿子已经上高一了,非常聪明,学习成绩也很好,可就是有一个缺点——非常懒。因为他妈妈生他时都快30岁了,所以特别疼他,从小家里任何事都没有让他干过,除了学习外,其他都是"衣来伸手,饭来张口"。因为孩子考上了重点高中,他妈现在不仅不让孩子干活,甚至对孩子的服务更是细致入微,连饭菜都要亲自端到孩子面前来。我说了他妈好几次,别把孩子惯坏了,但他妈就是不听,依然我行我素。

这不,孩子现在住校,生活成大问题了。衣服袜子总是不洗,臭烘烘地堆成一大堆,等到周末拿回家让他妈洗。在寝室里吃完东西,垃圾乱扔,从不知道收拾。轮到他值日时,他也不打扫教室,结果同学们很讨厌他,老师对他的评价也很不好,回家后他就向他妈抱怨,说不喜欢现在的这个学校。他妈妈还总是安慰他,没有一点反省的意识。如果他妈不改变思想,长此以往,我真的很担心会害了孩子。但是,孩子他妈很好强,也不虚心,大家都羡慕她儿子成绩好,她有点飘飘然,总是说她儿子将来是有出息干大事的,家务活是小事,没有必要让儿子干,一点也没意识到问题的严重性,甚至还自以为教育得很成功。她总说我小题大做,为此我很苦恼,您是这方面的专家,请您帮我开导开导她。

（根据咨询孩子口述整理）

我现在很不喜欢我妈妈对我的态度。我觉得她有点变态。我在家一点自由都没有,她老是说三说四的,一点都不理解我。就说最近的一件事吧。住在我家楼下的同学李一航家养了一只可爱的猫,猫妈妈生了几只小宝宝,我很喜欢,李一航就送给了我一只。我高兴坏了,兴高采烈地跑回家把这事告诉了妈妈。谁知,妈妈当头给我一瓢冷水,一口拒绝。她的理由是:"我和爸爸每天要上班,还要洗衣、买菜、做饭,还得伺候你,忙都忙死了,哪儿还有闲工夫管猫啊狗啊的?"我向妈妈保证说:"不用您管我的小猫,我自己照看它。"我妈满脸不屑地说:"得了吧,你管它?你还得让我管呢,要管先把你自己管好就行了!去看看你的房间,乱七八糟的,从来不收拾,哪次不是我给收拾的?再看看你的衣柜,更乱,每次找件衣服都要翻个底朝天。还有你的书包、书桌、抽屉,哪一样你收拾过?还不都是我帮你收拾,你还嫌我没事做啊！"我反驳说："妈妈，你说话公平一点好不好？我又不是不愿意干活，但每次你不是嫌我干得慢，就是骂我笨，干得不好。是你自己性子急，不给我学习锻炼的机会。我很愿意干活，你不要老是责怪我，好不好！"妈妈说："让你干活？我更累，你收拾完了我还得再收拾一遍，还耽误你学习的时间，我还不是为了让你有更多的时间学习吗？你每天除了学习，其他时间不是看电视就是玩，家里的事情一点都看不见，你知道妈妈每天有多辛苦吗？"我都不知道我妈妈说这些有什么用，我想干活她又不让我干，又老爱唠叨自己辛苦。照顾小猫不也可以锻炼一下我吗？为什么不可以啊？她总怪我什么都不管，我想管也得给我机会让我管呀，我干任何事，我妈总是嫌我慢，嫌我做不好，还挑三拣四的，老是打击我，好像我做什么都不行。请您告诉她，不要老是唠唠叨叨，如果她肯放手让我做一次家务，我相信我一定不会比她差。

反思与解决

常常有家长问我，教孩子做家务到底有多重要？我的回答是："非常重要。"但是，大部分家长却并不这样认为。有的家长为了让孩子有更多的时间学习，也不想累着孩子，所以什么都不让孩子做，有的甚至认为孩子将来是要干大事的，家务和孩子无关。还有的家长怕麻烦，认为孩子做事不熟练，很难达到自己的要求，教孩子做还不如自己做，所以很少鼓励孩子做家务。更多的家长则是溺爱、包办。

其实，这些都是大错特错的。有句话说得好：一屋不扫，何以扫天下？如果孩子连一点小事都不愿去做，又怎么能够指望他去做大事呢？我个人认为，在家做事的意义和培养团队的合作精神有关。教孩子做家务是培养孩子能力和责任感的绝好途径。要把孩子看成是一个独立的家庭成员，分担家务是每个成员应尽的职责和义务。父母如果不想自己那么辛苦忙碌的话，就要懂得把孩子视为一个家庭的合作者。当然，最好的办法就是把他培养成为一个有能力的绝佳的合作伙伴。实际上,那些在家什么事也不用做的孩子比那些在家干活的孩子更容易与人争吵,这些态度也会反映在学习上,常常听到老师们诉苦:"我根本无法激励那些学生写功课,因为他们的父母在家根本不要求他们做任何事情。"

教孩子学会做家务绝对是值得父母投入时间和精力的事,这对孩子的成长有着相当大的影响。

因此,尽管没有人要求父母去当"超人父母",但是父母在孩子做家务事这件事情上一定要当好有耐心的教导者和监督者。不要奢望给孩子讲解一次操作步骤,然后说"就这样做",接着孩子就会圆满地完成,无论孩子多聪明。

当你教孩子或者跟孩子一起做家务时,一定要亲自做好示范,尽可能靠近他们,以便随时给予纠正。孩子是在刻意或者无意间的模仿中,从父母身上学习如何处理家事的。

我的孩子现在是家务方面的高手。在他很小的时候,我就让他帮忙清理桌子或洗碗,当然,此时我一定是在他身边工作的。我在厨房忙别的事,我一边把东西放入冰箱里,一边听孩子聊有趣的事。父母一定要让孩子觉得做家务是一件有趣的事!如果你的态度是反感和厌烦的,孩子也会对做家务产生厌烦情绪,所以当你和孩子一起做家务的时候,让它变成一段快乐的时光,谈论一些有趣的事情,不要动不动就纠正孩子的错处,那样只会让他手足无措,尤其是当着外人的面时。不要在乎孩子的家务事做得如何,但一定不要剥夺孩子知道"自己在这个家里也能够做一些事"的权利,记住,为人父母者所担任的是督导的工作,一定要找出孩子值得称赞的地方,即使孩子做得不是很好,也要经常对孩子说:"我欣赏你做事的态度。"

并非所有的工作都是有趣的,当遇到较麻烦的事时,此时需要坚持,假如你给孩子分配的任务是每天倒家里的垃圾,那么你必须看到他确实完成了分内的工作。一定要让孩子对此事负责。当然,孩子可能会拖沓,会找出许多借口。这时候一定不要动摇。有些孩子会一直拖，总是说"等会儿"，直到妈妈没有耐心，然后说："算了，我自己做好了，这样还快些！"一旦当妈的这样想，并且这样做了，那就等于输给了孩子，同时也意味着给自己埋下了隐患。

做父母的一定不要让这样的事发生，教导孩子做家务是父母的基本责任之一，即使这样做可能比自己做要花费更多的时间，但还是必须陪着孩子做，这样才会让孩子懂得什么叫责任，什么叫有始有终。请相信我，你所付出的这些额外的时间和精力是一定会有所回报的。同时，请不要期望孩子会做得和你一样好，要明白，不同的年龄阶段，孩子的能力是有很大差别的。你一定要在孩子的能力范围内要求他做到最好，因为到了学校，老师也会这样要求他，老师不允许学生做事拖拖拉拉。当孩子长大走向社会参加工作时，工作能力和品质就显得尤为重要，做家务是锻炼工作品质的最好方式，而懒散则是一种很难改掉的恶习。

还有一点值得提醒的是，父母一定要确定孩子做完自己分内的工作后才能去做其他事，如果没有做完，就把他叫回来。我儿子在小的时候，除非我检查过他的工作已经完成，否则我不会让他出去玩。我发现，如果让孩子感觉到自己可以"偷懒"，如果让他们认为做完事就可以出去玩，那么他一定会草率地完成指定的工作，因此我跟他约法三章："接下来的这个小时是我们做家务事的时间，不管你是不是已经做完，都不可以出去玩。"只有这样，孩子才会认真做事。认真做事也是一种契约精神。当然，坚持监督孩子完成家务事并不是一件轻松的事，同样需要父母有一点契约精神。如果你发现这对你孩子的一生会有很大的影响，你会觉得花些精力和时间也是很值得的。

当契约成为人们的一种生活方式的时候，契约精神就会细化成身边的每一件小事，以及每一件小事的每一个细节。我们说，细节决定成败，同样，细节也决定着一个人能否履行自己的契约。契约精神体现在细节之处，每个人的日常生活行为都是契约精神的承载体。

第二节

用契约式教育化解孩子的早恋危机

青春期"早恋"是中学生校园生活中的一个"迷人的克星",也反映了中学阶段,中学生性爱渴求和知识渴求的矛盾冲突。"早恋"也是多数中学生本不情愿的。但在男女生的长时间接触中,在枯燥无味的学习环境中,在对别人双出双进嬉闹玩耍的艳羡中,在不良影视书刊的挑逗下,颇有一批学生按捺不住,过早地闯入"禁区",承受"早恋"带来的诸多烦恼。早恋对于教师和家长来说是一个敏感的话题,一旦教师和家长发现了早恋的苗头,多半会大动干戈,坚决制止,大有"不拆鸳鸯誓不罢休"的决心。但结果往往不尽如人意,甚至会导致学生在压力下自暴自弃。

青少年早恋的原因往往比较复杂,涉及生理、心理、家庭、学校、社会等诸多方面,许多出现早恋现象的孩子来自结构缺失或教育失当的家庭。众所周知,1~6岁没教育好,12~18岁的青春期教育就会成为大难题。比如,从小缺少父爱的女孩子,长大后容易早恋。因为"恋父"情结,一些没有父爱的女孩,进入青春期后容易"爱"上一些年长的男性;缺少和家长正常情感体验的孩子,也很容易转而寻求外界的情感补偿。这种情感缺失的补偿现象在女生中更为明显。青春期早恋的孩子更多的是寻求一种情感上的满足。发现孩子出现早恋苗头的时候,家长更应该反思自己和孩子的情感关系。与此同时,家长还需要积极配合,经常和孩子沟通,为孩子提供正确的性知识和引导。

(根据咨询家长口述整理)

儿子已经读初三了,成绩一般,不算好也不算坏。他个子很高,长得也很帅,平时虽然比较贪玩,但喜欢锻炼,所以体育一直很好,总的来说还算比较听话，待人接物也很有礼貌，典型的阳光男孩，大家都很喜欢他。我们也一直觉得孩子比较成熟懂事。因为上初中后就一直住校，每周才回家一次，回来后功课又比较多，所以我们之间沟通的时间少了很多。

直到有一天，班主任把我叫到学校，很严肃地告诉我，儿子早恋了，并交给我一封信，我才发觉孩子的问题已经很严重了。原来，他在上英语课时给同班的一个女孩写情书，被老师发现，信中有他们性行为的详细描写。老师看后大惊失色，马上让班主任找他谈话，结果很快全校师生都知道了这件事。老师找我去学校就是让我好好管教他，并告诉我学校对他们的行为进行了严厉的批评并给予了记过的处分。

我听后气得天旋地转，根本无法接受这样的事发生。回家后，我和孩子的爸爸狠狠地打了孩子一顿。女孩的父母也找到我们家，训斥和责骂儿子，连我们做父母的一起骂。我们除了安慰和道歉外，半句嘴都不敢还。儿子被各方的压力吓得不敢去学校了，待在家也不愿出门。终于有一天，或许因为不堪我们的责骂，孩子干脆拿了点钱和那个女孩离家出走了。女孩的父母和家人找到我们大吵大闹，但我们的孩子也不见了，我也顾不得讲不讲道理了，两家大人为此差点打起来。后来，我们一起去派出所报了案。两个星期后，孩子身上的钱用完了，走投无路的他给他叔叔打了电话，叔叔通知了我们，马上把他接回了家。回家后他一直不说话，目前待在家里也没有上学，我和他爸爸也不敢说什么，害怕他又离家出走。

反思与解决

原因剖析：

根据调查，如下几种类型的学生容易发生早恋现象。

1) 性格外向、相貌出众的学生相比性格内向、外表平平的学生更容易早恋。因为性格外向的人大多敢作敢为，敢于触犯校规，不安分守己，有适合自己的对象，就会大胆追求。相貌出众的学生常常是大家追求的目标，尤其是漂亮的女生，往往经不起别人的追求，她们以被男孩爱慕为荣，听信甜言蜜语，很快就会陷入情网。

2）喜爱文学、有文艺才华的学生容易早恋。这些学生由于平日受环境熏陶，感情丰富，多愁善感，喜欢用书中、歌曲里的浪漫情节来类比自己的生活，效仿艺术家笔下的主人公，追求理想的爱情天地。加上他们有一定的才华，常被异性羡慕，故很容易获得爱的信息。

3）性格软弱、虚荣心强的学生容易早恋。这部分人以女生多见，她们从小娇生惯养，依赖性强，找了男朋友后便觉得有了依靠，她们把自己附属于一个男孩，因此很容易成为男生的爱情俘虏。而那些虚荣心强的女生，大多由于强烈的虚荣心，使她们乐意接受男孩子的殷勤、赞美及小恩小惠。有的学生是出于"攀比"心理而早恋的。她们看到自己的同龄人有了男朋友，看到他们进出于电影院、舞厅、酒馆等，于是也不甘落后。

4）学习成绩差的学生比成绩好的学生更容易早恋。这些学生常常不受老师欢迎，在学习上很少受到特殊关注，也无法把精力放在学习上，从而根本不会从学习中获得乐趣，于是，他们便把无处发的精力和时间转向爱情，转向社会，以弥补感情上的空虚。这些学生大多不以班上的同学为追求目标，尤其是女生，而是经常找社会青年。

5）缺少家庭温暖和爱护的学生容易早恋。这些人多为父母感情破裂、离婚，或父母双亡寄人篱下得不到温暖，生活在一个冷漠、压抑甚至受辱的环境里。于是渴望得到来自他人的温暖，而异性的抚慰正弥补了这一点，使他们尝到了爱情的甘甜。

6）周边环境不好的学生容易早恋。这些学生经常接触一些不三不四的人，或者与他们一起玩的朋友都是早恋者，在旁人的教唆和指使下，也大胆效仿。正如古人云：近墨者黑。

7）常受父母压制的学生容易早恋。很多家长把早恋当作洪水猛兽，把早恋问题妖魔法，早早地告诉孩子不要谈恋爱，成天对孩子唠叨谈恋爱会有什么样的后果。本来孩子也许没有想去恋爱，但如果家长天天这样，孩子心里就会特别好奇，想知道谈恋爱到底是怎么回事，于是就去谈恋爱了。另外，青春期的孩子都有反叛心理，有时为了气父母，为了反抗父母，就会刻意去做父母反对的事情，不让他做他偏要做。因此，早恋只能疏，不能堵；只能引导，不能压制。

当然，早恋的原因往往是多方面的、复杂的，有的学生即使集上述几种情况于一身，也不一定会早恋；有的学生可能遇到一个偶然机会，便掉进了情网。故不能为了"防微杜渐"而机械地用这些教条去对号入座，而要善于发现早恋的先兆，如发现孩子在学习、劳动、课外活动中有异常表现；学习成绩突然下降，经常旷课、迟到早退，甚至逃学；情绪不稳，时而春风得意，时而乌云满天，坐立不安，心神不定，上课思想不集中；对老师、家长反感，从而回避他们；喜欢打扮，讲究发型、衣着；爱看言情小说，摘抄其中精彩的情爱描写，等等。父母只有注意观察，及时发现，才能抓准时机，正确应对，掌握教育的主动权。

应对策略：

1）构建一个充满爱的和谐家庭。学习差或者单亲家庭的孩子，有着学习上的烦恼，因缺少父母的关爱而导致孤独感，所以容易早恋。因此，父母应该共同努力为孩子构建一个充满爱的和谐家庭，同时必须和孩子建立良好有效的沟通关系，亲情的关怀和温暖会冲淡孩子对爱情的渴望和依赖。

2）不要把孩子的"早恋"问题妖魔法。一些家长谈"恋"色变，当看到孩子和异性关系密切或者孩子的日记中出现"爱"字时，就会惊慌失措，乱了手脚。事实上，孩子在青春期时常常盲目地使用"爱"这个字，但千万不要因此就以为孩子真的在恋爱，以为孩子成天想着异性。其实，孩子的早恋是一种心理上的自我认同，是一种挣脱自恋的心理游戏，性的成分很少。初中生的恋爱就像过家家一样，很大程度上是一种小孩之间的游戏，既不构成爱也不构成恋。高中生的恋爱大多由于学习压力大或者青春期叛逆所致，他们在很大程度上只是恋不是爱。

所以，遇到此问题的父母切不可夸大事情的严重性，而是要学会淡化孩子早恋中爱的意味，让孩子明白异性之间的吸引不是"爱"，而是一种正常的友谊和情意交往。如果父母显得很紧张，轻易给孩子扣上"早恋"的帽子，他们就会以为自己真的在恋爱，甚至有可能会弄假成真。

3）不要采取过激的方式。有些家长把早恋问题看得十分严重，认为孩子是自甘堕落，甚至是下贱的行为，所以对孩子采取打骂等极端方式。这样做不但不利于解决问题，反而会适得其反，甚至引发严重的后果。一定要学会尊重理解孩子，倾心沟通，得到孩子的信任。

4）进行有效的理解沟通。首先要明确一点，孩子进入青春期后对异性有好感是正常的。曾有一位严厉的父亲，在孩子青春期时禁止儿子和任何异性交往，结果儿子到了32岁的时候还不会谈恋爱，见到女孩子就面红耳赤。其次，要确认一下，孩子是否真的恋爱了还是仅对异性有好感。多数情况下孩子只是对对方有朦胧的好感而已；如果真的恋爱了，首先父母应该开心一下，说明你的孩子很有魅力，接下来再教会孩子如何和异性相处。大多情况下，孩子之间的爱情比较稚嫩，如果真的"恋"上了，反而往往会迅速发现对方的缺点，这时他们自己都会主动要求"分手"，此时父母可以委婉地表明自己的期望：无论如何不要影响学习，综合素质也要继续发展，并表明对孩子的信任，相信他们会处理好恋爱和学习的关系。这种信任会让孩子对你心存感激而不是怨恨，并且往往会促使他们开始像一个"大人"一样思考。父母主动给孩子一段考虑的时间，如果时间到了，他（她）仍然沉溺于恋爱之中并影响了成绩，就要采取一定措施，比如和他（她）认真沟通一次，让他（她）明白什么是真正的、成熟的爱。要自然而严肃地和孩子达成协议，无论感情有多深，绝不能发生性行为。也可以借机对孩子进行一次性知识教育，让他（她）明白冲动是要付出代价的。最后，家长也要在平时善于自我放松、自我调节，要处理好工作和休闲的关系，自己拥有好心情，才能在教育孩子的时候保持清醒。以身作则往往会比空洞的说教起到更好的效果。

5)对孩子进行科学的性教育。有些孩子早恋是出于对性的好奇。对于女孩,一定要告诉她过早性行为的危害,不要轻易尝试,以平静的口吻告诉她避孕的知识。青春期的孩子已经不是不懂事的小孩子了,她们做每一件事时,也会权衡利弊,所以要相信她们。对于男孩子,除了告诉他们相关的性知识外,还必须培养他们的责任感,明确地告诉他们为了彼此的未来,为了不伤害女孩,有些事情是绝对不能做的。

第三节
用契约式教育应对孩子的厌学症

(根据咨询家长口述整理)

最近,孩子的问题一直让我很头疼。只要一想到他的事情,我就浑身冒汗。孩子上初中时就读的是市里的一所名校,成绩一直都还不错。他从小性格也比较开朗。但自从中考失利,到一所普通的中学读高中后,孩子就变得对学习十分反感和厌烦。一和他提到学习的事情,他要么十分烦躁,说一些消极沮丧的话,要么就是你问一句他无精打采地答一句。除了偶尔看动漫时会露出一点兴高采烈的神情外,其他时间都是阴沉着脸,像个被霜打了的茄瓜,提不起精神来。学习时呵欠连天,瞌睡不断,一点都不专心,有时还像个小学生一样,一支笔也能拿在手上玩半天。在学校上课时也不专心,也不做听课笔记,经常不交作业。你一批评他,他就说不想学了,一到学校他就烦,有时还说烦到心口发疼。见他这样子,我心里真的很着急,就想和他商量着想想办法。他爸爸说给他请好一点的家教帮他补习,他说没有用,一口回绝了。

马上就要考试了,孩子有一天突然对我说他头疼得厉害,让我去学校给他请假。我要带他去医院看医生，他又说不去，说他自己在家休息休息就会好了。我觉得他是想逃避考试，就批评了他并拒绝帮他去学校请假。但他一反常态，情绪激动地反驳我，振振有词地说我不关心他的身体，难道读书比他的身体还要重要吗？即使我不给他请假，他也不会去参加考试，因为他确实头疼不舒服。他这样说着，我觉得他好像一个陌生人，以前那个活泼好学、开朗懂事的孩子到哪里去了？他是不是患上了厌学症？如果是，我又该怎么办？我希望能得到您的帮助。

反思与解决

　　这个孩子的确患上了厌学症。厌学症是目前中学生诸多学习心理障碍中最普遍、最具危险性的问题。可以说，每个青少年在学习过程中都或多或少地出现过不愿意学习的情绪。因此厌学问题也是广大家长面临的最大的教育难题。

　　所谓厌学症是指学生对学校的学习生活失去兴趣，产生倦怠情绪、冷漠逃避和对抗的心态及行为表现，包括厌学情绪、厌学态度和厌学行为，其主要特征是学生没有学习动力，对学习厌恶反感，甚至感到痛苦，无法做到上课专心、作业用心，因而学习消极被动，思维缓慢，知识脱节无系统，考试及作业错误率高，害怕考试，甚至恨书，恨学校，恨老师。严重者还有可能一提到学习，身体和情绪上就会发生一系列的不良反应，比如恶心、头昏、情绪起伏不定、垂头丧气或者脾气暴躁，等等，还会伴有逃学、说谎、离家出走等不良行为的发生。厌学无论轻重，最直接的一个后果都是导致学习效率下降，即学生完成一定学习任务的速度和质量降低。造成中学生厌学的原因是多方面的，既有客观因素，也有学生本身的主观因素；既有来自社会的不良因素的影响，也有学校教育因素的影响，同时和家庭教育也有很大的关系。

原因剖析：

　　1）学习本身存在局限性。学习是一系列复杂的心理活动过程，这个过程需要付出很大的心智努力和长久坚持的毅力。人们在学习过程中，都会伴随高度的精神紧张，久而久之必然会产生心理疲倦感。同时，学习也是一个长时间的周期，并非一朝一夕就可完成。无论从事什么性质的工作，时间长了，都会多多少少地让人产生厌倦情绪。所以，学习本身存在的局限性就使学生容易产生心理疲倦，从而导致厌学。

2）学生没有明确的目标和动力。在心理学中，动机是指引起和维持个体的活动，并使活动朝向某一目标的内部心理过程或内部动力。中学生学习动机不足或动机不明确的现象极为普遍。其原因有三：其一，受社会不良因素的影响。所谓的"拼爹时代"，让大部分孩子认为"学习好不如有个好爸爸"。社会不良风气影响了学生的学习动机。其二，受家庭因素的影响。一些学生受到家长"知识不如资源"观念的影响，误认为知识不重要，花钱读书不合算，认为知识够用就可以了，还是早点参加工作或经商赚钱好。其三，学生本身对学习目的不明确。有些学生认为是为父母读书或者只是有书读就可以了，而没有明确的学习目的、人生理想和抱负。

3）学生学习情感淡漠，缺乏兴趣。造成学生学习情感淡漠的原因是多方面的。首先，学生课业负担过重，学习时间过长，导致学生兴趣下降。其次，教师教法陈旧，师生情感不良。中小学生对学科情感及兴趣的产生，往往源于他们对学科教师的情感。老师如果从自然威信、人格魅力到学识水平、治学态度、教育教学能力等各个方面赢得学生的爱戴，学生必然对这位老师所教的学科抱有浓厚的兴趣。相反，师生情感不良，学生对教师没有好感，他们就会不喜欢这位老师，由此发生情感迁移，也就很难喜欢这位老师所教授的学科了。如果学生长时间不喜欢某一学科的学习，很难说不产生厌学情绪。

4）学生意志薄弱，耐挫折能力差。许多学生虽然主观上有学习的愿望，但学习毕竟是一项艰苦的事情，需要一定的时间及毅力。目前中小学生几乎都是独生子女，是家里的宝贝，父母的宠儿，生活中的任何困难几乎都是父母帮助解决的,因此很多学生坚持性差,意志薄弱。一旦碰到困难便打退堂鼓,害怕去学、去动脑,长期下去,便会产生厌学情绪。

5) 迷恋网络游戏或电视等。近年来,随着电脑及网络的普及,沉迷于电子游戏的孩子数量显著增加。游戏画面跳跃,五彩缤纷,刺激性强,长时间玩游戏,孩子就会感到疲乏倦息。如此循环下去,孩子对学习的内容就会失去兴趣,"呆板"的知识激不起大脑的运转,所以学习差、厌学就成了自然而然的事了。

6) 不良家庭因素的影响。父母如果不管教或不善于管教,就会导致学生的厌学心理。强制型家长对子女用打压的方法,按其主观愿望逼迫孩子学习,造成孩子的逆反心理,产生对学习的厌倦情绪;放纵型家长对子女放任自流,导致子女懒学勤玩;宠爱型家长对子女百般溺爱,过度迁就,助长了孩子的依赖性和懒惰性。此外,家庭关系不和谐或家庭破裂,也会给子女心灵上造成创伤,使子女意志消沉而影响学习。

7) 来自各个方面的消极评价。学习是一项艰苦的劳动,孩子在学习过程中需要不断地被鼓励和被肯定,尤其是中学生,还处在心理发展的不成熟阶段,更需要来自各个方面的积极评价。然而在实际生活中,他们得到的少之又少,而消极的评价正是造成学生厌学的不容忽视的原因。比如:有的孩子学习基础差,由于种种原因,虽经过多次努力,获得的却是一次次的低分和失败,又长时间受到家长的唠叨、老师的批评、同学的嘲笑。他们在学习中无法满足成功的愿望,生活中又很少得到理解和关怀,品尝到的只是失败和无奈,于是逐渐对学习丧失信心,认为自己是永远都学不好的"差生",这样的心理又反馈到学习行为上。如此恶性循环,很容易患上厌学症。还有一种常见的原因是,有些孩子上小学、初中时的成绩都很好,到了高中后,生活、学习内容、竞争对象发生了很大的改变,面临新的挑战,由于心理适应能力差,不敢面对挫折和失败,无法正视困难,因此丧失自信心,对学习消极对待,从此一蹶不振,患上厌学症。

应对策略：

(1) 培养学习兴趣

其实孩子不是不明白学习的重要性，而是提不起对学习的兴趣。对学习缺乏兴趣也是厌学的一个主要原因。学习兴趣可以使人在学习时进入高能状态。研究显示，当人心情愉快时，脑波形是 a 波，a 波是大脑处于最佳状态的标志，这时学习效率非常高。要想学习好，必须调动起学习兴趣，那么学习兴趣怎样培养呢？

1) 找找成就感。大多厌学的孩子都是在学习中体验不到成就感的孩子，而一旦产生成就感，他们就会获得学习的动力。如果孩子在学习上经常受到老师与家长的批评、指责，而很少得到表扬的话，就会挫伤学习信心。家长可以分析一下孩子没有成就感的原因，是由于学生学习困难还是家长要求太高。如果是学习困难，家长可以多指导孩子的学习；如果是要求太高，家长要适当地给孩子"松绑"，降低要求，少打击孩子，让孩子树立起学习的信心来。

2) 多鼓励，少打击。许多父母过于看重分数和名次，常常拿孩子与别的孩子比较，一而再再而三地数落孩子，总在孩子耳边说"你学习不好要抓紧"之类的话，说来说去孩子倒害怕学习了。父母要多鼓励，少批评数落唠叨，这样才能让孩子找回学习的兴趣和信心。

父母要改变以往一味批评的教育方式，努力寻找孩子的微小进步，对孩子的每一点努力与进步都要给予肯定与表扬。要让孩子认识到，自己通过努力可以学习好，家长对自己很有信心，也很有耐心，对孩子成绩的提高不要急于求成。一位教授总结出了教育 12 字箴言："低起点，小坡度，勤奋到，大发展。"也就是要给孩子一个低起点，让他把基础知识学好，上好课，把基础打牢。小坡度，就是让孩子从很小的进步中尝到甜头。所以，家长不应只是看重孩子学习的结果，关键是看到孩子努力向上的状态，只要孩子一直在努力，一直在进步，就应给予积极的鼓励。

(2) 养成良好的学习习惯

如果孩子形成了良好的学习习惯和学习能力，会对学习成绩的提高大有裨益，对抵制厌学的情绪也大有帮助。

1) 学习要有始有终。做任何事情，如果不能持之以恒，都不会成功，学习更是如此，"三天打鱼，两天晒网"是不会学好的。培养孩子持之以恒的学习习惯，要从小抓起，对孩子注意力不集中的现象，要想办法纠正。

2) 严把时间关。父母要教会孩子合理地安排和遵守学习时间，要帮助孩子形成有规律的作息制度。可以为孩子制定一个合理的生活时间表，将每天起床、运动、吃饭、学习、游戏的时间安排好，并严格按时间表去做，这样就会节省时间，从而克服孩子无规律的拖拉习惯。

3) 学会聚精会神地学习。集中注意力可以提高学习的效率，所以一定要防止孩子养成边做作业边吃东西，或者边做作业边玩的习惯。

(3) 父母应该成为孩子学习的管理者

父母应该全面参与孩子学习，针对孩子消极对付的学习习惯，要制订具体的计划来帮助孩子克服。

1) 调动孩子的学习兴趣，注意提醒孩子使用不同的学习方法，如综合运用听、说、读、写，避免学习时间过长导致孩子心理上产生厌烦情绪。

2) 孩子良好的习惯养成要从小做起，对孩子的学习原则上可以指导，但一定不要包办代替，让孩子在学习过程中确认责任感和独立性。

3) 指导孩子制订好学习计划并监督孩子执行。

4) 多和孩子进行沟通，加强情感上的交流。引导孩子建立正确的人生观，树立远大的理想。

(4) 进行专业治疗

对于厌学情绪严重的孩子，必须寻求专业人员的治疗。通过专业的辅导训练，可以及时、有效地治疗孩子的厌学症。

第四节
用契约式教育化解孩子离家出走的心理危机

"我想要有个家,一个不需要多大的地方,在我疲倦的时候,我会想到它;我想要有个家,一个不需要华丽的地方,在我受惊吓的时候,我才不会害怕……"人们常说家是爱的港湾。每个人都会在这个港湾中得到庇护,避开狂风,躲过暴雨,以血缘和亲情为纽带的家庭应该是很温馨的。可是在现实生活中,有多少中小学生放学后不愿意回家,又有多少父母上班后就不愿意再想起自己的家,他们似乎都在逃避那场风雨。在我接听的家长的咨询电话中,我总能听到许多家长的哽咽:"我和孩子都不愿回家,没有沟通,回家只有吵架!"在我接待的众多来访家长中,常听到这样的抱怨:"孩子上初中以后越来越不像话了,以前说他还不敢顶嘴,可现在,我对儿子训斥一句,他往往顶我十句。我现在是越来越不懂孩子的心了。"现在的许多中学生和家长关系紧张,几乎到了无法沟通与交流的境地,有时一天或几天不见孩子,晚上想和孩子说几句话,可还没等张口,孩子就抢先用烦躁的语气把家长堵回去:"别说了,我又不是不知道,说来说去就是那几句,大道理谁不会说……"然后摔门进了自己的房间,把家长孤零零地扔在了那里,欲哭,但不知道自己的眼泪往哪里流。似乎家长和孩子的情感脆弱到了如履薄冰的地步,尽管时时小心翼翼,但依然使彼此受到伤害。虽然沟通和交流是化解心结的良方,可孩子根本就不和家长交流,父母想要心平气和地坐下来谈谈,他却选择逃避。家,本来是一个温馨的港湾,可孩子和家长却都不愿意来这里靠岸。

近年来,孩子离家出走已成为社会非常关注的现象。面对宁愿吃苦也选择漂泊在外的孩子,深深爱着孩子的家长们却不明白哪儿出了问题。对于天底下的父母来讲,最棘手的事情之一就是孩子离家出走。孩子出走的原因也许单一,也许复杂,但有一点是共同的,就是孩子面对着巨大的心理压力,无法解脱，于是一走了之。其实，离家出走非但不能解决问题，反而会给孩子带来新的挫折和压力，甚至是灾难，但这又是年少无知的孩子不能预测的。所以父母应该防患于未然。

（根据咨询家长口述整理）

　　昨晚半夜，我姐姐心急火燎地打电话来说，她家孩子又没有回家。在一个月中，这孩子已经是第三次离开家了。我姐姐的孩子已经读初中了，长得帅气，人也很聪明。姐姐中年得子，他们两口子本身又都是高级知识分子，所以对孩子的教育是相当重视的，期望值也比较高。胎教、早教什么的都非常用心。家里教子的书一大堆。这个孩子在两岁时就能背很多唐诗，说很多成语，能做100以内的加减法，在姐姐眼里，他就是一名了不起的"神童"，姐姐还给他起了一个"北大"的小名，意即将来上北大。"望子成龙"心切可见一斑。但事与愿违，可能是因为小时候玩得太少的缘故，自从孩子上小学开始，姐姐和姐夫就操碎了心，烦得头发都白了。孩子一点都不爱学习，在学校也不遵守纪律，十分贪玩。回到家，就在小区领着一帮小孩打打闹闹地疯玩，不是把别人家的窗户打坏，就是爬人家的阳台。父母苦口婆心地教育、批评、训斥，甚至打骂，无所不用其极，但都收效甚微。随着孩子长大，进入叛逆期后，更加变本加厉了。虽然姐姐费了很大力气，花钱把孩子送进了一所最好的重点中学，可孩子并不领情，也不珍惜，反而迷上了网吧，还染上了不回家的坏毛病，经常放学后不按时回家，一说他，他还反驳说就是应试教育害了他，搞得他的童年一点都不快乐。说多了，他就干脆不回家，在公园或者网吧过夜。每次被找回家，他都要被父母暴打一顿，但他一点都没有吸取教训。这不，昨晚他又没有回家，父母很担心他出事，半夜挨家挨户打电话，发动所有的亲朋好友一起去找，一直到天大亮，才好不容易在一个桥洞下找到孩子。

　　现在的孩子都怎么了？好好的家不回，也不怕父母担心，宁愿像个乞丐似的待在外面。我们所有的大人都很迷惑，很苦恼，都不知道该怎么教育这样的孩子了。

反思与解决

原因剖析：

中小学生离家出走的原因是复杂的，有主观原因，也有客观原因。

(1) 主观原因

1) 关系紧张。出走的中学生大多是因为父母望子成龙心切、师生关系紧张以及与同学相处不融洽，造成了心理上的压抑，感到学校、家庭环境不能给他们带来快乐。所以他们弃学离家出走，在外游荡，去结识"意气相投"的新伙伴，去开辟另一片"自由"的新天地。

2) 性格怪僻。这种学生会对周围的人抱有敌意和戒备心理，他们常常会因为与学校或家庭成员发生矛盾冲突而突然出走。

3) 义气行事。中学生思想不够成熟，最讲义气，肯为朋友两肋插刀，宁肯不服从父母和老师，也不愿违背伙伴的意愿。有的学生本人并不想离家出走，可是好朋友犯了错误想要出走，为了表示够义气，也就陪着走一遭。

4) 盲目效仿。尤其当媒体披露因片面追求升学率造成一些学生压力太大而离家出走的消息后，有的学生就加以效仿，以为这是解脱的好方法。

5) 厌恶家庭。家庭不和，父母争吵、分居、离婚，会使孩子感到难堪、孤独、自卑、屈辱和痛苦，他们感受不到家庭的温暖和父母的爱。为了弥补在家庭中失去的温暖，解除心中的烦闷，满足内心的需要，他们就会到有着相似处境的同伴中去寻求温暖和爱。他们有共同的心理、共同的感受、共同的语言，他们常会在一起计划离家出走，独立生活来改善处境。他们在这种心理状态下，一旦遇到不顺心的事，就会选择离家出走。

6) 角色变异。学生通过各种渠道接受了大量信息后，一部分人会对读书不感兴趣，而热衷于读书以外的东西，比如早恋、迷恋于网吧、抽烟、喝酒、看录像等。消费观发生变化，拜金倾向严重的学生，在学习中经常表现为漫不经心，逃学去挣钱，或离家外出闯天下。有些学生会因无法挣钱而为生活所迫去偷盗，先偷自家和亲戚家，后来会越来越严重。

7) 威胁师长。有的学生由于某些要求得不到满足，或者对家长逼迫学习过紧而产生反感；有的对老师的批评不满，对老师有意见，为了恐吓或威胁家长和老师而出走。有的学生直接跟家长讲："你再批评我，我就不回家了。"以此威胁家长。有的学生并不是真正出走，只是在同学家住几天，制造一种紧张气氛，目的是使家长和老师屈服。

（2）家庭因素

家庭是孩子成长的摇篮，父母的言行举止、家庭成员的关系情况也影响着孩子的健康成长。一个不和谐的家庭对孩子的成长起着极大的负面作用。

1) 宠爱型家庭。长辈对孩子过分宠爱，百依百顺。孩子从小做事就无所顾忌，不想后果，不考虑他人的利益和感受。无论孩子要什么，家长都会满足他，用金钱来表示对孩子的疼爱。可是孩子慢慢长大后，有些需求则是家长无法满足的，他们彼此就会产生矛盾，冲突厉害时导致孩子离家出走。

2) 棍棒型家庭。家长由于长期在外打工或者因为工作繁忙，平时没有时间和精力来管教孩子，缺少沟通，当发现孩子有问题时，就粗暴地以打骂来处理。孩子在小时候怕被打，也许会听话，但到了高年级就会因害怕回家挨打而离家出走。

3) 推诿型家庭。父母关系不好或离婚，往往两人拿孩子出气，都不爱管孩子；推卸责任，不与学校配合教育孩子，孩子似乎没人管，感觉相对自由了，但往往就会被引诱到社会的一些角落里去。

4) 骄纵型家庭。一些家长的观念不正确，纵容子女的行为，"打架要打赢，打不赢就咬""人家偷我的，我就拿别人的"，类似这样的教子论调在孩子的心中扎下根。天长日久，孩子就会养成一些不良习惯，且家长不配合教育，袒护子女，孩子就会愈演愈烈，最终家长自己也无法管教了，可谓害人害己。

(3) 学校因素

1) 片面追求升学质量，学生不堪学业重负。传统的教育观念一向重视程式化的知识教学，而忽视对孩子素质和创造力的培养。新课程的实施还只是浮于表面形式，有的老师不改进教法，仍是以时间加汗水来追求所谓的质量，繁重的知识学习负担，压得学生喘不过气来。供孩子自己支配的时间越来越少，孩子天真活泼的天性被压抑、被窒息，心理能量超负荷透支，孩子深感身心疲惫不堪，厌学情绪越来越重，最后便选择离家出走这一逃避方式。

2) 教师教育方法陈旧，学生情感屡屡受挫。教育方法不当是造成学生出走的重要原因，有的老师违背学生身心发展的规律，以对待成人的方法对待充满稚气的孩子，一味地靠重压让学生争取成绩；有的老师不顾学生的个性特点，观念陈旧，教法死板，一刀切，一样齐；一旦学生成绩不好，便极尽责难、惩罚之能事，或者讽刺挖苦，或者赶出教室、停课检查，或者打骂学生，或者借助家长的威力来慑服学生，强制转学或退学……这些做法都会损伤学生的自尊心，使他们产生对老师的不满和不信任。对于年幼、缺乏生活经验、在家得不到温暖、在学校受到歧视的中学生来说，是很难承受这样的压力的，摆脱这种环境是这类学生普遍的心理要求，采取离家出走的方式即是他们对环境的反抗。

3) 失败体验太多，迷失了自我。在漫漫求学路上，由于种种原因，学生屡遭失败。而教育者如果不能够及时发现，并给予学生有力帮助的话，则会使他们失败的体验越积越多，随之对自己的自信心也就大打折扣。长此以往，这样的学生必然会对自己未来发展的目标产生怀疑，甚至动摇，可能会茫然地去漂流、去寻找，寻找已经失去的自我。

4) 社会适应性差，盲目赶时髦。孩子把大量的时间和精力投入到繁重的学业之中，很少参加课外活动，缺乏实践经验，缺乏生活经验，很难与周围环境保持良好的接触，社会适应性差。一旦自感承受不了，就可能在行为上表现出退缩、逃避，离开现实去寻找自己理想中那一方没有烦恼、没有忧愁的"净土",以获得最大程度的解脱。在外漂泊的过程中,他们可能会遇到社会上一些不良群体的引诱,甚至可能参与到一些危害社会的活动中去,走上邪路,对社会的危害不容低估。

应对策略:

当孩子离家出走之后,很多家长会抱怨。其实,天底下没有有问题的孩子,只有有问题的家长,孩子之所以会离家出走,在很大程度上与家庭教育不力有关。所以说,想要防微杜渐,家长必须从自身做起。

1) 做家长的要认真研究一下家庭人际关系状况,包括家长之间、家长与孩子之间的关系。因为如果人际关系良好,孩子能与家长沟通,他会及时把面对的压力告诉家长。家长把握了孩子的心态,就能进行疏导,预防孩子出走。如果家庭人际关系不好,本身对孩子就是一种压力,孩子与家长产生隔膜,难以了解其他情况。这种状态下,家长要努力做好自家的"减压"工作,坦诚地面对现实,与孩子交谈,让孩子把对家长的不满都说出来。家长需要冷静思考,该承认自己的缺点和错误时,就要勇敢地承认,向孩子表示歉意。有了交心的基础以后,进一步与孩子沟通,互相说出面临的问题,再有针对性地帮助孩子解决实际问题。

2) 对于已经出走过或有出走念头的孩子,要耐心进行说服教育和分析。出走不是解决问题的好方法,只会带来更多的问题,家长心里会很着急、很痛苦。有志气、有责任心的孩子应该勇于面对现实,正视各种矛盾和压力,主动与老师沟通、与家长沟通、与同学沟通,寻找解决问题的办法。家长要相信孩子,也要让孩子有信心有能力处理好自己遇到的麻烦。

3) 家长要认真反省自己的教育方法。家庭教育不当,往往是孩子出走的直接诱因。很多家长"自居心理"极强,总认为自己的做法是对的,是为了孩子好,一贯地"理直气壮",也正是这种"理直气壮"直接导致了孩子离家出走的苦果。建议这样的家长尽快改变"自居心理",听听专家、老师和孩子的意见,对自己的做法进行深入反思。家长教育态度、方法的改变,会促使孩子接受教育态度的改变，可以消除不良的隐患。

4）家长要了解和重视孩子的成人感和自我意识，尊重孩子自主自立、努力成长的意愿。要对他们少一些限制，多一些肯定、鼓励和支持。使他们意识到，离家出走并不能解决问题和摆脱困境，还有很多更积极、更具建设性的解决问题的途径。要让孩子明白，挫折可以使人的心理成熟起来；为了以后更好地适应生活和应对挫折，应该多学知识，培养各种生活能力。

5）建议家长多与老师以及孩子的同学接触，注意家校互动。从与他们的谈话中，可以知道很多关于自己孩子的情况，有些异常表现也会提早得知，以及时采取措施。家长与老师、孩子同学的接触应自然、坦诚，保证获得信息的真实性。

孩子离家出走，人们总认为是孩子的错，其实归根结底是家庭教育的失败。可怜天下父母心，希望每个家庭都有正确的教育，一家人和和睦睦，孩子不再离家出走。

第五节
用契约式教育化解单亲家庭孩子的"自卑症"

随着时代的发展，中国传统的家庭婚姻观念已发生很大的变化。由于离婚率的逐步上升，从小生活在单亲家庭的孩子在逐年增多。尽管很大一部分所谓的"问题孩子"都来自于单亲家庭，但也有很多单亲家庭的孩子成为社会上的优秀人才。相比普通家庭的孩子们，他们或许略微敏感，或许略微孤僻，也或许更加坚强和自立，这些都离不开家庭的影响。

由于单亲家庭的环境对孩子的健康成长易产生一些消极的影响，因此单亲家庭孩子的教育问题依然显得十分重要。父母与子女的关系实际上是子女与社会接触的一个最初的、最基本的关系。母子、父子的相互依恋是一种积极的相互关系，父母对孩子的关心与疼爱，能使子女产生积极的情绪反应和安全感,这是子女的个性形成和情感的正常健康发展必不可少的条件。剥夺子女与父母的接触会带来许多消极的后果,对子女的认识的发展、情绪的稳定、父母与子女的感情交流,以及日后的社会性反应等都极为不利。在现实生活中,他们往往孤僻、冷漠、软弱、敏感、喜欢独处、不合群,甚至走上犯罪的道路,因此,绝不可忽视给予子女的爱。

据有关调查研究表明,1/4 的单亲家庭中的孩子在父母离婚的前半年时间里有强烈的恐惧、愤怒和羞愧感。近半数的孩子常出现哭闹等不良行为反应,有的甚至对他人怀有敌意或具有攻击性。近 1/3 的孩子因为父母离异而冷漠,凡事无动于衷。独立抚养孩子的父亲或母亲直接面临的是孩子的教育问题。孩子在家中应该得到温暖、安慰、激励、放松和调整,但单亲家庭中的孩子因为缺少父亲或母亲的关怀与疼爱,在家庭教育中往往会出现较棘手的问题。这些问题直接影响到孩子的心理发展和健康成长。如果单亲的父(母)亲不能关心孩子的生活,体察孩子的心理变化,孩子的性格会慢慢发生畸变,有的会误入歧途。因此,如何根据单亲家庭孩子的特点进行家庭教育,是摆在我们面前的一个极具挑战性的重要课题。

(根据咨询家长口述整理)

"前几天肖云和她的爸爸妈妈一起去旅游了,我好羡慕。我很小的时候爸爸妈妈就离婚了,没有爸爸的关心、疼爱,我总觉得缺少点什么。有时候,真的觉得父母在我的脑海里就只是一个词,一个空洞的概念。妈妈总是忙她的,我过得好孤单好寂寞,遇到伤心事,我总是一个人偷偷地哭泣。我常常会在心里问自己,既然没有人疼我,为什么还让我来到这个世界上?其实我要的快乐很简单,就是一个幸福美满的家庭,和肖云一样,有一个疼我的爸爸,爱我的妈妈。每天一家三口在一起吃饭。每到星期天或者节假日,爸爸妈妈就会带着我到各个景点游玩……但我知道,这一切对我来说是一种永远也不可能得到的奢望,因为命运早就为我贴上了'单亲家庭的孩子'这个代表着忧伤的标签……尽管如此,我知道我必须坚强起来,我不祈求任何人的怜悯。"

这是我 14 岁的女儿在 QQ 空间里的留言,我看了后感到心里酸酸的。自从和丈夫离婚后,我一直独自打拼,想给孩子创造好一点的物质条件。没有想到孩子的精神世界是如此的寂寞痛苦。其实,女儿小的时候一直开朗活泼,但自从我与丈夫离异后,她就变得不爱说话了,经常面对着电脑发呆。有时同学约她出去玩,她也不去,好像对什么都提不起兴趣。我以前也没有觉得有什么问题,因为我实在是太忙了。现在看来离婚给女儿造成的心理阴影和影响还是很大的,但是我该如何和她就此问题进行交流呢?我很担心这样下去,她的情绪会越来越差,会给她造成心理上的缺陷。

反思与解决

原因剖析:

(1) 单亲家庭子女常有的心理特征

家庭由于变故而造成了家庭内关系的破裂,形成残缺的单亲状况。毫无疑问,在单亲状况下,父爱或母爱的缺损都会对未成年子女的心理健康及成长造成消极影响甚至伤害,使这些未成年子女形成一些不良的心理特征,并且子女的年龄越小,这种不良影响的力度越大。

因此,单亲子女一般有如下心理特点:

1) 羞辱心理。羞辱感属于人的情感心理系列,是外界事物引起内心窘迫、不安、羞涩、耻辱的情绪体验。单亲子女一般对自己的身世有羞辱感,总是回避谈论家庭问题,将家庭的事视为隐私,不愿意外露。羞辱感本是人懂得廉耻的一种良好的心理品质,但表现在单亲子女身上便被扭曲了,变成了一种自我封闭的情感体验。

2) 自卑心理。自卑是人们由于发展受挫而将自己看得很低,从而产生一种轻视自己的情绪。它对于人的思维活动、创造活动和其他心理活动都有明显的抑制作用。单亲子女将自己现在的家庭与原先的完整家庭相比、与周围的家庭相比，难免产生孤独的情绪，总觉得自己不如别人，缺乏心理支撑，缺乏自信心，情绪低落，常常将自己封闭起来，缺乏主动追求精神。

3) 冷漠心理。当单亲子女长期感受家庭生活中不美好的东西时，对生活的美感意识便会遭到破坏，从而逐渐失去对生活的美好感受，表现出冷漠、缺乏热情和向上的精神。这种对生活不经意的态度积淀便形成冷漠的心理。

4) 报复心理。单亲子女在父母离异后，只能跟随一方生活，而被另一方冷落。有的离异父母为寻求新的生活，将孩子寄养他方，都不去抚养孩子。于是孩子视这些为生活对自己的不公，是父母给自己带来的不幸，继而产生报复心理，要报复父母，报复社会。与报复心理并发的是自暴自弃、玩世不恭的心理。这些心理并发后，便表现为对生活失去信心，失去责任心，不求上进，甚至做出违法乱纪的行为。

5) 人格偏差。心理学认为，"人格标志着一个人具有的独特性，并反映人的自然性与社会性的交织"。孩子人格形成的重点环境在家庭，父母是孩子人格的教育者。父亲代表着理性、权威、坚毅、成就的一面；母亲代表着感情、关怀、温柔、亲切的一面。由此渗透的对孩子的爱也是不同的，父爱充满着阳刚，母爱充满着阴柔。在孩子的人格形成中，父爱和母爱缺一不可。单亲子女由于得不到完整的父母双亲的爱，其人格形成环境不利，往往出现人格偏差。

(2) 单亲家庭孩子的教育难点

1) 单亲家庭孩子往往疏远老师、同学与集体，相对自我封闭，使教育难以产生效力。如果不从羞辱心理、冷漠心理中走出来，单亲子女就会逐渐把自己封闭起来，疏远甚至躲避老师和同学，经常独自一人陷入苦闷之中，不关注教育要求，不关注学校班级的活动，在此种状态下，教育无法渗透到学生的内心，也难以产生效力。

2) 无心向学，不能集中精力学习。家庭的破裂一下子打破了原有规律的或美好的生活格局,孩子心中充满惶恐、怨恨等情绪,根本无心或不能集中精力学习,学习成绩必然急剧下降。

3)对周围人产生一种仇视心理。这更是一种心理变态现象。由对父母家庭的怨恨情绪逐渐扩展到对周围人的敌视,容易产生对老师的不信任,对同学的不理解甚至忌妒。这种心理对孩子的成长危害更大。

应对策略:

(1) 为孩子创造一种愉快的家庭氛围

研究表明,儿童从2岁起便能真切感受到家庭的氛围,不同的家庭氛围会使孩子在思想、态度和一般行为中做出不同的反应。如果孩子在家里感到愉快和安全,他们的心理和性格就能得到良好发展;如果家里整天吵吵闹闹,孩子常常处于提心吊胆、担惊受怕的环境中,就易产生不良情绪和行为问题。在幼儿园里,我们常常发现单亲家庭的孩子往往表现出性格内向、恐惧、悲伤、焦虑、冷漠或攻击性强等不良心理和行为倾向,他们常常为一点小事大哭大闹,而且很难制止。发现这些不良心理和行为倾向后,如果不及时加以正确的引导,将会出现偏差,轻者表现为胆怯、孤独、固执和不合群,重者会产生对别人的妒忌和仇恨等不良心理,或者对一切都抱着无所谓的不良心态。因此单亲家庭要特别注意为孩子创造一种愉快的家庭氛围,以利于孩子良好性格的形成和心理的健康发展。

孩子是无辜的,我们没有理由让他们感觉不到幸福。这就要求单亲家庭的家长要学会克制自己的不良情绪,使孩子无论在灿烂的阳光下,还是在急风暴雨里都能健康成长。

(2) 为孩子营造良好的文化氛围

父母是孩子塑造自我的镜子。作为单亲家庭的家长,要十分注意自身对孩子行为方式、心理状态及性格特征方面可能产生的巨大影响,要时刻注意自己的言行举止,不要在孩子面前表现出不良的习性,如说谎、失言及不负责任等。不要根据自己的喜怒哀乐来对待孩子,否则坏习惯的不良影响,往往会使一个好孩子渐入歧途。

要根据孩子的特点培养他们的兴趣爱好。比如，经常带孩子去听听音乐会，看看书画展，和孩子一起做做有趣的游戏，等等，为孩子营造一个良好的文化氛围，使孩子尽快地从失去父爱或母爱的痛苦中走出来，逐渐养成开朗自信的性格。

（3）让孩子学会承担家庭责任

不要因为孩子失去父爱或母爱就格外地娇惯他，要放心大胆地让孩子去做力所能及的事情，让孩子了解家庭的各种情况，必要时可请年龄稍大的孩子参与家庭的重大事情的决策。在孩子做力所能及的事情的时候要多鼓励他们，从而培养孩子的独立能力。让孩子从小就知道自己对家庭也负有一定的责任，使他们长大后能自觉担负起对家庭、对社会的责任。

（4）多为孩子创设人际交往的环境

针对单亲家庭的孩子容易趋向内向和孤僻等性格特点，让孩子多接触社会，多为孩子创设一些人际交往的机会，是一种良好的矫治方法。

（5）让不抚养方多探望孩子或父母双方轮流抚养孩子，以利孩子的成长

在孩子的成长过程中，父爱和母爱都是必不可少的。这种爱其实就是一种对生命的契约。即使离婚了，父母也要始终如一地信守对孩子爱的契约，努力去满足孩子对这两种爱的渴望。让不抚养方多探望孩子或父母双方轮流抚养孩子，这对孩子的成长是十分有利的。

第六节

用契约式教育化解孩子隔代教养的成长危机

现代社会，对于年轻的夫妻来说，生不生孩子是个问题，生下孩子后，孩子的教养更是个大问题。年轻的父母往往为了生计而在外打拼，努力工作

赚钱养家，没有时间、精力教育孩子，因此许多父母都把教育子女的任务交给了自己的父母。隔代教养在现代社会中是非常普遍的现象，然而由此衍生出的问题也不少。因为祖辈们的过于溺爱，使孩子养成了任性、自私、不服管教等坏习惯。因此我们在选择隔代教养的时候，应该首先与父母进行沟通，充分了解父母的教育观，同时向父母说明自己的教育观点，以求双方达成一致，这样才有可能教育好孩子。另外，父母应该采取各种措施，在可能的情况下，与孩子多多接触，不要认为将孩子托付给了爷爷奶奶，自己就没有任何责任了，只需专注于工作，而是应该尽可能地抽出时间与孩子游戏、交流，这样也可以及早发现孩子的问题，从而及时将问题扼杀在萌芽状态。教育孩子是父母的责任，是父母应该履行的契约，不要因为父辈愿意帮忙照顾，就把孩子扔下不管，这样不利于孩子的成长和教育。

案例

（根据咨询家长口述整理）

近来，由于孩子的爷爷过来帮忙，我开始慢慢体会到隔代教养的一些具体问题。虽然老人有爱心，也有时间陪伴孩子，但是老人的观念和方式，有时候的确有些不太合适。我不得不去思考对孩子教育的问题。

其实，教育说起来很宏观很大，让人有种无从下手的感觉，然而我觉得教育就存在于我们生活的细微之处。

我家的阳台面对着马路，从窗户能看到外面的很多车辆，但是孩子个子小，需要大人抱着才能看到。爷爷每次哄孩子的方法就是抱着看汽车。只要孩子不高兴，或者妈妈在做饭，她也要跟着忙活的时候，爷爷就拿出这个绝招："洋洋，爷爷抱你看汽车。"孩子即使扭动着不去，爷爷也会强把她抱到窗前，她也就不闹了。这个绝招，每次都很管用。现在，孩子形成了定势，只要有人去阳台，她的耳朵特别灵敏就能听到，就赶紧跑过去，要求看汽车，而且不看不行，以至于成了"瘾"。本来是解决孩子哭闹的绝招，现在却经常因为想看汽车得不到满足而哭闹，不是求爸爸就是求爷爷，反正抱着看看阳台外面,她就满足了。我说,这就是给孩子惯出来的问题,以后不要有事没事就说抱孩子看汽车,尽量找别的方式让孩子转移注意力,玩具呀,书籍呀,她都挺感兴趣的。

老人在家里很勤快,这本来是挺好的事情。孩子喜欢玩玩具,经常搞得满地都是,玩玩这个再转移到玩玩那个,爷爷总是很及时地帮她把玩具收拾得整整齐齐。虽然家里看着是没有那么乱了,可是总觉得这样下去不是最好的办法。我在家里的时候,就尽量放任孩子在地上扔玩具,然后再让她自己收拾。如果她不收,我就来收拾,并且把孩子叫过来一起收拾,希望她能够养成好的习惯,玩完了玩具自己收回去。老人往往以为孩子不哭不闹就已经很好了,很少能陪伴孩子看书或者玩玩具。每天晚上爷爷总是守着电视,本来老人也很无聊,这可以理解。只是,我更希望为孩子着想。所以,有时候我就会关掉电视,给孩子放音乐或者儿歌故事。现在孩子出现了很多隔代教育引起的问题:不会尊重父母,很任性,自理能力差,等等。是不是家庭成员都要服从孩子的需要呢?我也在想这个问题。可是,孩子的成长无疑是个大问题,特别是只有一个宝贝的家庭,叫我们怎么不服从孩子的需要呢?

反思与解决

原因剖析:

总的来说,形成祖辈养育孙辈的局面主要有两方面的原因。

1)一些夫妇离婚后,为了不影响再婚,谁也不肯要孩子,最后孩子的唯一去处便是爷爷奶奶或姥姥姥爷家。有的夫妇双方"下海"经商,深知"鱼"与"熊掌"不可兼得,只好把孩子托付给父母。除了上述原因外,还有工作繁忙、收入偏低、追求享乐、超生躲避等原因。

2)通过调查发现,部分老人对于抚养孙辈,不但无怨无悔,还深感幸福。他们认为身边有个孩子可以驱除孤独感,不仅无苦可言,而且感觉其乐无穷。当然,祖辈抚养孙辈,更多的是出于无奈。

在祖辈养育孙辈的过程中，不可避免地存在以下几个误区。

1）在生活上，用物质的全部满足代替对孩子的全面教育。现在随着经济条件的改善，祖辈对孙辈的生活需求总是无条件满足，甚至明知孩子的要求是无理的，也投其所好。他们总觉得"自己童年受了苦，不能再苦孩子的童年"。这种一味的满足，久而久之，就会导致孩子缺乏独立生活能力，缺乏抗挫折、经风雨的能力。殊不知，对有些孩子，你对他们满足得越多，他们越不满足。

2）在观念上，有少数老人认为骄横泼辣的孩子将来不受人欺负，对孩子过于偏袒、迁就和溺爱，不分是非曲直。比如，有这样一个案例：9岁的强强在学校是个小霸王，稍不如意，他就打人。孩子的父亲说，他们夫妇长年在外，孩子管得少，教育的任务就交给爷爷了。孩子小时候挺老实的，在外面老挨打，爷爷心疼孙子，觉得这样下去孩子会受人欺负。于是就叫孩子还手，孩子不打，爷爷亲自做"示范"：把脸伸过去，让孩子一巴掌一巴掌地打。孩子在打爷爷的过程中获得了满足，也"练"出了胆量。后来只要同学跟他过不去，必遭他一顿打。还有一个孩子，寄养在外婆家里，无法无天，屡教不改，他外公罚他跪地，可外婆也跟着跪地不起，声称要打先打她，全身心地保护外孙，致使外公无法正常教育外孙。一些老人有着糊涂的认识，导致孩子养成极端自私狭隘的心理、粗暴任性的性格。一遇到争端，他们总是逞强霸道，丝毫不会宽容和忍让。这种学生往往惹是生非、不服管教、妄自尊大，给学校教育造成很大麻烦。

3）在教育方法上，老人全部包揽家务劳动，使孩子失去一切锻炼的机会。有些孩子饭来张口、衣来伸手，还以为是天经地义的。这样的娇生惯养，使孩子养成懒惰的习惯，四体不勤，五谷不分，缺乏吃苦耐劳的精神，产生了严重的依赖思想。

应对策略：

问题1：一些老人把生活的重心放在孙辈身上，对孩子过于溺爱，为孩子"全方位服务"，不管孩子的要求是否合理都予以满足，这样容易使孩子刁蛮任性、意志薄弱、缺乏独立性、以自我为中心，日后难以与人相处。

解决方式：年轻父母要及时和老人沟通，提醒老人注意对孩子的态度，帮助老人做到挚爱但不溺爱孩子。老人要把养育的态度从单纯的"疼"转化为"教"，对孩子要做到满足有限，帮忙有忌，适当锻炼孩子的动手能力，注意培养孩子独立的人格和坚强的意志。

问题2：祖辈一般观念陈旧、知识老化，教育孩子的观念和方式过于传统，影响孩子接受新知识的速度，不利于孩子形成创造性思维和自我超越的性格。

解决方式：年轻父母思想解放，观念更新快，而且是社会主流的活跃分子，接受的知识信息更多，因此在给老人创造机会更新思维的同时，也要亲力亲为，培养孩子富于创造性、知识结构合理和容纳性强的思维方式。

用知识和经验浇灌孩子的同时，祖辈要注意摈弃不良的旧习惯，不要盲目迷信经验，要善于听取年轻人的意见，通过书籍、电视节目和相关培训自觉更新观念，在教育方法和理念上紧跟时代步伐。

问题3：隔代教育容易造成年轻父母的责任缺失，使亲子间关系淡漠，甚至导致亲子之间产生隔阂。

解决方式：把孩子培养成人，是父母的责任和义务。即使工作再忙，父母回到家里也要多陪伴孩子，及时了解孩子在幼儿园、学校的情况，和孩子交流想法。这样才能增强与孩子的互动，感受孩子的喜怒哀乐，让孩子感受到父母的爱。

老人要清楚自己的定位，可以协助料理孩子的生活和教育，但不能代替父母在家庭教育中的主导作用。要为亲子间的交流创造机会，重视"父母之爱"对孩子健康成长的重要作用。

问题4：老人体力有限，出于安全的考虑，会对孩子的活动范围和活动内容有过多限制，不利于孩子健康体魄的形成，孩子也会因此减少与人沟通的机会。另外，有些老人由于步入晚年而容易产生抑郁、忧愁、焦虑等负面心理倾向，还会对孩子的个性形成产生不良影响。

解决方式：在老人体力不足的家庭中，年轻父母要特别注意补充孩子的户外活动。周末或假期要多带孩子出门，或报名各类培训班，给孩子提供体育锻炼和与同龄人相处的机会。

不方便出门的老人可以邀请其他有孩子的家庭来做客，年轻父母也要多带孩子去朋友、亲戚家做客，让孩子学会与人交际和沟通。年轻父母要多用自己的活力来感染老人和孩子，老人也应调整自我心态，努力在孩子面前展现出积极乐观的健康情绪。

问题5：由于年龄和文化程度的差距，年轻父母和老人间容易就孩子的教育方式产生分歧，父母一个要求，祖辈一个说法，常使孩子无所适从，甚至成为小"两面派"。

解决方式：两代家长要注意协调关系，有分歧的话私下解决，不要给孩子造成家庭不和睦的印象。要以孩子的健康成长为出发点，积极沟通协商，解决矛盾纠纷，一定要在教育孩子的原则问题上达成共识，协商出教育孩子的共同标准。

所有的解决方式都需要我们的家庭成员具备契约精神。契约精神是一种大局观念，而大局观念从某种程度上来说首先要有长远的眼光。而在教育孩子这件事情上，恰恰是需要战略思想和长远眼光的。我们的传统文化是很讲究集体精神的，隔代养如果不得已而为之，我们就要把它看成是集体养。集体是什么？集体首先是家族，然后是民族，然后是国家。如果能够发扬集体主义的契约精神，用两代人的智慧树立起良好的家风，共同努力，变"隔代养"为"集体养"，两代人彼此有商有量，各负其责，这样的教养方式就会如虎添翼，让我们的孩子更幸福、更安康！

第七节
用契约式教育化解再婚家庭中孩子的心理危机

近年来，随着再婚家庭的数量急剧上升，再婚家庭中孩子的教育问题日益受到社会各界的关注。在离婚这场战役中，毫无疑问，家庭中的每个人都会遭到伤害，其中受伤最深的，应该就是孩子了。再婚家庭子女的心理健康问题是个不容忽视的重要问题。父母的离异或丧父、丧母已经使这些孩子经历了一次磨难，父母的再婚又使他们面临更为复杂的生活环境。他们往往对继父、继母难以接受，会产生抵触情绪。当孩子与亲生父母在一起时，会感到快乐和自由，而在继父、继母面前，则表现出冷漠和拘谨。他们在新家庭中的地位、与继父或继母的交往、在家庭生活中的自由度以及在经济上的支配权等均与过去不同，因而容易产生忧虑、紧张、压抑、烦恼等负面情绪。这些问题若得不到及时而妥善的解决，长此以往，孩子的身心很难得到正常的发展。然而，由于再婚家庭的特殊性，再婚子女的教育问题对父亲或母亲来说都是巨大的人生难题，需要具备相当大的耐心、人生智慧和勇气。最重要的是要具备一种对自己人生负责的契约精神，勇于选择，勇于承担选择的后果，并忠实地履行自己的家庭责任。

案例1

（根据咨询家长口述整理）

我和现在的老公是离婚后认识的，经过一段时间的了解，我带着女儿，他带着儿子，我们两个走到一起，重新组成了一个家庭。结婚初期，我们相互都认为找到了理想的伴侣，感觉非常幸福。可是时间一长，矛盾出现了，主要是出现在对待孩子的教育问题上。我家女儿虽然从小就没有了爸爸，但是我给她的教育让她从小就活泼开朗，一点都不拘束，是个人见人夸的小女孩，一张小嘴特别甜！他儿子呢，还抱在怀里吃奶时，妈妈就丢下他不管重新嫁人去了。小男孩一直和奶奶生活在一起，他爸爸长期在外工作，和他在一起的时间也不多，更忌讳别人在他儿子面前提起他的前妻。所以对于孩子的成长，缺乏太多的沟通和引导，导致小男孩性格孤僻，从来不愿与人交流，更不愿外出，喜欢一个人待在房间里自娱自乐。现在男孩已经读高中了，是个15岁的小伙子了。但是性格上的孤僻还是没有丝毫的改进，我是很着急，担心孩子以后进入社会怎么和这个社会融合。

自从我们来到这个家，女儿活泼开朗的性格对男孩还是有很大的影响，虽然我们的关系相处得也还算比较融洽，他也愿意和我交流，但是也只是局限于在家和我聊聊天。我如果想带他出去，他是死活都不愿意，就算是去小区散散步，他都不愿意，说没有意思。

由于小时候和奶奶生活在农村，他养成了很多不良的生活习惯，比如，垃圾喜欢乱扔，刷牙洗脸弄得一地都是水，吃饭喜欢一个腿放到椅子上，吃完一顿饭，桌上不是米饭粒就是带着米饭粒的垃圾……针对这些情况，我开始一一纠正，不知道是不是因为方式不对，一看到他有这些举动，我就会指出来，让他改正，但是这样却招来了我老公和孩子强烈的不满和反感，尤其是我老公说我厌恶他儿子，对他儿子就知道批评，没有一点爱心，所有后妈的罪名都扣到了我头上，而且每次只要拌嘴，他都会拿出来说事，说我是典型后妈的作为。为此，我真的好伤心，好难过，我的语气和态度也是和教育我家女儿的语气是一样的呀，为什么在他眼里就变味了？

这样的结果让我很苦闷，很多朋友都劝我，又不是自己亲生的，管他干吗呀！管得不好，都是你的罪过。但是孩子不管行吗？不管的话，以后还不是一个麻烦？何况我是真心疼他的，只因为他从小就失去了母爱。

后来，我也就索性不过问了，但这样也招来了不满，老公说我没有爱心，从来不关心孩子，不过问孩子。

管理和教育别人的孩子怎么就这么难啊！我真的是快崩溃了，我究竟要怎么样做才对呢？希望老师能够指导指导我。

（根据咨询家长口述整理）

三年前，我与前夫离异后独自带着女儿生活，日子过得很艰难。后来，朋友给我介绍了一个同样离婚的男人，他独自带着一个男孩。认识一个月后，我们闪婚了，成了一家人。

婚后刚开始的生活还不错，老公在一家私企工作，干得多，拿得多，工作很拼命，收入自然水涨船高，但因为忙于工作而忽略了家，对这一点我不是很在意。因为再婚家庭，谈不上有多爱，搭伙过日子才是真的。

时间长了，因为孩子的问题，我们的矛盾出来了。他的儿子今年12岁，从小到大跟着奶奶过，比较溺爱、娇纵，很难管教，小小年纪张嘴闭嘴脏话。不知道是谁给他灌输了后妈恶毒的思想，我做的饭，他在吃之前都要先给家里的小狗吃一口，说是担心我下毒，而且还做出过一些令人匪夷所思的事。我觉得这孩子的思想很诡异，和年龄不符，但是为了家庭和谐，我决定包容他。

我女儿今年11岁，以前是个特别可爱的孩子，我和她爸爸离婚后，她变得沉默了许多。如今我再婚，她更是"金口难开"，一天就说几句话，加起来也是个位数，太安静了。她不爱玩游戏，没有几个好朋友，一回家就是写作业或者看书。

现任丈夫对亲生儿子百依百顺，言听计从，我们之前发生冲突时，他总是向着他儿子，甚至说，娶我就是为了让我照顾他儿子。可是对我的女儿，他却冷漠无视，没有一点关爱，以至于女儿现在像是生活在别人家里，每天看人脸色，沉默寡言，性格孤僻。

他们两个孩子快要把我逼疯了，和老公吵架都是为了他们，因为孩子的教育问题，现在我和老公的婚姻生活已经亮起了红灯。我不知道应该怎么办，也不知道何去何从，觉得有时候面对婚姻和孩子真的很无奈。

反思与解决

原因剖析：

（1）孩子与父母之间的关系

从家庭系统的角度来说，孩子与父母的关系密不可分，孩子通过很多方式来爱自己的父母。不管父母怎么样，做了什么事，就算在世人的眼中再不好，在孩子的心目当中依然是非常亲近的。孩子与父母之间似乎有天然的连接，如果你是一个有孩子的人，一定会有这样的经验：不管你的孩子是谁一直在照看，也不管你有多久没见到他，只要你一出现，他小小的身躯马上会飞奔至你的身边，扑到你的怀里。

在海灵格大师的家庭系统排列中有过这样的一个案例：一个父亲总是不得不带着自己的自闭症女儿来上班。时间久了，便引起了很多人的非议。大家觉得这个孩子应该在家由母亲带，不应该干扰父亲的工作。谈到这里，你一定会骂那位母亲，觉得她对孩子太不负责了，对吧？

可是家庭系统排列给出的结果却是：这位爸爸在他3岁的时候母亲去世，那时他幼小的心里就有了想追随母亲而去的感觉。所以在他成长的过程中总有一种想自杀的冲动。而他的女儿在潜意识深处非常清楚这一点，为了不失去父亲，她就选择自闭，并且在潜意识深处与母亲达成协议，由爸爸来照顾她！这让爸爸由于不得不照顾女儿无法选择自杀。

在这个案例里，父亲想要离开这个世界，是因为爱——对自己母亲深深的留恋；女儿自闭，是因为爱；妻子不惜忍受别人的误解和非议，不去承担照顾孩子的任务，也是因为爱！

由此可见，在孩子的世界中，爸爸妈妈所占的地位多么重要！可想而知，如果这两个重要的连接他生命的人要分开了，他会有怎样的感受？首先他会很着急，潜意识中认为是因为自己做得不够好，导致父母吵架。他会竭尽全力维持家庭的稳定。他认为自己是父母的孩子，父母一定会不惜全力地照顾他，所以就用让自己出问题的特殊方式，如身体的病变、自闭、学习障碍等，试图转移父母的注意力。他认为如果能够将父母的注意力吸引到自己身上，父母也就没有时间闹着分离了。

然而，最终父母还是分开了。这时候孩子的心灵世界就被彻底摧毁了，他觉得自己是个失败者。他认为这个家再也无力挽回，相信爸爸妈妈不再爱他，不需要他。此时他的潜意识中就滋生了一个影响他一生的局限性信念："我被父母遗弃了，我没有资格活着，我没有资格好好经营和享受人生，我没有资格获得成功与快乐。"因此，这种孩子的人生往往会走向失败——他选择让自己人生失败的方式来"证明"自己的判断是对的：他是一个失败者，是一个不被别人需要的人。在这种状态之下，新家庭的成立，让孩子不得不接受一个"陌生人"占据了他亲生父亲或母亲位置的事实。他无法完全理解这件事情，会想当然地认为是这个人的出现导致了父母的分手；甚至他还在幻想，如果这个人不介入自己家庭的话，父母是有可能重归于好的！因此他会毫不留情地把捍卫家庭的敌对目标瞄准这个"外来人"——继父或继母身上，从而故意制造出很多麻烦和问题。于是再婚家庭的问题也就变得更加复杂，有不少这样的家庭就是由于处理不了复杂的关系而不得不再度离婚。

其实，你只要了解到父母与孩子密不可分的关系后，就明白了一个道理：亲生父母在孩子的心目中是无人可以替代的！所以，首先是你自己的身份定位，千万不要企图去"代替"他的爸爸或妈妈的位置，即使你的伴侣希望你来"弥补家庭位置的空缺"，你也不能贸然"承担责任"。因为你的"篡位"，只会让孩子用各种方式拼命抵抗。暴躁一些的孩子会公开表现出对你的敌意，温和一些的孩子就会用"暗"的方式来反抗，这往往更难对付。他会"不由自主"地做一些违背你意愿的事情，让你失望、难过、叹息。而他会让自己看起来很无辜，其实连他自己都不清楚为什么要这样做，因为这些都发生在"潜意识"层面。

（2）孩子对继父或继母的态度

曾有一位再婚母亲找到我，希望通过心理治疗来化解她与继子之间复杂深层的关系。她告诉我，她这个后妈做得很辛苦，为了这个孩子，她与丈夫没有再要小孩，她觉得有责任把这个孩子完全当作自己的亲生儿子来对待。

她希望好好培养这个孩子，将来好接替他们的事业，光名校就换了好几所。可是孩子却很不争气，在学校没几天就跑出去泡网吧，12岁开始谈恋爱，在外面把钱花完了，就打电话让她送钱过去。她如果不送，孩子就在电话那头疯狂地折腾，如用刀划伤自己的身体等自虐的方式，逼她妥协。

更有甚者，她虽然对他这么好，但是他还会跑到他的亲生母亲那里去找感觉，似乎处处都要证明她作为"代理母亲"的失败。这让她很受伤，觉得自己的功夫都白费了，感到自己就像一个下人一样，不被家人尊重。这样的日子令她身心疲惫，痛苦不堪。

在这个案例里，很明显，这位母亲放弃拥有亲生孩子的权利，希望通过自己做出"牺牲"，来表达全身心照顾丈夫及其儿子的真诚愿望，这在外人看来是多么令人感动的一件事情。

可是问题就恰恰出在这里。

撇开灵性层面的东西不谈，只从潜意识的角度来看，她的目的是要"将孩子当作亲生儿子"，那么她这种"努力"，就恰好冒犯了孩子内心"不可侵犯的地位"——自己的母亲即使再差也不愿意认另一个女人当妈！

正因如此，这位代理母亲做得越好，孩子就有越大的动力来"证明"她是失败的，并不比自己的母亲更好。两个人自然形成了敌对的"战争"关系，进入恶性循环。

最后，失败者其实是双方——孩子用自己一塌糊涂的人生，终于惨胜——证明了继母的不合格！这就是孩子"报仇"的手段，往往用伤害自己的方法来伤害父母。这必然是一场家庭悲剧。

了解了这些，你还会想要通过所谓的"爱心""付出"等方式来获得这个位置吗？如果你依然执着，孩子的潜意识就会微笑着说："来，试试看吧，看看你有多大的本事！"面对一个注定会拼命用各种方式来证明你"没有资格"的对手，拼命要捍卫自己在原生家庭身份的孩子，你到底有多大的胜算呢？

现在，你是否还有"信心"或"贪心"想代替别人来做"好父亲"和"好母亲"？你恐怕有些不寒而栗了吧。

应对策略：

（1）跳出身份，换种角色

其实，你完全可以继续用心去爱他，呵护他。重点在于你要明确地让他知道，你并不想占有他心目中亲生父母的位置，以此来表示你充分尊重他的内心世界。

同时，作为一个独立的个体，你也需要得到尊重。你也有自己的人生，你也应该活出自己的精彩来。因此你本来就没有必要"牺牲自己"。实际上，在一个再婚家庭里面，特别是母亲是否具有独立的人格，对于她能否在这个新的家庭里拥有真正的地位关系甚大。如果她想要拥有一个真正的"家"，她就必须像一个真正的"内当家"，她必须是家庭的核心人物（不是指经济来源，而是指重要性和地位）。否则，这个家就不可能是一个完整的家！

如果你是后妈，你可以坦率地告诉他："你的亲生妈妈当然是你真正的妈妈，没有人能改变这一点。我也不想改变这个事实，只是如果你需要我来帮助和照顾的话，我也很高兴这样做。我会尽我的能力做我可以做的事，让你能更好地成长。我们是一个新组合，大家在一起当然要互相照顾和关心。"

当你跟他这样说了之后，他就放心了，明白了：虽然妈妈没在身边，但是他的原生家庭并没有受到威胁，没有人要夺走他在原生家庭中的身份。所以他也就没有必要去故意做一些事来证明什么了。

同时，你也就从原来试图"篡位"的对立身份中跳了出来，变成了平等友好的伙伴关系。你对他的好，就成了无私的爱和关心，是他"额外得到"的收获。因此，他就会更加珍惜，对你也会满怀感激。这样，你就建立了全新的家庭关系，每个家庭成员都没有必要假装回到过去的"和睦家庭"中，被"过去"牵引着无法前行，而是着眼于新的关系，新的生活。

（2）理顺新家庭孩子之间的关系

有不少重组家庭里既有自己的孩子，又有另一半的孩子。如果两个孩子年龄相当，关系就更加复杂。处理不好，孩子之间就会有矛盾，因为他们都想要"争夺"自己的父母。夫妻双方如果不明白这一点，再缺乏一些相互理解，就会导致整个家庭气氛紧张。

一般来说，在中国的家庭里，男主外，女主内，因此营造一个好的家庭氛围，女性就显得相当重要。如果母亲没有掌握好平衡家庭成员之间关系的艺术，问题就会很严重。

比如你带着孩子和丈夫的孩子一家四口住在了一起。经历过一次失败婚姻之后的你，深深地明白重组家庭的不易。因此，你必然想做一个称职的好母亲，你下定决心不光要对自己的孩子好，还要对丈夫的孩子好。为了你心中所谓的"公平公正"，你小心地维持着这份平衡，你坚守着最基本的原则，买任何东西你都要买两样，绝对不能多给自己的孩子一些。孩子之间有了争执，你就会批评亲生的，来表现你的无私。这种刻意做出来的"公平"，其实谁都不领情。连你自己都知道这很虚伪，但是我们大人往往会骗自己说：孩子不知道，孩子认为这是公平的！实际上，孩子比我们大人更清楚，更明白一些。

首先，你是否注意过亲生孩子的心理状态呢？

在你沉迷于做个好母亲的角色的时候，他在偷偷地流泪，他看到，不管什么东西，都一定有另一个孩子的一份，因此自己的权利仿佛只剩下了一半。当看到自己的妈妈那么疼爱另一个孩子，他会认为妈妈被眼前的这个孩子抢走了！为了捍卫自己的权利，重新获得母亲的爱与关注，潜意识中就会推动他处处与这个孩子做对；如果不幸他正好比这个孩子大一些，这种行为就会遭到母亲的严厉斥责。于是他会更加难过，他的天空是黑色的。他觉得母亲已经不爱他了，从而心里生出对母亲的憎恨，也会更加瞧不起自己。随着年龄的增长，他会做一些出格的事情，用堕落来证明自己的"没有价值"。

那么继子（女）呢？他（她）会感激你吗？

前面已经说过，无论你怎样做，他都不会接受你是他的母亲。况且一人一份的公平，也不会让他觉得自己"得到"了什么额外的东西，他认为这一切都是"理所应当"的。而且，他的焦点还会放在物质的得失上，同时会不停地在心里把你与亲生母亲比较，最后的结果必然是你依然无法代替他的亲生母亲。

而你对这些浑然不觉,你依然在心里平衡来平衡去,照顾这个的情绪照顾那个的情绪,从来没想过从这个圈里跳出去。可能刚开始觉得这样做对,过后又觉得那样做对,结果总是在后悔与不安中度过。久而久之,你开始感觉到累,渐渐有了些埋怨,丈夫也开始不领你的情,不愿回家。

有的母亲在这种情况下,会一直扮演这样一个"受害者"的角色,到处诉说自己如何如何辛苦,多么不容易;如何掏心掏肺地对人那么好,别人如何对自己不好,等等。而有的母亲则因为长期得不到孩子感情上的回报和理解,可能会改变自己的初衷:既然这样都无法得到家庭成员的认同,那还不如多考虑自己一些好!因此就我行我素,不再在意身边人的感受。而这种态度的转变,更加成为自己被家庭(丈夫和孩子)否定的理由。

不管是以上哪种心态,对家庭来说都是很大的伤害。那么,在这种复杂的家庭关系中,究竟怎样做才能维持一个优良的家庭环境呢?

除了上面说过的对继子(女)的态度,应该怎样对待自己的孩子呢?

首先你要明确地告诉自己的亲生孩子:"我是你的妈妈,不管在什么情况下,都永远是你的妈妈,这是无法改变的事实。因为你的身体里流淌着妈妈的血液,所以你有资格做妈妈的孩子;你也有爸爸,虽然他现在没有和你在一起,但是他依然是你的爸爸。任何人都不可能改变这些。"

当孩子听了你的这番话,他也就放心了,感到安全了,他发现原来没有人能夺走妈妈,所以就不需要花心思来"捍卫"了。同时他发现原来他也没有失去爸爸,他的原生家庭并没有被破坏,他依然是一个有资格有身份的孩子,依然可以拥有成功快乐的人生。

在行动上,你可以给孩子一个充满爱的眼神,拍拍他的脑袋,给他一个鼓励,拥抱他一下,来表达你的关心与爱护。这些在孩子心里是完全可以感受到的,他会从心里感受到甜蜜,感受到安全。

如果两个孩子吵架了,找你告状,你必须清楚的一点是:他们告状是假,借此来看看哪个在妈妈心中"最重要"才是真。因此你完全可以不接招,不接招当然不是不理,而是给他们另一个选择。

比如你可以先柔声细语地问问他们:"你们是来告状的吗?"得到肯定回答之后,就说:"只有法官才处理告状的事。既然你们来找我,就说明你们承认我是法官。那就按程序来吧,先去写状子,同时再每人交给我告状费,然后我才来处理,判决……"这样几次后,孩子们会发现,你根本就不跟他们玩角色互动,他们也就没兴趣再玩这个游戏了。

当你真正跳出来,不再执着于角色扮演之后,你会发现,在这个家庭里面,每个人都有了明确的身份和定位,大家都互相尊重对方的身份。而由于你尊重了他们的内心世界,他们也必然会给你尊重与爱戴。你也会非常地轻松,不需要再花精力去平衡关系。买东西也没有必要一定买两样,你觉得谁更加需要就买给谁。

(3) 遵循五条幸福守则

生活是复杂的,重组家庭更是复杂的。也许,再婚的夫妻之间并没有其他感情问题的干扰。但是,那个与你没有血缘关系的"小不点儿",带着自己思想和性格的"小不点儿",一天天在长大,注定了你无法将他忽视。尽管在家庭之外,你可以运筹帷幄,指挥千军万马,可是在同一个屋檐下,你唯有用满腔的爱与关怀,伴他健康快乐地成长,也唤起他对你同样的爱。

1) 真正尊重和接受"前任",尊重家庭其他成员。无论孩子对自己的亲生母亲、父亲抱有什么态度,你都不能在孩子面前否定他们,而是尊重和接受,不跟随孩子的态度评判,因为孩子心灵深处总是最能接受、最爱自己的亲生父母。

2) 摆正自己的位置。在孩子面前,永远不要以父亲、母亲自居。即使孩子非常爱你,愿意称呼你为爸爸或妈妈。如果可能,告诉孩子,你愿意照顾他、爱护他,最好能和孩子成为"忘年交",使孩子逐渐相信同你的关系不会代替他们同亲生父母的关系,这样做既能减少孩子的抵触情绪,也有利于再婚家庭的稳定与和谐。

3）可以建议孩子有时间多看望自己的亲生爸爸或妈妈。要学会给孩子相对独立的空间，也给自己空间，跟孩子保持一定的距离；避免过度的溺爱。继母对孩子不能言听计从，应当更加理智。

4）不要试图和孩子争夺丈夫或妻子的爱。不要在孩子的面前与丈夫或妻子亲热，也不要暗示你和他的爸爸或妈妈在一起是多么的美好和愉快。因为孩子离开亲生爸爸或妈妈，已经感觉到了冷落和难过，已经"嫉恨"你了，不能再往孩子的伤口上撒盐。

5）从孩子的角度出发，尽可能地给孩子更多的关爱，与孩子多沟通。如果孩子做错了事，应该去宽容他们，毕竟他们还是孩子。应该多留意孩子的优点，并不吝表扬和鼓励。还应鼓励和容忍孩子宣泄情感。

一切都"顺应自然"，一家人就会其乐融融，和谐美满。